三河の金次郎像全調査

三浦　茂　著

はじめに

私は長らく二宮金次郎に興味を持っていませんでした。小さいときに通った小学校には二宮金次郎の像があって、だれかに二宮金次郎の話を聞いたと思いますが、「昔の子供は大変だったんだな。」と思った程度でした。50歳くらいになって、明治初期に大工さんが日本の技術で建てた一見西洋風のモダンな学校が今でも残っているのを知り、古い校舎に興味を持って各地の洋風学校や県内の木造校舎を見学して回りました。ある山奥の廃校を訪れた時、放置された校舎はすでに崩れかかっていましたが、運動場の隅に二宮金次郎の像が一人でポツンと建っているのが印象に残りました。古い学校にはたいてい金次郎の像がありました。その後しばらくして、こんなにあちこちの学校で見かける金次郎の像の数は尋常ではない。いつ、だれが、なぜ建てたのか、という疑問がわいてきました。「自分は二宮金次郎について全く無知だった」と気付いて彼の伝記を読み、地元の小学校や神社を訪ねて現存する金次郎像の実態を調べてみました。自分の住む三河地域を悉皆調査して350余の金次郎像を見た結果、「県の半分でこの数なら、全県で、さらに日本全国では大変な数になる」と改めて驚きました。もっとも、愛知県は金次郎像がダントツに多い県なので単純計算はできません。「尋常小学校の数二万数千校の半分と考えても一万を下らない像があっただろう」という推計もあります。

二宮金次郎（尊徳）の人物、業績、思想についてはすでに多くの研究があるのですが、「なぜこんなにたくさん子供時代の像が作られたのか」という私の疑問に答えるものはありませんでした。そこであれこれ原因を考え、調べてまとめたのが巻末の「二宮金次郎の社会学」です。金次郎本人の分析ではなく、多くの像が出現した社会的背景と彼が社会に及ぼした影響についていくつかの側面から取り上げたので大げさな題名になりました。興味がある部分だけでも読んでみてください。

目次

三河の金次郎像全調査

金次郎像の現地調査

「今、学校にはどのくらい金次郎像が残っているのだろうか。」という疑問から自分が住む豊川市の小学校を訪ねたのは平成9年(2007)でした。戦後設立された新設校以外の古い学校には昔のままのもの、再建されたものを含めてすべての学校に像があったのには驚きました。しかし世間ではやはり「金次郎像はあまり残っていない。」という認識の人が多かったので、「金次郎像がたくさん残っていたのはたまたま豊川市だけの現象なのか、一般的傾向なのか。」という新たな疑問が生まれました。平成12年に定年後の再任用で勤務地が蒲郡市になったのを機会に蒲郡市でも調査をしました。傾向は豊川と同様でしたが、両市は元は同じ宝飯郡にあった隣の市なので社会的背景が同じだったのでしょう。翌年は勤務地が岡崎市に変わりました。ここは三河地方でもそれまでの東三河と気風が違う西三河にあり、しかも城下町以来の都市化が進んでいたところなので、違う傾向が出るかもと興味がわきました。無知は恐ろしいもので、岡崎市こそが日本の金次郎像普及の一大起点だったのです。岡崎で金次郎像の誕生と普及活動の歴史を知ってさらに興味がわき、以後は暇を見つけて周辺の地域を調査しました。毎年少しずつ進めて7年、初めに豊川を調べた時から足掛け10年かけて三河全域を回ることができました。長い期間だったため、時期によって像に対する注目点が変化しました。台座に注目した時期。金次郎の持ち物(印籠、弁当箱、鉈、など)の違いに注目した時期。袴姿か股引か、ぞうりを履いているかわらじを履いているか、本を持つ手は右か左か、などなど。そのため本書では地域によって像の特徴の記述に不揃いなところがあります。一通り調べ終えた時は調査開始から随分時間がたってしまい、また当初は不慣れなせいで十分な調査ができていないところもあったので、初期の調査で気になるところはもう一度調査に出かけました。

像の来歴については学校の校長室などに保管してある学校日誌や明治以来の学校沿革誌で確かめるのが一番ですが、そこまでできたのはほんの僅かです。多くは周年誌、廃校記念誌、市史などの二次資料に依っています。(編集時のミスや印刷時の誤植があるので注意が必要。)まだまだ未解明なこともあるので、各学校で興味ある方があれば沿革誌などの原資料を調べてもらえたらいいなと思います。

像のデータについて

素材　銅像、石像、陶像、セメント像(＊)で区分
　＊類書ではコンクリート、モルタルなどの表記もあるがセメントで表記した。

建立年　像に彫ってあるもの、学校の公文書にあるもの。それらがない時は二次資料から。
　「〇年度卒業記念」としかないものは卒業時(3月)の設置と考えて翌年の年号を載せた。

大きさ　金次郎の足(わらじ)から頭までの高さ(ほぼ身長に当たる)で表示。台座の高さは含まない。

東三河の二宮金次郎像

豊橋市の二宮金次郎像

豊橋の金次郎像についてはすでに高橋一司氏が調査されたものが昭和43年に作られた私家版「二宮像をさぐる」の中でまとめられている。しかし調査されなかった学校もあり、その後半世紀もたって撤去されてしまった所や、新たに作られた所もあるので、改めて市内の学校について調査した。その結果、豊橋市の小学校52校のうち、金次郎像が現存するのは32校。多米小学校は校地を移転したので現在の校庭にはないが旧校地に残っている。閉校となった旧狭間小学校の像は転々と移動した後、現在はemCAMPUS(旧・名豊ビル)裏の豊橋まちなか広場にある。そのほか中学校にも3基あるので合計35基、ほかに個人所有の二宮金次郎像が1基あることがわかった。

小学校

旭小学校　石像　昭和45年ころ建立か？　高さ110センチ

ぞうり姿。背中に「贈　野原栄」と彫ってある。野原栄氏は昭和39年度から44年度まで6年間PTA会長を務めた人である。歴代の会長でこのように長期間続けた人はいない。おそらく退任の時に金次郎像を寄付したものと思われる。想像通

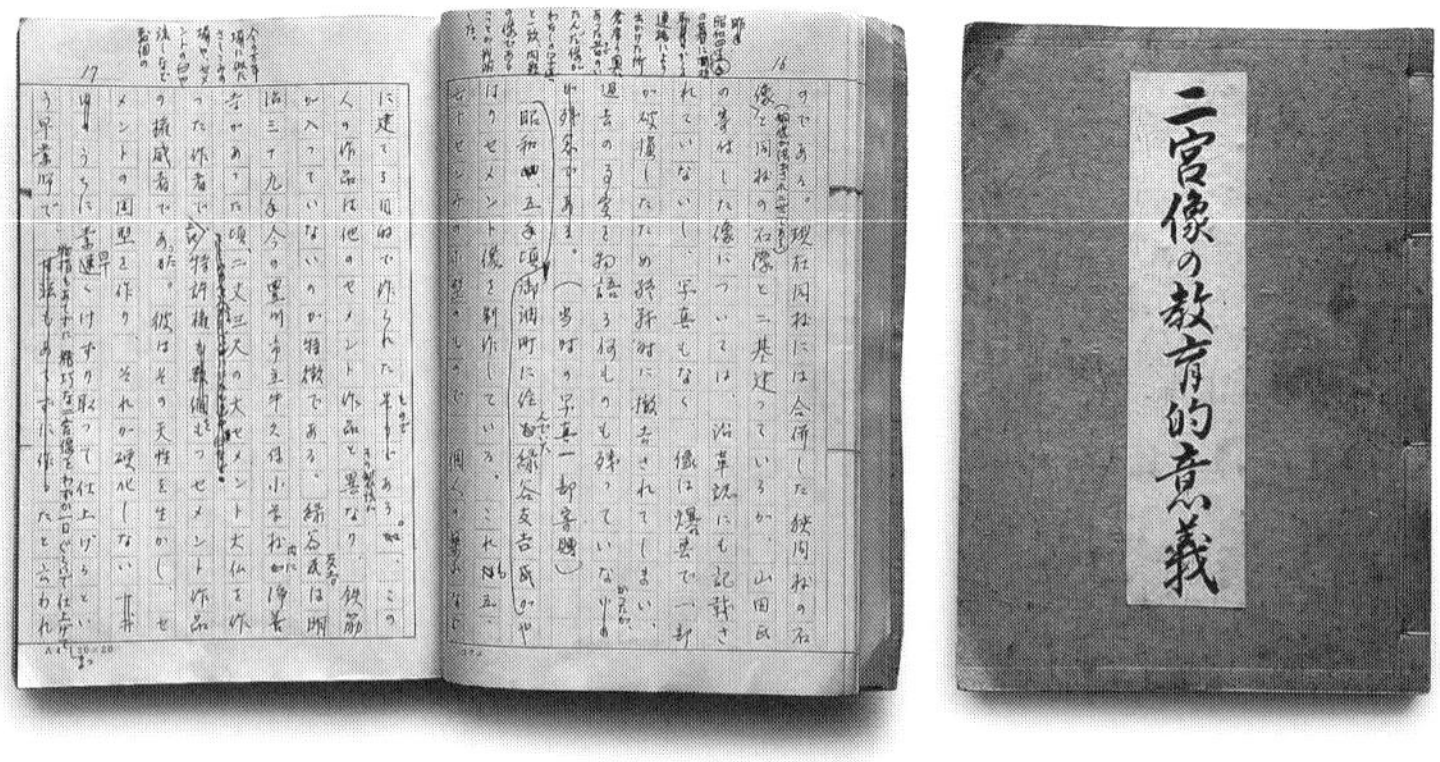

高橋一司氏著「二宮像をさぐる」の元原稿「二宮像の教育的意義」

りであれば建立は昭和45年3月ではないか。

東田小学校

初代　詳細不明　高さ100センチ　豊商(豊橋商業)12回生の服部米造氏の寄付

2代　石像　平成14年1月建立　高さ100センチ

台石が2メートル。その上に建っているので見上げる高さの像である。正面には「二宮金次郎」の文字。向かって右側に金次郎の略歴を書いたステンレス板がある。誕生の「1787・天明7年」以外は「5さい」、「14さい」というように金次郎の年齢で業績が書かれており小学生にわかりやすい。左側に「平成十四年一月　東田小学校同窓会」とある。

磯辺小学校　石像　昭和10年3月建立　高さ90センチ

9年度卒業生の寄付。わらじ履き。右足首が欠けたようでセメントに変わっており、また鉄の棒で補強してある。像は終戦時に倒し、のちに再建されたが、その時にできた傷ではないか。

岩田小学校　石像　昭和26年10月建立　高さ110センチ

台座の表に「勤勉」裏に「寄贈　藤原小平治」向かって右側に「第二十三代校長　根木信吉書」とある。

東田小学校にあった初代像

東田小学校

旭小学校

撮影・高橋一司

植田小学校　セメント像　昭和8年7月建立　ひざ上の高さ約100センチ

平成24年に学校を訪問した時には校舎の建て替え工事の最中で、いったん撤去された金次郎像が仮倉庫として使っている空き教室にゴザを敷いて転がしてあった。両足は折れ、本の部分も傷んでおり、一部にヒビ割れがあり、中の鉄骨が見えた。この像を今後どうするか検討中だと聞いたが、令和4年(7月)に確認したところ、まだそのままの状態で保存されているという。昭和51年発行の「百年のあゆみ」(編集・豊橋市立植田小学校創立百年記念事業実行委員会)の22ページに昭和8年7月31日「二宮尊徳翁石像校庭建立(東野次男氏寄贈)」とある。

牛川小学校　石像　昭和30年9月建立　高さ110センチ

わらじ履き姿。下の碑文がある。

「寄贈者　石像　加藤ゆき江
　金壱万参阡円也　鵜野義夫
　建設牛川小学校PTA
　昭和三十年九月　」

老津小学校　石像　昭和9年建立　高さ125センチ　現存せず

高橋氏の調査では、石像があったはずだが、現存せず。卒業生の人から「校門横の棕櫚の木のあたりにあった。」と聞いたが跡形もない。現在勤めている先生からは、

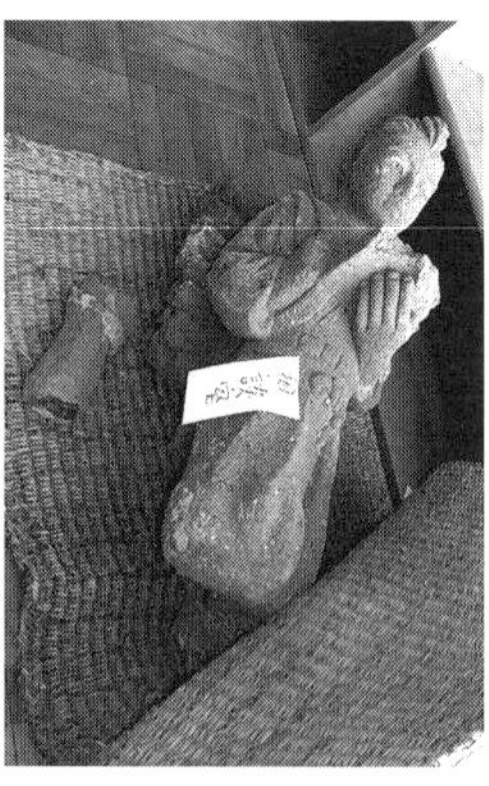

植田小学校

老津小学校にあった像
撮影・高橋一司

昭和48、49年ころに校舎が建て替えられているので、その時撤去されたかもしれない、というおはなし。

大崎小学校　詳細不明　現存せず

細かいことはわからないが、ここにも石像があったそうなので訪ねたが、「ない」という返事で、昔のことを知っている先生もいなかった。近所のパーマ屋さんで尋ねると「はじめ中庭にあったが、以前の校舎建て替えの時にどこかに移したようだが覚えていない。正門横の近藤さんがこの辺の名士で昔のことに詳しい人だから聞くといい。」と教えてもらった。

その近藤さんから「正門を入った左手の築山にあった。」と聞いて学校に戻り、今また校舎改修工事で柵に囲まれた木立の間にセメントの台座のようなものを発見した。楕円の形の中ほどに2つの削られた跡が見え、これが金次郎の両足の位置に相当するように思えた。

工事が終われば坪庭のようになっている今の場所も整備され、無用となった台座も撤去されそうなので記録用の写真を撮った。（平成12年8月）

大村小学校　セメント像　昭和9年2月建立　高さ100センチ

青年団一同の寄贈。印籠を下げ、ぞうり履きの姿。手首から本の部分に欠落があり、これまで石像と思われていたが、セメント製のようだ。

大崎小学校にあった像
撮影・高橋一司

大崎小学校

豊橋市の二宮金次郎像

岩田小学校

磯部小学校

大村小学校

牛川小学校

小沢小学校　石像　昭和29年8月建立　高さ130センチ
台石130センチ。像の足元の切り株部分に「石田淳一郎　刻」とあり、台石の裏に「昭和二十九年八月　寄贈者大正十一年卒業生一同」とある。像の後に金次郎像にかかわるとみられる小さい石碑があって、23人の氏名と発起人と付いた12人の名前がある。卒業生名簿と照らしあわせれば確認できるが、案内してくれた先生の話では、古い書類は保存期限が過ぎて廃棄し、残っていないそうである。

賀茂小学校　セメント像　昭和18年建立　高さ95センチ
セメント台125センチ。台座表に「至誠報徳」向かって左に「寄贈者　安藤健二郎」とある。高橋氏の本には「安藤健次(ママ)郎〈戦死〉」備考に「東京美術学校」とあるが、戦争で銅像が供出された後、東京美術学校が材料を工夫して、質、芸術性ともに高い代替え用の像として作った像とのことである。

下条小学校　銅像　昭和60年5月建立　高さ90センチ
台座表に「勤勉」、裏には「寄贈　昭和60年5月吉日、創立90周年記念、五井組報徳社」とある。像は左腰に斧、背中には平板な薪、わらじ姿。本には「大学」の一節が彫ってある。

下地小学校　石像　昭和23年3月建立　高さ77センチ

下条小学校

賀茂小学校

小沢小学校

台座の高さ1メートル。ぞうりを履き、巾着袋を下げる姿。両足元にヒビがある。台座右側に「卒業記念　昭和二十三年三月」とある。横に明治15年に植えた銀杏の大木がある。

杉山小学校　石像　昭和13年7月建立　高さ90センチ

セメントの台座が2メートル40センチもあり、しかも台座が柵に囲まれていて近寄りがたい感じ。台座正面に「二宮尊徳先生仂時之像」、裏に「寄贈 市川寛　市川直雄　市川衛」とある。高橋氏によると、この兄弟は3人とも第四中学(時習館の前身)、京都大学に進んだ人だそうである。

嵩山小学校　石像　昭和16年4月建立　高さ100センチ

台座は高さ1メートル40センチ、方形の石を3段積みにしてある。正面に「報徳」の文字。隣に碑があり「昭和十六年四月　国民学校令施行記念」とある。高橋氏の本によると寄付者は鈴木弥平氏、岡崎で石屋を開業していた人だという。

高師小学校　石像　昭和11年2月建立　高さ125センチ

築山の上の自然石を台座にして立っている。わらじを履く。右手の木の下に石碑があり、由来が書いてある。碑文の下の方は土中に埋もれて読めない。(　)内は土中に埋もれている部分。豊橋市史で復元した。

嵩山小学校

杉山小学校

下地小学校

「世話人　大竹啓次郎　梁瀬量徳　小川周太郎
石像建設之由(来)
報徳之教者天下之(大道也)
故陸軍歩兵伍長篠原正夙崇敬二宮金(次郎至誠勤)
勉為地方青年之模範昭和九年四月十(六日従歩兵)
第十八聯隊出動満州同月二十九日(参加横道河等)
之戦闘樹初陣勲功爾来(転戦各地武運多大不幸為)
病魔所犯六月二十日入佳木斯衛戍(病院次移哈爾)
賓衛戍病院九月十一日遂病没在病(床常歎奉公不)
完知不能再起遺言献納貯金全部乎(伝聞之肉親情)
難堪仰在郷軍人會大竹高師分會長(之指揮為記念)
寄贈尊徳石像正之母校以資社會風教(之純正其彼)
亦瞑地下乎　芦原町　篠(原松五郎誌)
昭和十一年三月十日」

満州事変で戦病死した篠原正という青年が遺言で貯金を寄付し、その金で金次郎像が建てられたという。高橋氏の本では金次郎像の寄付者は「篠原松五郎」となっている。

高根小学校　石像　昭和14年10月建立　高さ約90センチ

高師小学校

高師小学校　石碑

校門から入って右側にある庭園の池に面して立つ。高橋氏によれば、「16歳で死亡した朝倉和子の遺族が寄贈した」ものという。

谷川小学校　石像　昭和初期建立　高さ80センチ
校庭の隅に立つ小ぶりな像。かわいい少年の顔ではなく大人のような目鼻立ちで、歌舞伎役者のように意志力を表情に出している。頭に比べて胴体が小さいが、手足はずんぐりしている。自然石の台石に「寄附人　加藤左平　櫻井石材店　豊橋市湊町」と彫ってある。

ポーズは同じであるが、個性的な姿はよく見かける洗練された姿と違っている。豊橋の石工さんが独自に作ったためでもあるが、パターン化されていない初期の素朴な作り方なのかもしれない。豊橋市内で最も古い像ではないかと思える。後日校長先生からお手紙と「谷川小学校百年史」のコピーを送っていただいた。それによると、百年史38ページの昭和7年の記述に「谷川の校庭に奉安殿とともに二宮金次郎の石像が建ったのもこの頃であった。」とあるが、年表の昭和7年の部分には何も書かれていない。一方で、本文37ページでは「昭和三年、初代校長夏目弥太郎氏永眠…。この年御真影を安置する奉安庫が一一月完成。」と、矛盾する記述がある。もし像の建立が昭和3年であれば、岡崎の長坂順治氏が御大典奉祝名古屋博覧会へ日本初の金次郎の石像を出品した年であり(学校設置は翌昭和4年)、県下最古の石像といえるのだが。櫻井石材店に行けば何かわかるのではないかと

谷川小学校

高根小学校

考えて、湊町で今も1軒だけ営業している石材店を訪ねた。しかし店の人の話では「櫻井石材店はすぐ隣にあったが、御主人は飯田線の事故で亡くなられ、店は廃業になったので詳しいことはわからない。」ということだった。

津田小学校

初代　銅像　昭和8年11月建立　鹿菅報徳社寄贈　18年3月供出
2代　石像　昭和19年8月建立　大森忠男氏寄贈　19年12月倒壊
3代　石像　昭和29年1月建立　高さ85センチ　同じく大森忠男氏寄贈

像は校門を入ってすぐ右手にある。積石の上に立ち、印籠、わらじ姿。

津田小学校に金次郎像を寄付した社団法人「鹿菅報徳社」は川崎に住む渡邊平内治が明治35年に結成したものである。彼の影響を受けた元衆議院議員加藤六蔵が前芝小学校に寄付した金次郎像が日本で最初に学校に建てられた金次郎像だといわれている。また津田小学校の2代目の石像の寄付者大森忠男氏は瓜郷町出身で、名古屋で事業を成功させた人である。2代目の像は昭和19年12月7日の東南海地震で倒壊した。台座は残ったが、台座だけでは見苦しいという声が上がり、昭和29年1月18日の国語研究会開催時に3代目が建てられた。

つつじが丘小学校

石像　平成18年建立　高さ75センチ

市内で最も新しい学校で、像もユニーク。低い台座の左手に「寄贈　中川六郎」と

つつじが丘小学校

津田小学校

ある。地元の方がインターネットで購入して寄付されたそうだ。これまで見てきた像とは印象が違う。頭でっかちでかわいい表情は親しみやすくモダンではあるが…。違和感は、衣服の袖が大きすぎて山仕事に向かない、手に持つ本が分厚すぎてリアルでない、背中の背負子《しょいこ》がまっすぐに下がり薪は蒲鉾のような形になっている、などの点。そこで気づいたのは最近出回っている中国製の像ではないか、ということ。近頃は墓石や仏像にも中国製のものが進出している。金次郎を知らない中国の石工が作る像は不慣れなため一休さんのような坊さん風金次郎になったものと思われる。筒袖ではなく衣《ころも》のような着物を着ているわけも分かった。中国で描かれた三蔵法師の像を見ると笈を背負って旅をする姿はまさに金次郎が柴を背負って歩く姿にそっくりである。

天伯小学校　石像　昭和32年建立　高さ100センチ弱
自然石の上に立つ。印籠、わらじ姿。隣に碑。碑文は「卒業記念　第二回卒業生金次郎　石像建立基金　一金四千三百五十円也」

豊南小学校　石像　昭和6年建立か？　高さ95センチ
セメントの台座80センチ。台座裏に「卒業記念　豊南尋常高等小学校　第四十四回卒業生」とある。像は股引姿。右足をやや前にして立っている。足の指が大きく安定感がある。上腕が長いのに肘先が短くアンバランスなところがある。素朴で

豊南小学校

天伯小学校

力強い印象からデザイン的に完成される以前の作品だろう。建立年がはっきりしないので学校に問い合わせると後日電話を頂き「明治40年(1907)に豊南尋常高等小学校になったので、40回生は昭和22年に当たる。」と教えていただいた。しかしこれで解決とはいかない。私のメモでは「44回卒業生」となっていてどちらかが勘違い。それにしても像の古拙さから戦後の作品には見えない。それとは別に学校制度に関わる厄介な問題がある。尋常小学校が高等小学校を併設しても高等科の卒業生が出るのは2、3年後になる。卒業式は3月だから卒業は更に年度数の翌年になる。(場合によっては卒業の何十年か後に卒業生が建立した例もある。)学校自体は尋常小学校から継続していて多くの児童は尋常科で卒業する。学校名は変わっても卒業年の名称はそれまでの尋常小学校からの数字を引き継いだのではないかと私は考えた。学校史では「明治20年に学校令により3校が統合され、渥美郡尋常小学校伊古部学校となる。」とあるので、翌21年3月に尋常小学校の第1回卒業式があったはずである。学校名は豊南小学校に変わるがこれを起点に44回目の卒業式を数えると昭和6年(1931)という数字になる。仮説ではあるが、金次郎像建立の萌芽期に合致する。

野依小学校

初代　石像　昭和12年3月建立　終戦時に撤去

2代　石像　建立年不明　高さ75センチ　用務員の芳賀さく氏の寄贈

野依小学校

セメント製の台座正面に「第三十四回　卒業記念　昭和十二年三月」とあり、向かって左側の側面に「寄贈　芳賀さく」と書いてある。この文章からすると、台座は初代のもので、再建された時に側面に芳賀さんの名前を入れたように思える。

野依小学校は平成4年に今の場所に校地移転した。しかし金次郎像は旧校地に残され、長らく放置されたままであった。平成24年に豊橋市立くすのき特別支援学校がこの地に新設(開校27年)されることが決まった。その結果、金次郎像は旧校地の更地化の工事に伴って撤去され、20数年ぶりに再び野依小学校に戻ってきた。

八町小学校

初代　銅像　昭和10年建立　戦時に供出

2代　石像　昭和29年3月建立　高さ93センチ

像は印籠、わらじ姿。バランスのためか少し前上がりの状態で建てられている。台座の自然石に「卒業記念　第7回卒業生　昭和二十九年三月」。

花田小学校　セメント像　昭和12年建立　現存せず

「百二十年花田小学校誌」(1993年発行、編集・豊橋市立花田小学校)の52ページに金次郎の写真があり、「昭和9年花田校区出身の彫刻家舟山忠吉氏作の坐像が正門をはいったほぼ正面自然石の上にあった。」と書かれている。高橋氏によると像はセメント製、昭和12年建立、となっている。像は「昭和38年同校校舎新築に際

八町小学校

し、移転しようとしたが破損したため処理されてしまった。」(「二宮像をさぐる」の5ページ)。

羽根井小学校　石像　昭和10年7月建立　高さ90センチ

像は首に折れた跡があり、手に持つ本も欠けていてセメントで補修されている。ぞうり姿。

台座はスクラッチタイルが貼ってありモダンである。「羽根井小創立五十周年記念誌」(昭和57年発行、編集・記念誌編集委員会)の24ページ、昭和10年度の記事に「7月・学校聖地内に二宮金次郎像設立。(校区民の寄贈による)」とある。高橋氏の前掲書には「台石〃一心必勝〃」とあり、かつては石の台座にこの標語があったようだ。

福岡小学校

初代　銅像　昭和10年3月建立　高等科卒業生寄贈　戦時に供出

2代　石像　昭和30年3月建立　高さ100センチ弱　第8回卒業生寄贈

自然石の上に立つ。ぞうり姿。

二川小学校　石像　昭和5年建立　高さ85センチ

台座に「昭和5年卒業記念」とあり、「報徳訓」の全文が書かれている。建設時期も

福岡小学校

羽根井小学校・以前の台座
撮影・高橋一司

羽根井小学校

早い。建設の意気込みが感じられる。

細谷小学校　石像　昭和14年建立・29年移転　高さ130センチ

台座が2メートル35センチと非常に高く測定に苦労した。台座表には「二宮翁報徳訓」が彫られており、「渡邉隆次謹書」の署名。裏面には「當町下細谷出身　廣田為吉　廣田幸平　昭和十四年一月吉日　岡崎市　石工　成瀬大吉」とある。

この学校は豊橋の生糸産業の功労者でもある朝倉仁右衛門が明治5年に設立したのが起源であり、像の後方には大きな朝倉氏の顕彰碑がある。

前芝小学校　セメント像　大正13年1月建立　高さ100センチ

学校に建つ二宮金次郎像のもっとも古いものとして有名な像である。寄贈した加藤六蔵氏は地元の素封家で前芝村長から衆議院議員を務めた人である。報徳社を通じて二宮尊徳を尊敬するようになった加藤氏が尊徳の思想を子供たちに伝えたいと考え、皇太子(昭和天皇)の御成婚記念として像をつくり小学校へ寄贈したものである。製作は当時、加藤氏の書生であり、後に高名な彫刻家となった藤原利平氏である。背には柴ではなく魚籠をかけている。台座正面には上段に「御成婚記念」と書かれ、下に「大道は萬古變せず　人道は働むるを以て尊しとす」という尊徳の言葉。裏は「大正十三年一月廿六日　藤原利平謹作之」となっている。

二川小学校

細谷小学校

前芝小学校

松葉小学校

初代　銅像　昭和5(6)年建立　戦時に供出

2代　石像　昭和28年3月建立　高さ100センチ　第6回卒業生寄贈

石積みの上に台座の石と像。台座には「贈　昭和二十七年第五回婦人会」とある。像の横の標柱には「第六回卒業記念　昭和二十八年三月」とある。

松山小学校

初代　セメント像　昭和3年建立　高さ60センチ

校区出身の彫刻家の山田敏郎氏が製作寄贈。台石1メートル20〜30センチ。表に「御大典記念」。爆撃で破損。

2代　石像　昭和17年6月建立　高さ110センチ

台座90センチ。表に「報徳」、裏には「昭和十七年六月吉日　寄附人　萱町渡邊菊太郎」とある。終戦後、進駐軍に壊されないよう校長により一時埋められたという。

牟呂小学校　石像　昭和29年3月建立　高さ95センチ

印籠を下げ、わらじ姿。「S.28 PTA理事記念」の標柱がある。

吉田方小学校　銅像　建立年不明　現存せず

かつては銅像があり、少なくとも戦後の昭和43年ころまでは台石が残っていたよ

松葉小学校

松山小学校にあった像
撮影・高橋一司

牟呂小学校

うだ。そこには鈴木兵衛校長の題字もあった。（前掲高橋氏の本による。）現在は校地も変わり台座もない。

旧・多米小学校　現在・豊橋市民俗資料館

初代　銅像　昭和11年4月建立　高さ117センチ　多和田泰山の型　戦時に供出

2代　セメント像　昭和16年4月建立　高さ115センチ

現在豊橋市民俗資料館になっている場所には以前、多米小学校があった。小学校が移転した時、金次郎像は旧校地に残された。（高橋氏によれば昭和19年1月建立、東京美術学校作品。となっている）

旧校地は山の斜面にあったので、坂を上る様にして校門をくぐる。その右手の石積みの上に自然石、さらに石の台座がありその上に金次郎像が建っている。台座が117センチ、自然石から測れば155センチ、像が115センチで、見上げる高さである。この大きさからみると、1メートルを基本とする他の東京美術学校の作品とは少し違う。腰に印籠を下げ、斧を持ち、わらじ姿。台座正面に「勤倹力行」。向かって左側に時の市長「神戸小三郎書」。裏に「昭和十六年四月建之」とある。

旧・狭間小学校

初代　銅像　昭和8年建立　戦時に供出

2代　石像　昭和19年建立　高さ130センチ

吉田方小学校にあった台石
撮影・高橋一司

旧・多米小学校

松山小学校

青陵中学校

旧・狭間小学校

初代、2代目共に小島光氏が寄贈。学校は昭和20年焼失。24年廃校、児童は松山小学校と松葉小学校に。

金次郎像は一時松山小学校にあったが昭和63年に元の校地にある名豊ビル(現在のemCAMPUS)の前に戻った。その後平成17年に裏手の狭間児童広場(現在は豊橋市まちなか広場)に移転した。

その他の学校等

石巻中学校　セメント像　昭和24年建立　高さ95センチ

石の台座が190センチあるので見上げる高さ。ヒビが入っていて本も先が欠けている。背負子の下の部分が補修してある。印籠とわらじの姿。台座の正面に「報徳」、裏に「昭和廿四年拾月吉日　寄附者　鈴木初次」とある。東京美術学校の作。

青陵中学校　(学校は戦前の豊橋第二中学校の施設を継承して創立)

初代　銅像　昭和12年3月建立　戦時に供出

戦前の豊橋第二中学校卒業生の寄贈　高岡製品。

2代　銅像　昭和30年3月建立　高さ62センチ

セメント製の台座125センチ。台座の上の方に「勤　倹　譲　寂叟」下に「第七回卒業生　昭和三十年三月十五日」、裏には「豊橋紺屋町　株式會社平松銅器店納」とある。

石巻中学校

北部中学校　石像　昭和31年3月建立　高さ120センチ

夏目平三郎氏の寄贈。股引、斧、わらじ姿。台座の自然石に「報徳　鈴木亨市書」と金色で書かれた文字。鈴木亨市氏は東海銀行の頭取だった人。

二川幼稚園　かつてあったというが、現存せず　詳細不明

個人所蔵

呉服町の民家　銅像　建立年不明　高さ110センチ

金次郎はわらじ履き。持つ本には文字が彫られている。元は東京の商店の所有。代金の代わりに取得。夏には帽子をかぶせてもらい、大切に守られている。

報徳二宮神社

東細谷町の丘陵地の畑地の中にある。境内に大きな「開村四十周年記念」の碑がある。裏には開拓民14人の名前と「昭和十三年二月三日　昭和五十三年二月吉日」と彫ってある。歴史に詳しい人だと聞いて、神社の近くに住む鈴木さんを訪ねて話を聞いた。

「ここは昭和初期に愛知県が進めた開拓村の一つで、すぐ北の第二弥栄村が昭

呉服町

北部中学校

和4年、この地の第八弥栄村が昭和13年に開村した。当初の入植者は10軒だった。この村の神社は昭和27年に小田原の二宮神社から分社して建立。報徳二宮神社というのは全国でもあまりない。五並《いなみ》中学校の校長先生が報徳教育を取り入れていてその仲介で分社ができた。」ということだった。

同じ時期にできた豊川市大木町の開拓村では村の神社に二宮金次郎像がある。困難を伴う開拓事業に二宮尊徳の思想が支えであったことがわかる。

水上ビル（大豊商店街）**の二宮神社**

戦後、駅前の青空市場の商店主たちをまとめて協同組合をつくり、初代大豊商店街理事長となったのが山本岩次郎氏である。商店街の繁栄を願って昭和36年に二宮神社の分社を祀り、39年に大豊ビルが完成すると3階屋上に遷座した。

東細谷町の報徳二宮神社

水上ビルの二宮神社

豊川市の二宮金次郎像

豊川市は戦時中の昭和18年(1943)に東洋最大という海軍工廠建設を機に豊川町、牛久保町、八幡村、国府町の3町1村の合併で成立した。昭和28年の昭和の大合併では近隣の町村合併は進んだが、豊川市では昭和34年に御油町を合併したにとどまった。その後平成に入って行政改革の一環として地方自治体の合併が強力に推進され、平成18年(2006)から平成22年の間に四方に隣接する一宮町、音羽町、御津町、小坂井町と合併して現在に至っている。豊川市内の二宮金次郎像の様子を知るには、平成の大合併以前の旧豊川市と、平成に合併した周辺4町を分けて見た方がその特徴がよく分かると思う。

まず学校関係の金次郎像について旧豊川市の地域を見よう。平成の合併前、旧市内には16校の小学校があった。戦後の商工業の発展と人口増加に伴い、市の中心部に6校の小学校が増設された。この新設6校には金次郎像はない。残る10校は戦前から続く学校で、いずれも金次郎像が建てられている。その中で市の東部郊外にある東部小学校は名目開校日が戦後とはいえ、戦前からあった近隣の睦美、三上、麻生田の3小学校を統合してできた学校である。東部小学校は旧睦美小学校の金次郎像を受け継ぎ、旧三上小学校と旧麻生田小学校はその跡地が地区の市民館に変わったが、金次郎像はそのまま跡地に残された。そこで旧市内には10校に10基、廃校跡に2基の金次郎像がある。

平成の合併で豊川市と合併した旧4町(一宮町、音羽町、御津町、小坂井町)には現在10校の小学校があり、金次郎像が11基ある。農地の多いこの地域は戦後の新設校がなく、いずれの小学校も戦前から続く歴史を持っている。その中で一宮南部小学校は昭和の大合併の際、旧一宮町に合併した大和村の大和小学校と双和村の旧金沢村地区にあった金沢小学校を統合して昭和51年に開校した学校である。大和小学校と金沢小学校にあった金次郎像は新しい一宮南部小学校に移されたため、ここには2基の金次郎像が並んで立っている。

そこで現在の豊川市内の学校には26の小学校があり、そのうち20校に21基、中学校1基で合計22基の金次郎像がある。ほかに小坂井中学校に1基ある。また公共の場所では、元小学校の跡地にある市民館に2基と一宮の足山田公民館、大木町小牧の弥栄集会所横の神社、伊奈町の速須佐之男神社にある。その他に個人の所有で自宅敷地内に建てられているもの(非公開)が4基確認されている。

小学校

赤坂小学校　石像　昭和14年11月建立　高さ95センチ

石像は石にコンクリートで固定してある。像の足首はヒビでも入ったのかセメントで修復してある。台座に「56.1.20」とあるのは校地と像が移転した日付のよう

赤坂小学校

だ。寄贈者・浅川金作。

一宮西部小学校

初代　銅像　昭和15年建立　戦時に供出

2代　セメント像　昭和17年建立　高さ93センチ

台座正面に「報徳」、裏面に「紀元二千六百年記念」と「寄附者　今泉誠一」とあるがこれは初代の銅像時のもの。一宮東部小と同じく金属供出で失われ、昭和17年に町役場からセメント像が寄付された。

一宮東部小学校

初代　銅像　昭和15年5月建立　戦時に供出

豊橋市平松銅器店納入、高岡製品。

2代　セメント像　昭和17年4月建立　高さ93センチ

腰に印籠を下げる姿。自然石の台座に「誠」の文字、裏面に「紀元二千六百年」と「卒業生　伊藤ゆき　山田きよ　藤波こま　野澤まき　野澤福　野澤いよ　野澤□枝　□□秋三郎」という八人の名前がある。（石が一部欠けているので判読不能の□の文字以外にも読み間違いがあるかもしれない。）

ところで「一宮東部小学校八十年の歩み」（昭和62年3月「ともしげ」特別号）の昭和十五年の記述に、「五月廿七日　野澤秋三郎氏寄贈二宮尊徳先生銅像除幕式」

一宮西部小学校

一宮東部小学校

とある。また十七年には、「二月十六日　尊徳先生銅像献納式（金属回収）」。同年「四月二十三日　尊徳先生陶像除幕式」とある。この通りとすれば、現在あるセメント像は三代目になるはずだが、前記「一宮東部小学校八十年の歩み」には、その後陶器の像がどうなったか、セメント像がいつできたかという記録が全くない。高橋氏の「一宮像をさぐる」では17年4月に町役場からセメント像が寄付されたとあるので陶像はセメント像の誤記ではないか。また台座の卒業生の氏名を見ると七人が女性で、最後に男性の秋三郎の名があるのはたまたまそうなったのか、なぜ寄付者として野澤秋三郎の名前のみが記録されたのか、多少の疑問が残る。

一宮南部小学校

旧大和小と旧金沢小の2校が昭和51年に合併、一宮南部小学校となった。両校にあった像が移され、現在2基の像が並んで建てられている。

校門寄りの像（旧大和小学校）

初代　銅像　昭和8年建立　市川与平寄付　戦時に供出

2代　石像　昭和32年10月建立　高さ92センチ

石の台座。台座正面に銅版で「報徳」、向かって左側に「昭和三十二年十月七日　報徳同人」裏面に「昭和五十二年七月二十八日ここに移す」とある。

高橋氏のメモによると、石工は牛久保町　栗田金次郎。報徳同人は市川□五郎、山本孝司、中沢勤、校長。

一宮南部小学校（旧・金沢小学校）

一宮南部小学校（旧・大和小学校）

校門から奥側の像（旧金沢小学校）

初代　銅像　昭和15年建立　当時300円　戦時に供出

2代　石像　昭和33年2月建立　高さ約75センチ

コンクリート製の台座。台座正面に鋳物の銘板「報徳　文学博士加藤仁平書」、裏面に「大阪市西成区新開三　寄贈者　篠宮春雄」、向かってに左に陶板で「昭和五十二年七月二十八日ここに移す」とある。

旧金沢小には昭和15年篠宮春雄氏が銅像を寄付。33年にも同氏が石像を再建。

牛久保小学校　セメント像　昭和2年建立　高さ約130センチ

像は腰に弁当を下げて歩く姿。台座正面に「二宮大先生之像」とあり下に漢文の「報徳訓」。側面右に「昭和貳年十一月上浣　建設者　宝飯郡牛久保町（以下略）鈴木喜一　謹作者　藤原利平」。側面左に「二宮先生の歌に…」として尊徳の「道歌」。裏面に「講堂新築紀念（ママ）」とある。制作者の「藤原利平」は豊橋市の前芝小学校の金次郎像（日本で学校に建てられた最初の金次郎像）を作った人物。

寄付者の孫である牛久保町内の「博愛堂」という薬屋のご主人から、「講堂も町内で寄付した。木骨コンクリート製の宝飯郡で初のものだった。」など、町内と学校とに深いつながりがあった話を聞くことができた。

国府小学校　石像　昭和9年5月建立　高さ115センチ

牛久保小学校

金次郎像の横に小ぶりな寄付者名の碑がある。「寄附者」として井上平蔵ら七名の名が並び、昭和九年五月吉日。最後に「百年祭紀念」とある。石碑の石が古いものではなく、昭和九年に百年祭とは変なので、寄附者名碑は戦後学校創立百年祭の際に建てられたものだろう。

小坂井西小学校

初代　銅像　昭和15年10月28日建立　高さ4尺5寸・148センチ

藤島百衛氏寄付、役場から感謝状。多和田泰山型、陶山玉次氏が多和田泰山に依頼して原型を作らせたもの。

昭和16年2月7日、金属回収により壮行会。

2代　セメント像　昭和18年10月29日　石像落成除幕式　高さ95センチ

町役場の寄付、台座正面にセメントで「勤倹力行」。

小坂井東小学校

初代　材質不明　昭和9年建立　個人の寄付

2代　銅像　昭和16年建立　建設開始15年12月・16年4月28日除幕式

昭和倶楽部の寄付。昭和17年11月7日、戦争のため供出、告別式。

3代　石像　昭和18年10月再建　町役場の寄付　昭和28年台風13号で倒壊

4代　銅像　昭和31年10月再建　高さ90センチ　寄付「45人・昭和倶楽部」

小坂井東小学校

小坂井西小学校

国府小学校

股引姿で腰に斧を挟む。金属製なので背中の柴などが細密に作られている。読んでいる本には「大学」の表題がついている。本の紙面には「一家仁一国興仁…」の文章が彫り込んである。「鉄堂」という制作印がある。高橋氏のメモによると、「金三万五千円也 元昭和倶楽部願い出(五十名連記ノ後) 金三千円也特別寄附、加藤、橋本、岩田 金一万三千円也補助 小坂井町」。

御油小学校 石像 昭和10年7月建立 高さ125センチ

長身の像 左腰に印籠。両足首にヒビあり。石の標柱があり、表に「昭和十年七月建之」、裏には「寄付者」とあってその下に「萩原正次、故萩原正男」と二人の名前が並んで彫ってある。「創立90周年記念 御油の教育九十年」(平成39年発行)に、「昭和十年(1935)七月十八日 二宮尊徳像除幕式」、とある。

桜町小学校

初代 銅像 昭和8年建立 戦時に供出

小島棟吉の寄付 多和田泰山作という。

2代 石像 昭和19年建立 高さ88センチ

これも小島棟吉の寄付。台座基盤の平板な石に扇面型に由来が彫ってある。「昭和八年東京日本橋小島棟吉氏 二宮先生銅像ヲ寄附サル大東亜戦ニ當リ應召同一九年此ニ代ル石像ヲ建立セラル 紀元二千六百四年 主任鈴木泰道謹誌」

桜町小学校 石碑

桜町小学校

御油小学校

横に石碑がある。碑の上部にある横長の枠内にあっただろう文字はセメントで埋められていて読めない。本文は「報徳訓」。漢文ではなく和文表記。末尾に「皇紀二千六百年記念　小島同族寄附　静陽書」碑面右下隅に小さい字で「岡崎石匠　嶺田刻」（田の文字は判読）とある。

三蔵子小学校　石像　昭和29年建立　高さ90センチ

腰に印籠を下げる姿。石の銘板に「創立十週（ママ）年記念　二宮金次郎石像一基　寄贈　井上一殿　建設　昭和二十九年度　後援会・父母教師会　昭和二十九年三月十九日」とある。

（＊29年3月に建設なら28年度後援会が建てるはず。29年度は4月以降なので不思議。29年5月建設の説あり。）

千両《ちぎり》小学校　石像　昭和9年建立　高さ95センチ

「ふるさとの話――千両」（昭和51年12月15日発行）に昭和9年山本六次校長が寄付したとある。

東部小学校　石像　昭和15年建立　高さ80センチ

旧睦美小。旧三上小、旧麻生田小の3校が合併して東部小学校となった。現在東部小学校にある像は旧睦美小にあったもの。台座裏面に「皇紀二千六百年記念

三蔵子小学校

千両小学校

東部小学校

睦美青年支部」。

豊川小学校　石像　昭和8年12月建立　高さ130センチ
台座裏面に「明治四十五年壮丁同年有志」として7人の名前が彫ってあり、その末尾に「昭和八年十二月建之」、枠外に「岡崎市　石匠　長坂順治」とある。金次郎像は腰に印籠。台座表に「至誠報徳」の文字。（高橋氏のメモによれば「妙厳寺三十一代界珠教題」）台座右側に蛙の姿が彫ってある。理由不明。全員が戦地から生きて帰った感謝の象徴か。（明治45年と言えば、辛亥革命に際し革命干渉のために中国に派遣された部隊があるが、それだったのだろうか。しかし明治45年生まれの壮丁の意味であれば、昭和6年の満州事変に動員されたことの可能性が強い。）

長沢小学校

初代　石像　昭和10年建立（「赤坂町史」平成17年発行）高橋メモでは11年1月高橋氏のメモによれば、壊れた像が元給食婦の山口栄氏に貰われたという。「昭和25年頃のことであるが首の取れた像を倉庫の清掃中に見つけ、川に投げ捨てるところを栄さんがもらい受けて家に搬入。時期を得て首を誰かに作ってもらうつもりでいた折、再度の清掃で首が見つかりセメントで取り付けた」とある。

2代　石像　昭和45年建立　高さ65センチ
コンクリート台座　腰に印籠　台座正面に「二宮尊徳像　みんなのためによくつ

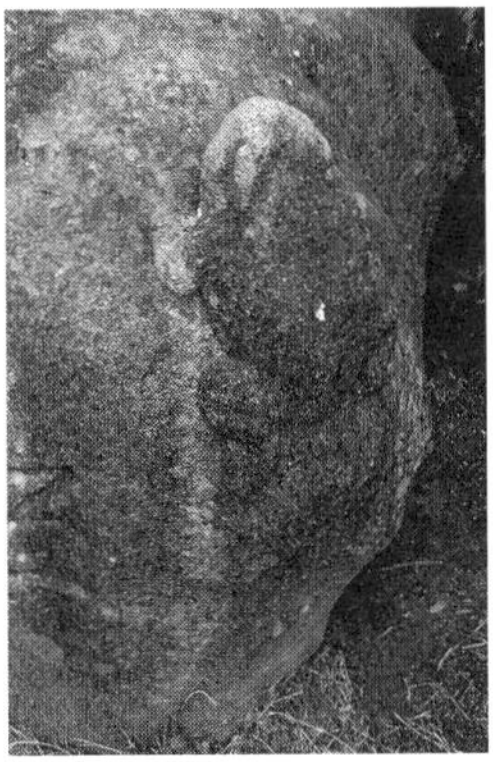
豊川小学校　台座の蛙

長沢小学校

長沢小学校にあった初代像
撮影・高橋一司

萩小学校

豊川小学校

御津南部小学校

平尾小学校

くす」、裏面に「歴代寄贈者芳名」とあり、4人の名前。末尾に「新校舎建築□　昭和四十五年十月再建」とある。

萩小学校　石像　昭和10年8月建立　高さ約90センチ

腰に巾着袋　自然石の台座正面に「勤倹力行」、裏面に「昭和十年八月」と寄付者5人の名前がある。頭部が割れて接着剤でとめてある。平成20年ころに見た時は割れていなかったので事情を聞いてみると、理由もわからず突然割れたという。しばらくそのままであったが、痛々しい姿だったので接着剤でとめたという。

八南小学校

初代　石像　昭和7年9月建立　山口主人寄付

2代　石像　昭和30年11月再建　高さ92センチ　百年祭記念

腰に巾着袋　像の足元に「岡崎　小林末博作」と彫ってある。ＰＴＡ寄付。

平尾小学校　石像　昭和7年4月建立　高さ約120センチ

金次郎が本のページをめくる姿は珍しい。腰に印籠を下げる姿。像の裏に「岡崎石匠　今井新太郎」とある。榊原省三寄付。

御津南部小学校　石像　昭和5年建立か？　高さ約90センチ

八南小学校

像の足首が折れてコンクリートで補強してあり、さらに鉄棒で体を支えてある。台石裏面に「教育勅語下賜四十周年記念　寄付者大塚村大字大草　大須賀宇平　石工岡崎市　小林秋三郎」とある。建立年は教育勅語発布の明治23年(1890)から推測した。

御津北部小学校　石像　昭和8年4月建立　高さ110センチ

自然石の台座に「講堂落成記念　昭和八年十月西金野」とある。町内寄付か。

旧・麻生田小学校　現在・麻生田市民館　石像　昭和15年建立　高さ約100センチ

小林未博作　腰に巾着袋を下げる姿。台座正面に「報徳」　裏面に「皇紀二千六百年有志一同」。

旧・三上小学校　現在・三上地区市民館

初代　銅像　昭和11年建立　戦時に供出

多和田泰山作という。鈴木宗治寄付。台座は170センチと高い。牛久保町陶山銅器店謹製。正面に「報徳」、向かって左面に「石匠　川合藤市」(石匠は台座製作者)裏面に「紀元二千五百九十六年　寄贈　緑池斉香雨」。

2代　石像　昭和19年再建　すね上の高さ約110センチ(元は130センチほど?)

今井新太郎作。見上げる大きな像。足元が折れたのを修理したためか、脛から下

旧・三上小学校

旧・麻生田小学校

御津北部小学校

が台座に埋まったような姿になっている。これも鈴木宗治寄付。

その他の学校

小坂井中学校　石像　昭和31年3月建立　高さ100センチ弱

印籠を下げ、わらじを履く姿。台座は1メートルのセメント製。表に「卒業記念」、裏に「昭和三十一年三月十五日　第九回卒業生」とある。細かいことだが、背中に背負う薪の数が右側20本、左側24本になっていてそろっていない。

公共の場

足山田公民館　石像　平成15年ころ建立　高さ95センチ

わらじ姿　台座裏に「明治37年3月報徳社設立　贈　加藤隆好」とある。

像を寄付した加藤隆好さんは公民館近くで鉄工所を経営しておられると聞いて御自宅を訪問して話をうかがった。(平成25年取材。)それによると、寄付は報徳社の歴史を残しておきたいという気持ちで、個人でしたものである。10年位前に岡崎の石屋さんに作ってもらったとのこと。足山田報徳会は今でもある。正社員50数戸、準社員と合わせて100戸くらい。今では特別な活動はしていない。12月15日の秋葉さんのお祭りの日に報徳会の集まりがある。報徳訓の掛け軸があり、みんなで唱和す

足山田公民館

小坂井中学校

る。昭和5年生まれの加藤さんも若いときには山の薪を運んだり、朝起き会で5時から縄をなったりして金を稼ぎ、青年会の資金にして敬老会などに使ったという。今では会員は年会費1100円を集めて、集会の費用にしているそうである。

大木町小牧の弥栄集会所横の神社　セメント像　建立年不明　高さ75センチ

積み石で作った台座。わらじ姿。目に黒石が使ってあり、表情に眼力がある。

集会所横に住む磯谷さんから由来を教えてもらった。ここは昭和11年に愛知県が二川、三好地区と共に「不良土開墾地」として開墾事業が行った場所である。募集に応じた10軒が一人二町歩の土地をもらって入植した。今も毎年10月1日に入植の記念式典が行われている。神社の境内には平成14年に磯谷さんが建てた記念碑があり、裏面に指導員として入った星野稔氏夫妻と入植した10軒の農家の夫婦の名前が彫られている。神社には立派な鳥居があり、柱には「昭和十三年健之」「岡崎市　石匠　今井新太郎」と彫ってある。この今井氏は豊川市内の平尾小学校などにある二宮金次郎の石像の作者である。しかし境内にある像はセメント製である。豊川市内にはセメント像の名人といわれた緑谷友吉という人がいた。ここの像はざっくりと作られた袴のヒダから手早い作業だったことが想像され、早作りの点は緑谷氏と似ているが、顔の表情には独特の個性があり、別人の作だろう。

速須佐之男神社　伊奈町・文化センター横　詳細不明　高さ100センチ

大木町小牧

速須佐之男神社

由来不明。金次郎像は石の築山の上にある。丸顔。左腰に印籠、斧。ぞうり姿。

個人所蔵

八幡町（行政的には御油町）の民家　石像　高さ約50センチ
50年ほど前に所有者のお医者さんから譲ってもらったもの。

長沢町の民家　石像　高さ95センチ
120センチの台座。台座表に「二宮尊徳先生之像」、裏には「贈　元組合長　○○○○君　昭和十四年一月　保証責任長　信用販売購買利用組合」とある。
＊漢字は旧字体。戦前の産業組合は戦後農協に引き継がれた。

御油町の民家　セメント像　昭和6年建立　高さ約50センチ
石の台座。市内のセメント師・緑谷友吉が制作したもの。

国府町の民家
家の人から庭に金次郎像があるということは教えてもらえたが、見学はできなかった。

御油町

長沢町

八幡町

蒲郡市の二宮金次郎像

蒲郡市には13の小学校がある。その内戦前からの歴史を持つ9つの小学校にはすべて二宮金次郎像があるが、昭和40年代にできた4つの新設小学校では作られていない。ただし昭和48年に開校した三谷東小学校には二宮金次郎像が存在する。この小学校がある場所には以前三谷中学校があり、その時代のものだ。中学校は近くの場所に移転したが、この像は中学校の跡地に新しく設けられることになった三谷東小学校へ置き土産のように残されたようだ。二宮金次郎像は小学校の方がふさわしいと考えられたのだろうか。三谷中学校を訪ねて学校史を見せてもらったところ、昭和27年3月9日の日付で「二宮金次郎の石像(PTA寄贈)建立」という一文があった。現在三谷中学校には二宮金次郎像は存在していないので、間違いなさそうである。中学校の制度ができたのは戦後のことなので、二宮金次郎像がある中学校は少ないのだが、三谷中学校への寄付や小学校への譲渡のいきさつはわからなかった。どこでもそうだが学校の先生は転勤で年々変わるので、勤めていても、その学校の歴史をよく知っているという先生はなかなかいない。形原小学校には金次郎像が2つあるので、像のある小学校は10校、像は11基。このほかに形原町の神社と神ノ郷町の池にあり、像の数は全部で13基ということになる。

小学校

大塚小学校

初代　材質不明　昭和3年?・建立

2代　石像　昭和34年11月建立　高さ90センチ

腰に斧を差した姿の石像。コンクリート製の台座正面に「御大典記念」とある。これは昭和3年の昭和天皇の即位式をさしているが、同じ「御大典記念」で建てられた岡崎聾唖学校では像自体の建立は4年になっているので念のため「?・」マークを付けた。(岡崎聾唖学校の金次郎像は学校に建てられた像で石製のものとしては最も初期のものといわれている。)校長先生の指示で、倉庫から出して見せてもらった金属製の銘板がある。そこには上段に右から左へと古い書き方で「昭和同窓会　石像建設者氏名」とあり、中段以下は縦書きで43名の名前があり、最後に「昭和三十四年十一月十日再建」となっている。この銘板は台座の背面にあるくぼみの所に取り付けてあったと思われる。資料はないが、再建というからには金属供出か倒壊によって初代の像が失われ、残された台座の上に2代目の像を建ててこの銘板を取り付けたのだろう。ただし初代が銅像だったか石像だったかは不明である。どちらにしろ、昭和3年の初代像は学校の金次郎像としては最も初期のものだった。

大塚小学校　銘板

大塚小学校

形原小学校　　2基ある

校門近くの像　　石像　昭和63年9月建立　高さ約120センチ　昭巳午同級会

きれいに磨かれた石像で、台座に「贈　昭和63年9月吉日　昭巳午同級会」と彫ってある。

奥の方の像

初代　銅像　昭和11年4月建立　戦時に供出

2代　陶像　昭和18年4月建立　高さ約130センチ

陶器というより、弥生式土器に似た明るい赤茶色の素焼きの金次郎像である。陶器製のものは窯業の盛んな岐阜県や岡山県には結構あるので、同じように焼き物の盛んな愛知県でもありそうだが、不思議なことに愛知県ではほとんどない。この像はあちこちひびが入っており、修理した跡が見える。頭部には針金も巻いてある。左手にあるはずの本がなくなっているし、その左手は折れた部分の継ぎ方が不正確で本を持つ向きになっていない。素人がした修理のようだ。像の後ろの方に自然石に彫った標柱があり、表に「第十六期同級会」裏に「昭和十一年四月」とある。

校長先生に見せていただいた古い学校史の記述によると、

昭和11年4月　二宮像建立

昭和17年11月　徴発応召す

昭和18年4月　陶像の建設…　とあった。

「応召す」という言葉は、昭和17年の金属供出を指すから昭和11年に建立された初

形原小学校・奥の方にある陶像

形原小学校・校門近くにある石像

代の像は銅像だったことになる。2代目の陶像が壊れたので校門近くの石像の3代目が作られたのではないかと考えたが、戦後に形原小学校に通った人の話では陶像の金次郎像を見た記憶がない、ということだった。戦争中か戦後すぐに壊れたか、壊された可能性がある。破片は長らく倉庫の中で眠っていたのだろう。ある時気づいて修理したか、石像を作る話が出たときについでに修理再建されたのではないか。

蒲郡西部小学校　石像　昭和14年4月建立　高さ約60センチ

運動場の奥の土手下に立っている60センチくらいの小さな石像である。裏に寄贈者と思われる二人の名前がある。「竹内半重　竹内國三郎」。平成5年に発行された開校百二十周年記念誌の「ひじりの里」の28ページに大きい石を積み重ねた築山の上に立つ金次郎像の写真があり、「昭和14年4月3日　未申会寄附により設立」の説明がついている。現在ある像に彫られた人名との間に謎が残る。

蒲郡東部小学校

初代　銅像　昭和13年3月建立　戦時に供出

2代　セメント像　建立年不明(戦前?・)　高さ90センチ

腰に印籠を下げた姿。繊細な表情。セメント製である。石の台座正面に「二宮尊徳先生の像」の文字。台座裏下方にはかつてあった銘板の跡のくぼみがある。

蒲郡西部小学校

蒲郡東部小学校

昭和48年に発行された「創立百年史」に昭和13年3月13日、二宮金次郎の銅像竣工。大場弥由、大場尚ら三氏の寄附。とある。卒業生の座談会のページに、その像が供出されたので大場弥由さんが家にあった石で作った。とあるが、現在の像は石製ではなく、セメント製の規格品なので、業者に発注したのだろう。

蒲郡南部小学校

初代　銅像　昭和6年7月建立　戦時に供出

2代　セメント像(石像かも)　昭和26年建立　高さ約90センチ

右腰に印籠を下げた姿の像。台座はコンクリート製。その正面に「二宮金次郎像」と書いてあるが、四隅に釘の跡があり、初めは金属製の銘板があったと思われる。像の補強役になっている切り株に「昭和廿五年度卒業記念」と彫ってある。ところが後日学校の歴史を調べたところ、これは2代目の像だと分かった。昭和50年発行の「蒲南百年」という創立記念誌に、「蒲郡町合併三十周年記念誌(昭和11年7月編集)」に「二宮金次郎先生銅像」について「昭和六年七月二十三日、本町一篤志家の寄附により建設」「設計者は豊橋市南柳館主である。」と紹介されている。という記述がある。また「この像は、戦時中供出され、戦後――コンクリート造りで再建された」とある。現在の像は私の見たところ石像にも見えたが、見間違いであろうか。(昭和11年には乃木大将の銅像も寄付されている。)

蒲郡南部小学校

蒲郡北部小学校　石像　昭和10年9月建立　高さ約120センチ

ふっくらとした丸顔の石像。首は一度折れたらしく、継いだ跡が見える。中央に鉄芯、足元は自然石で補強してある。平成4年に発行された開校百年記念誌の「蒲北百年」に「昭和10年9月17日、尾崎妻吉氏寄贈」とある。また蒲北小同窓会編集による「創立75周年記念　可末保具」に、「昭和22年1月20日、二宮金次郎像掘り越（ママ）こし」という興味深い記述がある。戦後勘違いして金次郎像を埋めた学校があるが、ここの像も埋められていたのだ。首が折れたのはそのせいかもしれない。

塩津小学校　石像　昭和10年3月建立　高さ約120センチ

校門右手の小さな築山にある石像。像から少し右手後ろにある標柱はこの築山ではなく、金次郎像のものだろう。表に「卒業記念」、向かって左手に「昭和十年三月」、裏面に「第三十七回卒業」とある。標柱の下の方が土に埋まっているので卒業の文字の下に「生」の文字が隠れていると思われる。昭和41年ころ、校舎新築で移転の際、不手際で脚部折損。

西浦小学校

初代　銅像　昭和10年2月建立　戦時に供出

壁谷三郎寄付。名古屋市内幸通 岡谷銅器店にて購入。

2代　石像　昭和18年建立

西浦小学校

塩津小学校

蒲郡北部小学校

3代　石像　昭和26年6月建立　高さ約100センチ

校舎から一段下がったところにある運動場の隅にある。腰に巾着袋を下げた姿の石像。像の足元や台座に、像のたどった歴史について書いてある。

まず像の足元に3か所

「昭和十年二月銅像建」「昭和十七年十一月銅像供出石像ニ替」「昭和廿年一月震災倒壊」

像の後ろの補強役の切り株に

「昭和廿六年六月再建」と彫ってある。

台座の(向かって)左側には

「平成10年度記念事業　西浦町総代会　西浦小PTA」という銅板がある。

昭和10年に建てられた銅像が、17年に金属供出で無くなり、代わりに石像を建てたが、これも昭和20年の三河地震で倒壊した。戦後の昭和26年に再建され、平成10年(年度とあるので実際には11年かもしれない)に今の場所に移されたことがわかる。平成10年の文には移転の語句はないが、像から少し離れたところに立つ校訓碑から判断した。校訓碑は大きい石の上に建てられているが、その台座石についての解説文がある。

それによるとこの石は名古屋城の築城に使われた石の残りだという。たしかに石の一部には石を割ろうとして開けた鑿の跡があった。昭和6年に西浦の浜から村民が3日がかりで運び、終戦までは忠魂碑の台座となり、その後二宮象の台座となったとある。それなら昭和26年に再建された金次郎像はこの大石の上に立っていたことになる。戦後、忠魂碑は軍国主義的であるから学校に置くのはまずいと判断されて撤去されたのだ。不つり合いに大きい石の上に立った金次郎像はやがて大きい校訓碑を建てる話が出たときに、その席を譲って、現在位置に落ち着いた。それが平成10年度の記念事業だと思われる。

市の図書館に西浦小学校が昭和53年に発行した「西浦の今昔(三)学校沿革史」という本がある。その中で関連する部分を抜き出すと以下のとおりである。

昭和10年2月11日　二宮尊徳先生像除幕式挙行
昭和17年11月6日　二宮尊徳翁像壮行会挙行
昭和18年11月19日　二宮金次郎石像除幕式挙行
(昭和20年の三河地震の記事には金次郎像倒壊の記述なし。校舎倒壊や生徒の被害調査などの記述が多く、そこまで書く余裕がなかったと思われる。)
昭和26年7月18日　二宮金次郎石像除幕式　壁谷三郎氏寄贈

三谷小学校

初代　銅像　昭和10年2月11日建立　戦時に供出
寄付者 三谷町東区松下政治、製造所 岡崎市中町(治鋳造工場 山本治三郎「勤倹力行」。
2代　石像　昭和24年度建立　高さ105センチ　小学校母の会寄付

三谷小学校にあった2代像
撮影・高橋一司

三谷小学校

3代　材質不明　平成5年11月建立　高さ約100センチ

緑色の像で金属製に見える。（金属製に見えるようにペンキを塗っている像もある。）腰に大きい斧を差した姿である。石の台座正面は金属板に「一日一歩」の銘。裏の銘板には「巳午八竹会　平成五年十一月吉日」とある。

三谷東小学校　石像　昭和27年3月建立　高さ約110センチ

腰に印籠を下げた姿の石像。もともとは三谷中学校に寄付されたもの。その由来については前文で紹介。

公共の場

諏訪神社　形原町　石像　平成3年3月建立　高さ95センチ

金次郎像は左腰に印籠、ぞうり姿。切り株なし。像の右手に「二宮金次郎顕彰碑」があり人物紹介文が書いてある。像の左には「報徳」と書かれた碑。その横に細い石柱に掛けた賽銭箱があり、石柱正面に「二宮尊徳奉賛会」、側面に「平成三年三月吉日」とある。

白竜池　神ノ郷町

初代　石像　昭和9年建立

諏訪神社　報徳碑と賽銭箱

諏訪神社

三谷東小学校

2代　石像　平成27年ころ建立　高さ70センチ

農業用・治水ダムの白竜池の横にある。金次郎像はコンクリート製の土管を建てて作った円柱形の台座に乗っている。金次郎の髷や脚絆が変な形に作られているので、この像は中国製だと思われる。

市役所の農林水産課に由来を聞いた。「池の改修が終わった5年前に土地改良組合が建てた。金次郎像は以前からあったが欠けていたので新調した。」ということだった。地元の農家の人ならほかに何か知っているだろうと思い、池の近くにある民家を訪ねた。そこは古くから住む地元の農家ではなく、50年ほど前に引っ越してきた「安加比古窯」を営む陶芸家の家だった。しかし幸いにもこの家のご婦人が像に関心を持っている方だったので詳しい話を聞くことができた。それによると、

「池は昭和9年に農業用溜池として作られた。二宮尊徳は水利事業にもかかわった人なので金次郎像が建てられたのだろう。54年前(昭和42年・1967年になるか?)ここに引っ越してきたときには金次郎像の首は折れていて、頭部はセメント製になっていた。12、13年前に池の堰堤が傷み、水が漏れたので改修工事がなされた。」そうだ。

総合すると農業用溜池の建設記念として初代石像が建てられ、その後像の首が折れたか折られたため頭部をセメントで補修した。しかし池が老朽化して改修工事をする頃にはその像も劣化が進んで再び首も取れ、2代目石像に代わった、ということになる。

白竜池

新城市の二宮金次郎像

新城市は県内で報徳社運動が最も盛んな地方だった。報徳社は勤・倹・譲(勤労・倹約と相互扶助)により農村の建て直しをはかる二宮尊徳の教えを実践する農民組織である。

明治15年、遠州森町で報徳社運動を進めていた福山瀧助により、山吉田村に三河国報徳社が設立され、間もなく近隣の村にも20社を超える分社が生まれた。同じころ静岡県の他の報徳社の影響を受けて東三河の各地に同様の報徳社が広がっていった。愛知県で昭和初期に二宮金次郎像がたくさん小学校にたてられたのは報徳社の影響が大きい。教科書の影響もあるだろうが教科書には二宮金次郎だけでなく、いわゆる「偉い人」は他にもたくさん載っている。しかし学校にそういう人の像はあまりない。金次郎像は直接報徳社が寄付したものもあり、思想的に影響を受けて個人が寄付したものもある。いずれも自発的なもので、政府や県からの指示で建てられたものは1つもないといっていい。

新城市には小学校12校中、9校に金次郎像があり、廃校となった14校の像も残っている。中学校に2校。廃校になった中学校の1基。高校に1基。その他4基があり、3基の像が確認された。

新城小学校

小学校

新城小学校　石像　昭和14年12月建立　高さ100センチ
像の後に「昭和十四年十二月　寄付人　花井半助　仝　い□（わ？）」とある。
（「仝」の字は「同」と同じ意味。すなわち「花井」の意。）

黄柳川小学校　現在の像は廃校となった山吉田小学校のものを移転。
平成25年、山吉田小学校と黄柳野小学校が統合されて発足。
初代　銅像　昭和9年建立　山吉田村が山吉田小学校に寄付　戦時に供出
2代　石像　昭和26年建立　高さ80センチ　山吉田村が寄付

東郷西小学校　木像　建立年不明　高さ50センチ　校長室にある。
校区に住む卒業生の方が自作した像を寄付された。

東陽小学校（旧・大野小学校の像）
昭和51年、大野、富栄、能登瀬、細川、阿寺小学校が統合して東陽小学校が発足。
平成14年、七郷一色小学校が統合。
初代　材質不明　昭和13年建立　大野報徳社の寄付
2代　セメント像　昭和25年10月建立　高さ100センチ

黄柳川小学校

東郷西小学校

東陽小学校

像の後側に「昭和二十五年十月　大野報徳社」。

舟着小学校

昭和48年、市川小学校と日吉小学校が統合して発足。49年、吉川小学校を統合。

初代　材質不明　昭和22年建立　学区の寄付

2代　石像　昭和31年3月建立　高さ92センチ

像の後に「昭和三十一年三月　寄贈　内藤伊佐治」となっている。

旧日吉小学校の金次郎像が移されたという。

鳳来寺小学校　石像　昭和33年3月建立　高さ51センチ

昭和45年、鳳来小学校と門谷小学校が統合され、鳳来東中学校の跡地へ移転して発足。平成28年、鳳来西小学校、連谷小学校、海老小学校を統合。

この像は、廃校となった鳳来東中学校時代の卒業生のものである。

横にある碑「第九回卒業記念　積小為大　昭和三十三年三月」。

鳳来中部小学校　石像　昭和11年建立　高さ130センチ

台座に「至誠　勤労　分度　推譲」　寄付者は梶村勝太郎。

昭和44年、乗本小学校と長篠小学校が統合して発足。両小学校とも金次郎像があったが、乗本小学校のものが移されたらしい。

舟着小学校

鳳来中部小学校

［旧長篠小学校の像について］
初代　銅像　昭和12年建立　戦時に供出
2代　石像　建立年不明　高さ70センチ　像は行方不明
東京で成功した太田恭平が寄付。戦争で供出したのでまた石像を寄付した。

鳳来東小学校（旧・川合小学校）　2基ある
昭和48年、川合小学校と名号小学校が統合して発足。
石像　昭和15年建立　高さ90センチ
積石の台座に「至誠勤労」。その上の台石の正面に「忠孝」、裏に「紀元二千六百年記念」、向かって左手に「昭和十五年壮丁者（10名の氏名省略）」、向かって右手に「昭和十六年壮丁者（13名の氏名省略）」。
＊校門脇の石像のほかに校内に木製の台座に乗った二宮金次郎の銅像がある。
銅像　昭和31年11月建立　木製の台座
台座正面に「我が道は義と実行のみ」というプレートがある。像の土台に「寄贈者　川合小学校出身」として5名の氏名がある。また「鋳銅　二宮金次郎先生像」「東京　新宿西落合2－373　彫塑家　高村泰正」「昭和31年11月吉日」という1枚の書付がある。

八名小学校　石像　昭和8年3月建立　高さ140センチ

八名小学校

鳳来東小学校・銅像

鳳来東小学校・石像

鳳来寺小学校

旧・阿寺小学校

旧・愛郷小学校

富岡小学校時代の寄付。横にある碑の表に「勤倹力行」、裏には「昭和八年三月　寄付者　菅沼平五郎　岡崎市　長坂順治」とある。長坂氏は金次郎像の基礎を作った有名な石工である。

旧・愛郷小学校　石像　昭和33年建立　高さ165センチ
現在民間の学校となっている。
　ここの像は石の浮彫の像である。台座石に「二宮尊徳翁」。学区の寄付による。二宮尊徳晩年の姿。右手に杖、左手に帳面。羽織姿で腰には脇差を差している。

旧・阿寺小学校　石像　昭和9年建立　高さ62センチ
寄付　山吉田村。横に「移設記念」の碑。裏に「平成十四年四月」とあり、4名の氏名が彫ってある。
＊山吉田村はほぼ同じころ阿寺小、黄柳野小、山吉田小に金次郎像を寄贈している。（黄柳野小、山吉田小は銅像なので、阿寺小もはじめは銅像で現在のものは2代目かもしれない。）

旧・市川小学校
　石像　昭和31年建立　ひざ上の高さ75センチ（元は90センチほど？）
校舎はなく更地になっている。隅に消防団詰所。

旧・市川小学校

膝から下が折れて無いので元の高さは90センチ位か。寄付者　荒川賢治、とよ(夫妻)。

旧・海老小学校　石像　昭和11年4月建立　高さ135センチ

像の右腕が折れ、本も欠落。「海老小学校創立百年誌」昭和48年発行48ページに「二宮金次郎石像　原田真一の寄付をうけ石像基礎工事が四月二十八日完成し、翌二十九日除幕式を行なう」とある。

旧・作手小学校北校舎(旧・開成小学校跡地)　像は旧菅守小学校のもの

平成25年、作手地区の4小学校が1つに統合されることになった。過渡期段階として開成小学校と菅守小学校を統合して、元の開成小学校を北校舎とした。像はこの時、菅守小学校から移設した。

石像　昭和15年建立　高さ110センチ

像の後部分に「紀元二千六百年」とある。また菅守小学校に保存されていた「寄附者台帳」に「昭和十五年十一月　一、二宮金次郎石像　垣内紋三郎」とある。

＊平成30年、作手小学校の新校舎が別の場所に完成して学校は移転したが、南・北校舎の金次郎像はその地に残された。

旧・作手小学校南校舎(旧・巴小学校)

同じく協和小学校と巴小学校を統合して元の巴小学校を南校舎とした。

旧・海老小学校

旧・作手小学校北校舎

旧・作手小学校南校舎

石像　昭和16年建立　ひざ上の高さ100センチ（元は120センチほど？）膝から下がない。昭和22年に古い校舎が焼け、現在地に移転するとき折れたらしい。

旧・黄柳野小学校　山吉田小学校と統合し廃校

初代　銅像　昭和10年4月建立　戦時に供出

2代　石像　昭和29年12月建立　高さ92センチ　足首がセメントで補修

台座表に「二宮尊徳先生幼時之像　書徳吉」裏に2枚の銅板「昭和弐拾九年拾弐月再建　寄付者　手塚源平　手塚隆千　昭和拾年四月建設　昭和参拾壹年九月移轉」、もう1枚は「二宮尊徳先生銅像建設寄附者芳名」で金額と24名の氏名、最後の部分は「發起人　山吉田村長手塚藤助　役員　助役鈴木七郎・書記鈴木茂男」となっている。手塚藤助氏は寄付者の寄付額筆頭で三十円、二番目は二十円で手塚源平氏らの名がある。

旧・富栄小学校　現在・小規模多機能型居宅介護事業所

石像　昭和8年建立　高さ76センチ　寄付者　時野武司

旧・七郷一色小学校　石像　昭和11年9月建立　高さ120センチ

東陽小学校に統合され、廃校となった。左手首にヒビ、本の角が欠落。像の裏に「児童勤労奉仕　昭和拾壹年九月建立」とある。

旧・黄柳野小学校

旧・富栄小学校

旧・鳳来小学校　現在・鳳来子ども園　石像　昭和11年10月建立　高さ150センチ

石垣上のさらに150センチの台座にあるので巨大に見える。台座の表に「勤倹力行」、裏に「昭和十一年十月建設　寄附者　竹内直助」。

旧・鳳来西小学校（旧・布里小学校）　石像　昭和29年1月建立　高さ110センチ

標柱に「第二十一回卒業生同窓会記念」「昭和二十九年一月建之」とある。

鳳来西小学校は、昭和53年、布里小学校と愛郷小学校が統合して発足。平成28年に鳳来寺小学校に統合されて廃校となる。

旧・細川小学校　石像　昭和10年建立　高さ120センチ

校地は町内施設として利用されている。校舎は1棟のみ残されている。

以前は校舎の入口横にあった像が老朽校舎撤去の際、校地の裏隅に移されてしまった。台石の裏に「寄付者　静岡市　大石一二　京都市　鈴木恒平」

旧・名号小学校　セメント像　建立年不明　高さ90センチ

小学校の跡地には温泉施設「うめの湯」となった。像は国道をほんの少し北に進んだところにあるコンビニから川側に入った「はちまん公園」にある。石積みの台座上の像は左の腰に巾着袋を付け、ぞうり姿。

旧・鳳来小学校

旧・鳳来西小学校

旧・吉川小学校　現在・民間企業アイデン工場倉庫

石像　昭和31年2月建立　高さ120センチ

台座正面に「勤勉」の文字。向かって右側に「新城町立吉川学校　校長松本眞人」、左側に「昭和三十一年申二月　寄附人　新川新次郎　妻かず子」、裏に「岡崎市久右エ門町　東海石材株式会社」とある。

その他の学校

新城中学校　石像　昭和30年建立　高さ75センチ

元は舟着中学校のものか。

金次郎像の首がセメントで補修してある。また2本の鉄柱で像が支えてある。生徒に「ニノちゃん」と呼ばれて親しまれており、冬にはマフラーを巻いてもらっているという。

「新城市中学校五十年史」（平成9年　新城市教育委員会発行）によれば新城中学には二宮金次郎像についての記述がない。舟着中学校では昭和29年度の記事に、「（30年）3月21日・二宮金次郎石像の除幕式」という記述がある。舟着中学校は昭和33年4月に新城中学校に統合されているので、その際移動したものと思われる。

八名中学校　石像　昭和29年12月建立　高さ125センチ

新城中学校

旧・吉川小学校

旧・細川小学校

旧・七郷一色小学校

三河報徳社本社跡　旧・山吉田中学校の像

旧・名号小学校

横にある石柱に「推譲分度」の文字。
昭和33年に新城市が発行した「中学校十年誌」によると「十二月本校の玄関前に篤農家である麻生庄蔵氏によって二宮金次郎の少年時代の石像が寄贈された。」(99ページ)とある。昭和43年に八名中学校が発行した記念誌「二十年のあゆみ」の51ページに「石像　二宮金次郎　麻生庄蔵氏寄贈　昭・二九・一二」とあるのはこれを踏襲したものか。昭和49年発行の「新城地方教育百年史」では寄贈者が「麻布庄蔵」の名前になって、1字違う。また像の左横に金次郎像にかかわると思われる「草刈」と題する小さい歌碑があり、裏に「昭和二十九年十二月　麻布義男　子貞夫　建之」とある。こちらは「麻布」姓である。像と歌碑の建立の年月が同じことから、同族の人がセットで建てたのかもしれない。仮説であるが、もしそうなら元になった「中学校十年誌」の名前が間違っていた可能性もある。

旧・山吉田中学校　石像　昭和31年建立　高さ80センチ
廃校により像は上吉田の矢田にある三河報徳社本社の跡に移された。
台座表に「二宮尊徳先生　仁平書」、像の裏に「百年祭　昭和三十年十二月　生徒会一同」とある。切り株に腰を掛けた晩年の姿の像。羽織を着て、たつき袴に脇差を差す。右手に唐鍬を、左手に帳面を持つ。像の横に木の標柱がある。正面の文字は消えて読めない。向かって右に「旧山吉田中学校より移転」、左に「辻組報徳社」、裏に「平成十四年五月二十八日」と書いてある。

三河報徳社本社跡　旧・山吉田中学校の像

八名中学校

同じ敷地にはこの地に報徳社を伝え、広めた福山瀧助の立派な顕彰碑がある。その横にこの場所に係わる木の標柱がもう一本ある。正面に「三河国報徳仮本社址」、向かって左に「三河国報徳社開祖福山瀧助翁終焉之地」、裏に「山吉田郷土研究会(平成十五年五月吉日建之)」と書いてある。

新城有教館高校作手校舎(旧・作手高校)

石像　昭和9年11月建立　高さ100センチ

膝の下が補修されている。右手に石の標柱　表に「実業教育五十周年記念」裏に「昭和九年十一月」。

公共の場

新城文化会館(ふれあい会館)**1階ホール**　木像　高さ76センチ

平成17年寄贈。台座に「新城・鳳来・作手・市町村合併記念」とある。制作と寄贈は市内に住む山本正氏。

龍泉寺　出沢　石像　高さ46センチのレリーフ状の像

平成22年ころ住職が設置。

新城有教館高校作手校舎

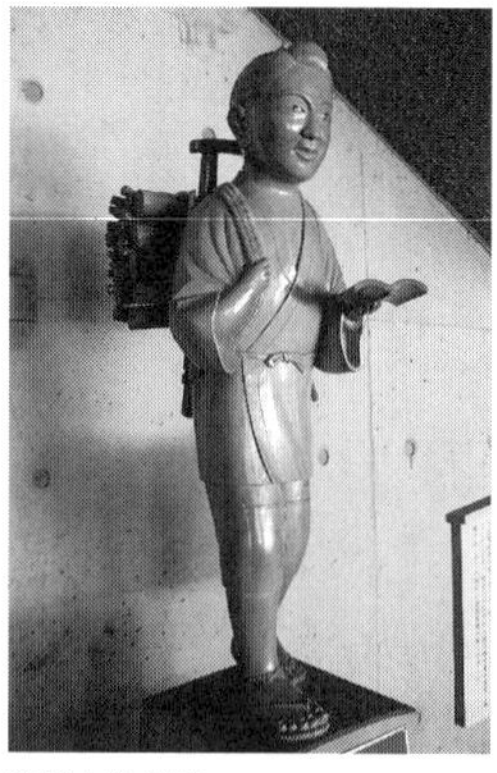

新城文化会館

龍泉寺

個人所蔵

七郷一色地区の民家　石像　高さ105センチ

路傍の石仏のように、石に金次郎が浮彫りになっている非常に珍しい姿である。本の部分が欠け、左腰に鉈と巾着袋の姿。左上に「二宮尊徳先生訓　誠道唯一筋」と彫ってある。

作手の民家

「つくで手作り村」の500メートルほど西に「須山老人いこいの家」がある。その横の道を奥に入った所の民家に像がある。像の髪型や衣などの作り方から見ると輸入されたもののようである。

七郷一色

作手

田原市の二宮金次郎像

以前、田原市の市立図書館を訪ねたところ、開架にも書庫にも学校の歴史をまとめた周年誌などが1冊も保有されていないことが分かった。これまで調査した地域では学校の周年史や記念誌に金次郎像の建立年や寄贈者などの記録が載っていることが多くて助かった。しかし田原市内の小学校には周年史を作ったところが少ないようで歴史をたどるのは簡単ではない。幸い、一部の学校では学校に保存されている古い学校沿革誌を見せてもらうことができた。

小学校

赤羽根小学校　セメント像　昭和11年3月建立　高さ120センチ

台座の表「勤倹力行　医□博士鈴木左内謹書」、裏「昭和十一年三月　鈴木与八郎寄贈」。高橋氏は、このセメント像は東京美術学校製品と考え、そうであれば製造年が少し早いので、昭和11年には別の像が建てられ、現在のセメント像は2代目だと考えていたようだ。

＊しかし最近の調査で、昭和10年に広島県の2校で、同時にセメント像が建てられた例がある。製造所は不明。

泉小学校

赤羽根小学校

泉小学校
初代　銅像　昭和9年11月建立　戦時に供出
2代　セメント像　昭和17年建立　高さ95センチ
台座の表「至誠報徳」、裏「寄贈　豊橋市　榊原才一　昭和九年十一月三日建像
本像ハ元銅像ナリシモ大東亜戦争下昭和十七年八月應召硬化石ヲ以テ再ビ建造セリ」とある。

大草小学校
初代　石像　昭和15年建立　寄贈　寺田伊門次兄
2代　銅像　昭和40建立　高さ73センチ
寄贈　豊川用水工事者。台座に「至誠　勤労　分度　推譲」。沿革史の昭和40年4月9日の項に「頌徳碑入魂式並運動場完工式」とある。

亀山小学校
石像　建立年不明　高さ100センチ

神戸小学校
初代　石像　昭和12年9月建立　寄贈者　福井
2代　銅像　昭和50年建立　高さ90センチ
台座の表「至誠　勤労　分度　推譲」、裏「寄贈　田原町川岸　河合武　昭和五十年九月」

大草小学校

亀山小学校

神戸小学校

清田小学校

初代　銅像　昭和10年建立　寄贈　清田同郷会校区有志　戦時に供出

2代　石像　昭和30年3月建立　高さ75センチ

台座表「二宮尊徳先生幼時之像」、裏「寄附者芳名　昭和30年3月　清田同郷会校区有志(25名の氏名省略)」。初代像の大きい台座に再建された小ぶりの像を乗せたようだ。

田原東部小学校

初代　銅像　昭和10年建立　戦時に供出

寄贈　校長・本多堅　校長室に掲示の沿革年表では、9年建立とある。(9年度の3月なので矛盾しない)

2代　陶像　建立年不明　高さ70センチ

背中の柴がなくなっている。

田原南部小学校　石像　昭和8年建立　高さ90センチ

寄贈　昭和7年度卒業生。

童浦小学校

初代　銅像　昭和9年4月建立　戦時に供出

2代　石像　戦前に建立　高さ100センチ

清田小学校

田原南部小学校

童浦小学校

台座表に「二宮尊徳先生幼年之像」、裏に「名古屋市山田四郎商店　山田金治(以下12人の名前)　昭和九年四月一日」、銘に「鋳造　岡崎市藤島貞造、塑像　岡崎市多和田泰山」。像は田原北部小学校に寄付され、北部小学校と西部小学校が統合されて童浦小学校が発足した時、今の地に移転した。

野田小学校

初代　銅像　昭和3年建立　寄贈　河合為次郎　戦時に供出

2代　石像　昭和31年建立　寄贈　河合駒

高橋氏のメモによると、股引姿で補強のためぼくがあしらってあった。

3代　銅像　昭和49年1月建立　高さ90センチ

台座に「寄贈　河合滉《ひろし》　昭和四十九年一月」。河合氏は地元の発展に尽力した一族。

福江小学校

石像　昭和6年建立　高さ120センチ

参考文献「子ども福江風土記」114ページ　S.61年発行　編集・福江小学校。

六連小学校

初代　材質不明　昭和11年建立

「学校沿革誌」によると寄贈は第五回卒業生17名。

2代　石像　昭和61年7月建立　高さ90センチ

六連小学校にあった初代像
撮影・高橋一司

六連小学校

野田小学校にあった2代像
撮影・高橋一司

野田小学校

田原東部小学校

若戸小学校・運動場の像

福江小学校

台座に「昭和六十一年七月　六連区　(株)六連建材　大竹基伊　古橋一雄」。

若戸小学校　2基ある

運動場の像

初代　銅像　昭和15年建立　戦時に供出

2代　セメント像　昭和17年建立　高さ90センチ

台座表に「二宮尊徳先生幼時之像」裏に「昭和十五年二月十一日　紀元二千六百年記念　寄贈　朝鮮　青木徳助」とある。

学校沿革誌の記述

・昭和十五年七月十六日　二宮金次郎銅像除幕式挙行。寄贈者青木徳助氏　来賓多数ニテ盛會

・昭和十七年　寄附物件　金五十円也　朝鮮　青木徳助殿　二宮金次郎代替像代

　十二月二日　二宮金次郎銅像ノ換置ヲナス

　三月二十日　二宮金次郎銅像應召式挙行

　卒業生で朝鮮にわたって成功した人と思われる青木氏が銅像と供出による代替像の両方を寄付している。ここでも戦争のために銅像が供出され、金次郎の銅像は全校児童に見送られて出征したのである。

　校舎内にある像　木像　昭和43年6月建立　高さ60センチ

由来がよくわからない　台部分に「朴人　作　1968　6　17」。

若戸小学校・校舎内の像

旧・田原西部小学校　石像　昭和11年建立　高さ(平均的?・)

寄贈　斉竹義吉。本体はなくなり、台座上に足首から下だけが残っている。
　高橋氏のメモによると「形は比較的よい股引姿が珍しい。細部に亘って手のこんだ作品。」だったようだ。

旧・堀切小学校　石像　昭和27年建立　高さ80センチ

津波対策で堀切小学校は伊良湖小学校、和知小学校とともに高台へ移転統合となり、伊良湖岬小学校となった。跡地は土盛りがなされ、避難高台となったが金次郎像は残された。台座に「寄贈　尊徳像　岩久商店　静岡市　　台石　平成五年度平成六年度厄年一同」。

その他の学校

野田中学校　銅像　昭和31年建立　高さ42センチ

像の足元に寄贈者名。123センチの木製台座　表に「我が道は至誠と実行のみ」。

　学校沿革誌の昭和31年の備品の部に「二宮金次郎銅像　一基　東京榊原産業株式会社社長　榊原鶴十氏より一尺三寸の銅像(製作者　東京彫塑家　高村泰正氏)及三尺余の台座の寄贈を受く　約四万円位」。また行事記録に「十二(月)・二〇(日)二宮尊徳講話」、「二・二四　二宮尊徳像除幕式　一時三〇分～二時三〇分

旧・田原西部小学校

田原西部小学校にあった像
撮影・高橋一司

旧・堀切小学校

講堂」とある。

渥美農業高等学校　銅像　建立年不明　高さ42センチ

野田中学校と同じ榊原産業社長からの寄贈品。同じ時に寄贈されたのではないか。台座はない。

旧・泉中学校　令和3年3月、赤羽根中学校に統合され閉校

校舎内に銅像。野田中学校、渥美農業高等学校に寄付されたものと同時に寄付されたものではないか。

渥美農業高等学校

野田中学校

北設楽郡の二宮金次郎像

設楽町

設楽町には（合併した津具村を含め）かつて10の小学校と4つの中学校があったが統廃合によって現在は5つの小学校と2つの中学校になっている。

小学校

清嶺小学校　石像　昭和10年4月建立　高さ95センチ
台座の表「至誠報徳」、裏「昭和十年四月　寄附者　七原高治」。

田口小学校　石像　昭和12年建立　高さ95センチ
昭和46年に旧川向小学校、旧神田小学校、旧八橋小学校を統合し、その後平成2年3月に「いなばが丘校舎を閉校し、現在の場所に移転した。「われらいなばが丘に学べり　閉校記念誌」の田口小学校沿革史の年表に「昭和12　二宮金次郎像寄贈される」の記述がある。

田口小学校

清嶺小学校

旧川向小学校には金次郎像があったという人がいるが、学校跡地は更地になっていて何も残っていない。旧神田小学校と旧八橋小学校は社会施設となって元の場所に建物も金次郎像も残されていた。その後旧八橋小学校は設楽ダム建設によって取り壊され、金次郎像は設楽中学校に移設された。

田峯小学校　石像　昭和11年建立　高さ95センチ
像の足元裏に「昭和十一年　田峯報徳会」と彫ってある。

津具小学校　石像　昭和15年建立　高さ90センチ
台座の表に「皇紀二千六百年紀念」、向かって右側に「依田壽太郎　山本類次郎　淺井龍山」、左側「長谷川ふで　今泉みい　太田きの」の名がある。
津具小学校は、元の上津具小学校と下津具小学校を統合して発足。像は元上津具小学校から移設。下津具小学校の像は中学校に移設。

名倉小学校
初代　銅像　昭和9年建立　戦時に供出
2代　石像　昭和19年建立　高さ90センチ
四角の標柱に「尊徳像　寄贈者」とあり右側に「銅像　昭和八年度卒業○」左に「石像　昭和十九年元旦　金田□氏始メ村会議員有○」。柱の下の方は土中に埋まっ

名倉小学校

津具小学校

田峯小学校

ていて読めないが、○は「卒業生」と「有志」と思われる。□は判読不能の文字。

旧・神田小学校　現在・豊橋市神田ふれあいセンター
石像　建立年不明　高さ138センチ
平成7年に田口小学校に統合。現在は豊橋市の野外教育施設「豊橋市神田ふれあいセンター」となっている。

旧・豊邦小学校　石像　昭和11年11月建立　高さ95センチ　平成7年閉校
校門を入って右側の斜面に立つ。わらじ姿。金次郎像の足元の裏面に
「昭和十一年十一月三日
　岐阜県恵那郡福岡村大字□?
　帝室林野局技手
寄贈　原　晋
　原　まさゑ」と彫ってある。
2行目の最後は読めず、3行目頭の「帝室」ははっきり読めない。帰宅後インターネットで調べたら、帝室林野局という役所があったことが確かめられた。さらに調べると、昭和18年発行の「帝室林野局　職員録」という本があることが分かった。その名古屋地方帝室林野局下呂出張所の萱田分担区の部分に「原　晋」の名前があった。別のページの新城出張所には豊邦分担区があり「技手　加藤　誠」なる人

旧・豊邦小学校

旧・神田小学校

物が載っていた。このことから像の寄贈者、原晋は豊邦出身者または以前豊邦分担区に努めていたことがあり、何かの縁で像を寄付したものと思われる。
像の隣に「開校百周年記念　豊邦小学校」の碑がある。裏面に「昭和五十二年一月二十日建之」とある。

旧・三都橋小学校　石像　昭和11年9月建立　高さ115センチ
校門を入って左側の築山に立つ。わらじ姿。横に小さい標柱があって「寄附者　三都橋製材所　平田政平」、側面に「昭和十一年九月」と彫ってある。

旧・田峯尋常小学校段戸分教場跡（田峯町西川）
初代　詳細不明
2代　石像　平成10年ころ建立　高さ80センチ
旧三都橋小学校からききらの里（旧田峯小学校裏谷分校跡）へ向かう道をとり、大きな地蔵像のある分岐点を左に進むと西川部落がある。数軒の集落と横を流れる小川に挟まれた空き地に分教場跡地の石碑と金次郎像が建っている。像は新しいもので中国製ではないかと思われる。すぐ近くの道の反対側には分教場碑の文章にも書かれている「設楽先生」の顕彰碑が3基並んで建っている。碑文によると、設楽先生は設楽城主の子孫で、万延元年に千四百石を領する幕府旗本の家に生まれた。明治13年教員となり、豊根村の各校校長を歴任したのち、長らく分教場

旧・三都橋小学校

旧・田峯尋常小学校段戸分教場跡

の教師を務め、この地で没した村の恩人とある。碑は平成9年段戸ふるさと会の建立である。「段戸ふるさと会」は平成20年ころに亡くなった斉藤和彦氏が中心になって村おこしに取り組んだ組織で、炭焼きの里の企画、設楽先生の顕彰碑や分教場跡地の整備などの活動を行った。以前あった設楽先生顕彰碑が村に相談もなく田峯小学校(本校)に移されたので、斎藤氏が自腹で新しいものを村に再建したそうだ。金次郎像も頭や手が欠けていたので同じころ再建した、と奥様から聞いた。

その他の学校

設楽中学校　石像　昭和12年建立　高さ90センチ
元は旧八橋小学校の像。八橋小学校は昭和48年の閉校後、社会教育施設として使われ、金次郎像もそのまま残されていた。その後、設楽ダムの建設が決まり、平成26年に地区は閉区となり像は設楽中学校へ移設された。

津具中学校　石像　建立年不明　高さ100センチ
上津具と下津具小学校が統合されたとき、元下津具小学校にあったものを移設。

旧・名倉中学校　セメント像　昭和46年以前建立　高さ100センチ
金次郎像はわらじ履き。訪問時、人気のない校舎裏でカモシカに出会いびっくり

設楽中学校

津具中学校

した。

像が建てられたのが何年なのかを知ろうと平成13年2月4日発行の「名倉中学校閉校記念誌」を調べたが、記事には載っていない。昭和41年度に「卒業生が記念として玄関前に希望の像を立てる。」とあるのは今も立っている抽象的な像のことであろう。卒業生の記念写真のページを見ると、ほぼ毎年玄関前で撮られているが、玄関の横に立つ金次郎像は生徒の陰になっていて見えない。ところが昭和46年度の(47年3月)第25回生A組の写真は玄関に対し斜めに整列して撮影しているので隅に小さく金次郎の像が写っている。47年度も同じように写っているので、金次郎を入れようと意図したのかもしれない。(撮影時間が替わって光線の関係で写す角度を変えただけかもしれない。)中学校は戦後に発足したため、金次郎像は昭和23年の開校から30年前後に建てられたものが多い。現時点では「少なくとも昭和46年かそれ以前に建てられた。」としか言えない。

東栄町

東栄町にはかつて11の小学校と3つの中学校があったが、人口減少による学校統合で現在は小学校、中学校ともに1校ずつになっている。唯一の小学校になった東栄小学校は平成25年、廃校になった本郷高等学校の跡地に移転。ここには金次郎の像はない。

旧・名倉中学校

旧・粟代小学校　石像（セメント像かも）　建立年不明　高さ95センチ
校舎入口の左側。高さ1メートルのセメント台座。正面に右書きで「勤儉」の文字。ぞうり姿。

旧・小林小学校　石像　昭和29年3月建立　高さ95センチ
昭和39年廃校。現小林集会所像の横にある碑の表「二宮先生像」裏に「二宮翁百年祭紀念　寄進　伊藤みつ（以下4人の名前）　発起　伊藤専一　昭和廿九年弥生建之」。

旧・東部小学校　石像　昭和12年10月建立　高さ95センチ
平成22年廃校。像は東部小学校の前身である下川小学校時代のもの。台座右手に「皇大神宮参拝記念　昭和十二年十月　下川青年団下田分団（9人の氏名）」

旧・中設楽小学校　石像　建立年不明　高さ90センチ
平成18年廃校。金次郎像の隣に乃木将軍像あり。元は校舎入口の左右にたてられていた。

旧・奈根小学校　石像　昭和15年建立　高さ100センチ
平成23年廃校。台座の表「勤倹力行」、裏「紀元二千六百年記念　斎藤忠市」。

旧・小林小学校

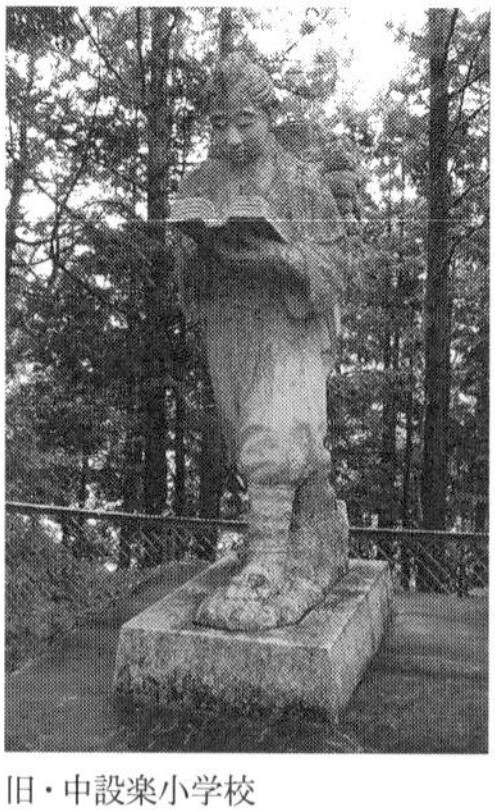
旧・中設楽小学校

旧・中設楽小学校　乃木将軍像

旧・東部小学校

旧・粟代小学校

旧・西薗目小学校

旧・奈根小学校

旧・西薗目小学校　現在・老人憩の家　セメント像　建立年不明　高さ80センチ
昭和34年廃校。跡地に「老人憩の家」建設。

旧・古戸小学校　石像　昭和30年1月建立　高さ90センチ
平成19年廃校。台座石の表に「勤倹力行」、裏に「昭和三十年一月　寄贈者　豊橋市牛川町　青山よし　青山きみ　世話人　振草村長　伊藤貝造　PTA会長　平松甚七　小学校長　佐々木丑太郎」。

旧・御園小学校　石像　昭和32年3月建立　高さ115センチ
平成2年廃校。標柱に「昭和三十二年三月　御園区民一同之建(ママ)」。

旧・振草中学校　石像　建立年不明　高さ95センチ
更地にされた後、現在は「東栄町高齢者生活福祉センター・緑風園」が建っている。像は玄関右側、平たい自然石の上にある。丸顔、わらじ姿。足元にある小ぶりな石に「寄贈　内藤國太郎」とある。戦後の新しい像のようだ。

足込の民家横（長畑地区）　石像（セメント像かも）　高さ90センチ
長畑バス停前の山側にある民家の門の横にある。立派な石垣の上に立つ大きな家はかつて町長も務めた名家のもの。近くに住む昭和19年生まれの人の話では、い

旧・古戸小学校

旧・御園小学校

旧・振草中学校

つごろ建てられたかわからないが、自分が小さい時にはまだなかった。足込小学校にはもともと金次郎像はなく、この像は自分で建てたものだろう。ということだった。

像は股引姿。左腰に印籠を下げ、わらじ履き。山の斜面にある大きな岩の上に立っており、岩の下側には小さい賽の神が祭ってある。

豊根村

旧豊根村にはかつて5つの小学校があったが統合で豊根小学校1校になった。また、旧富山村にあった唯一の小・中学校は平成17年の合併で閉校となった。

旧・本郷小学校

石像　建立年不明　ひざ上の高さ80センチ(全身で100センチほど?)

校地の端は山の斜面となっていて、そこに立つ金次郎像は草に覆われ、膝から下は土に埋まっているため足元の様子はわからない。鎌で草を刈ってようやく写真がとれた。像の左手に「入魂」の文字の碑があり、またその左に「村松省吾先生像」と書かれた胸像がある。

豊根村役場

石像　建立年不明　ひざ上の高さ80センチ(元は100センチほど?)

足込の民家横

旧・本郷小学校

豊根村役場

役場裏にある「豊根村文化財収蔵庫」の前に立つ。像は足首が折れたのだろう、足元が長方形のセメントに埋まっている。由来不明とされていたので教育委員会の人に尋ねたところ、後日「旧・古真立小学校のもののようです。」と電話をいただいた。

西三河の二宮金次郎像

岡崎市の二宮金次郎像

岡崎は日本三大花崗岩の産地で江戸時代から石製品作りが盛んだった。全国各地に石製品の特産地はあるが、岡崎市の石材業者は戦前二宮金次郎の石像を日本中に売り込んだ歴史を持つ。

昭和の初め、石工で仏像彫刻家の長坂順治が東京の彫塑家多和田泰山の指導を受けて作ったものが最初の石の金次郎とされる。(それ以前にも銅製、セメント製の金次郎像はあった。)昭和3年の御大典奉祝名古屋博覧会(9月15日から11月30日)に長坂が出品した金次郎像は好評で大阪の人が買い上げたが、その像はその後行方不明になっていた。平成28年に研究者杉山隆敏氏が名古屋市の城北小学校にある金次郎像がその像の可能性があることを発見した。台座に「御大典記念「昭和三年十一月三日」(以下は判読不能)とある。ただし、この像は左足が前に出ているが、博覧会出品作品とされる像の写真では右足が前に出ている。博覧会に出した作品の外にもいくつか作品があったのだろうか。長坂順治作の清須市清州小学校の像(昭和4年10月20日)では右足が前に出ている。初期の作品は金次郎の顔や姿に固さがあり、まだ試行錯誤の時期だったと思われる。これまで長坂順治の2作目が当時伊賀町にあった岡崎盲唖学校に建てられたものだと考えられていた。現在は県立聾学校となり、市内岩津町に像とともに移転。市内で最古の像である。

長坂順治は昭和6年に、一緒に彫刻を学んだ同業の戸松甚五郎と全国産業博覧会に出展。7年には金沢で開かれた博覧会に成瀬大吉が出展し、金次郎像の紹介と売り込みを図った。この時、当時の美合小学校の安土犀二校長が説明役として出向き、4月から6月の博覧会期間中ほとんど連日のように金次郎像を小学校に置く意義を会場で説明し続けたという。この説明は各県から来ていた教育関係者たちの心情をゆすぶり、その結果博覧会閉会後、全国から岡崎へ金次郎像の注文が殺到するようになったという。長坂らは東京にも出かけて展示会を開き、また全国小学校校長会へも石像を運び二宮像建設の意義を訴えた。

金次郎像が普及するにつれて、大きく重量感のある像から、子供の背丈に近い1メートルほどの親しみやすい像が主流になる。昭和3年にメートル法が採用され、算術で使う1メートルの長さが体感できるというメリットがあったともいう。小さければ作りやすく、価格も下がり、注文が増え、多くの石材業者が参入した。注文をこなすため、複数の職人で分業体制を取り、生産効率を上げた。岡崎の金次郎像は圧倒的シェアを持つようになり、国内はもとより朝鮮、台湾にも出荷したという。(「尊徳像の建立」150ページ)

矢作南小学校では昭和8年に二宮金次郎並びに乃木大将の石像を建立し、除幕式を行なっている。両者をセットで建てた学校がほかにもある。昭和11年には福岡小学校に金次郎と同時に乃木、東郷両将軍の銅像が、昭和18年には六名小学校に楠正成の石像が寄付されている。楠正成は忠君愛国の神様のように扱われた人で、意外なことに金次郎も戦争中は忠君愛国の思想家として国家主義教育に利用された。金次郎像が盛んに建てられた時期と軍国主義が高まった時期は重なっていた。昭和になると国から学校に天皇をまつる奉安殿の建設が命令された。金次郎像は住民の自発的寄付によって建てられたものであるが、学校では奉安殿と同様に金次郎像への最敬礼が強制された。このことが、金次郎に軍国主義と同類のもの、という印象を与えてしまった。戦後、進駐軍の学校視察があると聞き、乃木大将像とともに金次郎の像も穴を掘って隠した学校がいくつもあるのはそのためである。

市内の像の現況

全国統計はないが、愛知県は学校における金次郎像の普及では日本一ではないかと思われる。昭和49年(1974)当時、愛知県では小学校が私立を含めて832校あり、愛知県教育センターが行った二宮金次郎像の調査で、像の材質に対する質問の回答が406校あった(愛知県教育史4巻120ページ)。これを機械的に計算すれば48.8パーセントということになる。昭和63年(1988)では、岡崎市内の新設校8校を含む42の小学校の内、32校(76パーセント)に二宮金次郎像があった(「新編岡崎市史総集編」284ページ)。

昭和60年には市内の写真家井土英良氏が当時の小中学校35校の金次郎像の悉皆

調査をされ、写真集を作られている。この時期金次郎像は小学校32校、中学校に3校、その他として岡崎聾学校、岩津公民館、日清紡績戸崎工場にあり、合計38か所あった。

その後平成18年には額田町との合併で8つの小学校が加わったが、それらの中で額田町の7校に金次郎像があった。合併後、旧額田町の3小学校が廃校にされたが旧千万町小学校、旧大雨川小学校の像はそのまま今も元の学校の敷地に残されている。

ところが現地調査をしてみると、常磐東小学校にあった金次郎像が、いつの間にか無くなってしまったことが分かった。また平成24年の3月に日清紡戸崎工場に金次郎像の確認に訪れると、工場はすでに廃止され、広い跡地は分譲住宅用地として元の地形がわからないほど大規模な再開発が進行中であった。この場所は農地や山林だったところに明治30年に愛知県立第二中学が建設され、大正時代に生徒数の増加で手狭になったため現在岡崎高校がある明大寺町に移転した。その跡地は帝国紡績が購入し、日清紡へと受け継がれた。今は工事で跡形もないほど地形は変化したが、幸いに老朽化して放置されたままであった第二中学校時代の講堂だけは歴史記念物として保存されていた。かつて日清紡績には従業員のための企業内学校があり、この建物はその学校の集会所などに使われたため生き延びたのである。企業内学校の普通の校舎は歴史的建造物ではない、として取り壊されたようだ。残念ながら平成14年ころ木造校舎を調査した頃は古い建物だけしか関心がなく、金次郎像のことは全く考えていなかった。日本で金次郎像が学校内に建てられたのは昭和に入ってからなので、ここの金次郎像が建てられたのも企業内学校時代と考えられる。建設工事をしている人に金次郎像がどうなったかを尋ねたが情報は得られなかった。また土地所有権を持つ日清紡ホールディングズの事務所にも問い合わせたが、「適切に処理された。」という返事しかもらえなかった。

逆に平成24年に存在が確認できた像がある。美合町にある県立農業大学校(戦前の追進農場)のものである。考えてみれば、最もふさわしい場所ともいえる。学校の職員や学生にとっては、有ってなんの不思議もない空気のような存在だったのだろう。日清紡績の工場と同じく、限られた人しか敷地に入ることのできない場所であるため一般の人にはほとんど知られていなかったのである。

現在、岡崎市内の学校(廃校を含む)には、44か所に45基(根石小学校には2基)の金次郎像があり、公民館、神社などの公共の場所6か所にもある。その他私有地(企業や個人が所有するもの)にも7基の金次郎像があることが分かっている。また、石工団地の石材店には傷んだり古くなって学校からに回収された像が2基ある。

小学校

愛知教育大学付属小学校　石像　昭和4、5年ころ建立　高さ120センチ

愛知教育大学付属小学校

大きい台石。わらじ履き。左腰に印籠。成瀬大吉の指導で弟子の石田淳一郎が刻んだ。

愛宕小学校　石像　昭和12年建立　高さ約130センチ

西門の脇にある。ぞうり履き。腰に巾着袋。隣に二宮尊徳の言葉「一圓融合」の石碑がある。

碑の表　「一圓融合　従四位　前川榮書」

裏　「(上段、右から左へ横書き)紀元二千六百年記念

(下段　右から縦書き)篤志者芳名　33人の氏名(うち女性27人)

大日本国防婦人会岡崎市愛宕分會

愛宕婦人会岡崎市分會愛宕文區

會員一同」

岩津小学校　石像　昭和9年6月建立　高さ110センチ

高さ85センチの大石の台座。印籠、ぞうり姿。

台座裏面　右側「大阪市　瀧藤準教　昭和九年六月」

左側「台石寄附　織田吉十郎殿」

梅園小学校　石像　昭和6年2月建立　高さ160センチ

愛宕小学校

愛宕小学校　一圓融合碑

岩津小学校

岡崎市内の学校における金次郎の石像としては県立岡崎聾学校に次いで2番目に古い。前年の昭和5年には岡崎小学校に銅像として初の金次郎像が建てられたので金次郎像全体としては3番目。ただし岡崎小学校の像は戦争中に金属供出されてしまったので、市内に現存する像としては2番目に古い。制作は稲垣石材店、梅園町出身の稲垣清市の作品。岡崎で最初の石像金次郎像を作った長坂順治が昭和3年の御大典奉祝名古屋博覧会に出展した像と2作目の岡崎聾学校にある市内最古の像は大きい頭をした5頭身ほどのがっちりした姿の像であるが、梅園小学校の像は6~7頭身のスマートな姿の像である。少年ではなく青年金次郎の姿である。左手に本を持ち、右手でページをめくり、首を大きく曲げて熱心に本を読む姿はリアルである。背負った柴の束には斧がはさんであり、細部まで細かく彫ってある。隣に「勤倹力行」の石碑がある。揮毫は「岡崎市長従四位勲三等功三級小野庄造」と彫ってあり、裏面には「建設寄附者　門前町　都築金三郎　昭和六年二月十一日」とある。

恵田小学校　石像　昭和29年建立　高さ80センチ

元は校地にあったが鉄筋校舎の建設により小学校横の「子供の家」の前に移築された。わらじ、左腰に印籠の姿。台石前面に「報徳」の文字。裏面は剥落があり読みにくい。「昭和廿九年(七月八日?)　竣工記念　柴田□□」。

梅園小学校

梅園小学校・柴の束にはさんだ斧

恵田小学校

生平小学校　石像　昭和29年建立　高さ100センチ弱
足首が折れ、鉄棒で補強してある。
＊中庭に薪を背負った姿の金次郎像によく似た像がある。これは地元の偉人、孝行娘トラの像である。

［　孝婦トラ(虎)について　］

古部町の三叉路になった道路わきに生平小学校にあるものと同じ薪を背負った少女像が建っている。台座に昭和53年に個人によって建立された旨が書かれている。近くに享保18年に建てられた「孝婦碑」がある。この顕彰碑は四阿風の屋根がついた珍しいものである。

トラは元禄のころこの地に住んだ貧しい農民の娘である。親に孝行を尽くし、時に三里半離れた岡崎まで重い薪を背負って売りに出かけた。また父親が病気になると知立の町まで14里の道を薬を買いに行った。このことを知った岡崎の殿様は享保9年と16年に2度にわたって表彰した。

岡崎小学校

初代　銅像　昭和5年1月建立　戦時に供出
2代　石像　昭和25年建立か？　高さ90センチ
台座は180センチと高い。股引、わらじ、印籠、腰に斧をはさむ姿。
台座前面には銅板で「二宮尊徳先生幼時之像　喜徳書」とあるが初代の銅像は戦

生平小学校

生平小学校　トラ像

岡崎小学校

争中の金属供出で無くなった。この銅板は残ったものか、それとも再建時のものだろうか。裏面は「昭和五年一月建之　寄附　柴田庸夫」とある。石像の足元の切り株部分に「昭和二十四年度　卒業生　一同」と3行に分けて彫ってある。

成瀬大吉の子息成瀬昭二の第一作の作品。恩師の伊奈静雄からの依頼で原型師の多和田清の型から作った。

奥殿小学校　石像　昭和8年建立　高さ110センチ

足首が折れ、セメントで補強してある。

男川小学校

初代　銅像　昭和8年建立　戦時に供出

現在　石像　建立年不明　高さ100センチ

ぞうり履き。金次郎が持つ本の一部が欠けている。台座は方形の石。上部は階段状のデザインの彫り込みがあり手が込んでいる。台座表には「二宮先生像」と右から横書きの金属板。台座石の裏面には石に直接、文章が彫られているが、材質がもろい石だったため欠けて読めない部分が多い。1行目はほとんど読めず。次いで3段組みで11名、計33人の名前がある。最後の行は「昭和八年四月二(三がすりへったか?)日」となっている。平成12年4月19日発行の「男川学区郷土史・男川」編集・男川小学校、には昭和7年の欄に二宮金次郎像建立、とあるが7年度の卒

男川小学校

奥殿小学校

業生の寄付によるものなので8年(3月)が正しいはず。昭和12年5月10日発行の「岡崎教育小史」の81ページに「昭和八年四月三日、本校第十四回卒業生寄贈の、二宮金次郎銅像除幕式を挙行した。」とある。銅像という記述が正しいとすれば、現在の石像はいつ再建されたか、という疑問が起こる。「石像」の誤植かも。

形埜小学校　石像　建立年不明　高さ100センチ

右腰に巾着袋、左腰には斧を挟んでいる。わらじ姿。本の一部が欠けている。台石の右手後側に「寄附　鈴(?・)木金次郎」と彫ってある。金次郎像は運動場の端、校舎から最も遠いところにあるが、昔はこちらに校舎があったと思われる。隣に「青山先生頌徳碑」が建つ。「形埜小学校創立140周年記念誌　心のふるさと形埜小学校」(発行2013(平成25)年11月16日)には金次郎像に関する記事はなかった。一つ気づいたことは、歴代の修了写真が校舎玄関前で撮影されているのに、昭和18年の記念写真だけは軍人像(乃木大将か?・)を背景に撮られている。(19年の写真はない。)戦争激化の時代模様なのか、この年に乃木像の建立があったためか理由はわからない。

下山小学校　石像　建立年不明　高さ約110センチ

金次郎像の表情は現代的。彫りはシャープで風化していない。建立年は割合に新しいそうだ。

形埜小学校

下山小学校

大樹寺小学校　石像　昭和9年4月建立　高さ100センチ

ぞうり履き。2段になった高い台座。台座前面に「二宮尊徳先生幼時之像」、裏面に「昭和九年四月建之　寄附人　淺井荒祐氏」とある。

常磐小学校　石像　昭和10年建立　高さ80センチ

わらじ履き。本の一部が欠けている。

常磐東小学校　石像　建立年不明　現存せず

平成14年12月発行の、創立100周年・移転新築15年記念「緑陰」という記念誌がある。その年表のページの余白部分に二宮金次郎像について「以前には東小にもあったそうだが今はどうなってしまったのだろう。」という一文が載っている。確かに昭和61年11月9日発行の「常磐東小学校創立85年　校舎よありがとう校舎よさようなら」という校地移転の記念誌の38ページの下段には昭和24年3月卒業生の集合写真があり、その横に「二宮金次郎」とタイトルを付けた写真が載っている。この年に金次郎像が建てられたのかもしれない。

平成24年3月に調査のため常磐東小学校を訪問して事情を聴くと、やはり気になっておられたという教頭先生が、移転前の旧校地まで案内をして下さり、雪の残る周辺の藪の中まで捜索していただいた。古い記念碑などはあったが、金次郎像は痕跡も見つからないので、近くの住民の方に聞きに回った。幸い昔のことに

常磐東小学校にあった像
撮影・高橋一司

常磐小学校

大樹寺小学校

詳しいという内藤ケンイチさんという方に会え経緯をお聞きすることができた。「小学校が移転をしたとき、校長先生が、いまどき学校には金次郎の必要性はない、という考えで移築しなかったため像が残された。金次郎像は大柳町(地元)出身の石屋さんが寄付したもので、放置されているのを見て「それなら返してくれ」と回収されたそうである。その石屋さんは市内の花崗町で商売をされていた大山鳥一郎さんという方である。」

せっかくこのような情報を得たのに、調査は簡単には進まなかった。かつて石屋さんの町だった花崗町の石屋さんの多くは郊外の石工団地に移転しており、電話帳で大山のつく唯一の石材業社である大山石材に尋ねたが、この会社はこの件とは関係がなかった。大山さんは石屋を廃業されたらしい。この時期はその他の学校の調査が忙しく時間切れ。半年後の8月に入って岡崎石工団地へ出かけた。団地には今も金次郎像を作っている石屋さんが数軒ある。まず石工団地内にある協同組合の事務所に行き、花崗町で石材店をしていた大山さんについて聞くと、以前店があった場所に今も住んでおられるのではないか、という話。住所を教えてもらいその足で訪ねると幸い息子さんが在宅中で話が聞けた。

「金次郎像を引き取った後、ぜひ譲ってほしい、という人があってその人の所へ渡った。ただ、誰に譲ったかということは亡父から聞いていない。」ということであった。

常磐南小学校　石像　昭和13年建立　高さ140センチ

校門を入って左手に進むと、築山の上に金次郎像が建っている。平成19年11月10日発行の「常磐南尋常小学校開校から百周年記念　——岩中・田口・箱柳学校設立から134年——」記念誌によれば、昭和13年度の項に、4月1日「二宮尊徳像除幕式(卒業生寄贈)」とある。築山の上には「蛙」碑や「供養の場」碑もあってにぎやかである。「蛙」碑には「寄附及工作人　岩中・中根源吉」とある。「供養の場」碑には「昭和十二年卒業(生)」と彫ってあるが何を供養したのかはわからない。

豊富小学校　石像　昭和9年7月建立　高さ100センチ

顔の表情が個性的。左腰に印籠を下げる姿。石の台座正面に「勤倹力行」、裏面に「昭和九年七月二十八日　村長満期為寄付　原田宇平」とある。原田氏は村長を1期務め、農協組合長なども務めた。

夏山小学校　石像　昭和11年4月建立　高さ100センチ

中央が前に突き出た自然石の台座。正面右側に「勤續記念」、左側に「昭和十一年四月廿九日　寄付小早川鐵平」。

昭和50年2月11日発行・夏山小学校開校百年祭実行委員会編の「夏山小学校開校百年の年輪」には小学生であった鈴木新一氏の当時の作文が載せてある。

「二宮金次郎の石像を小早川鐵平先生が寄贈されました。ぼくたちが生まれた年に先生が夏山に栄転され、その年の子が六年生を卒業するとき、ちょうど十三

常磐南小学校

豊富小学校

夏山小学校

年記念に赤牛が急な坂道を、前足をおる様にして引き上げました。ぼくたちも真剣に手伝ったものです。
他村の学校には早くから立っていました。ぼくたちの学校に立ったとき、非常に嬉しかったのです。」

根石小学校　2基ある

校門前の像　石像　昭和10年建立　高さ100センチ
印籠を持つ。足元が補修してある。隣に補修碑　表「新学制30周年記念補修」　裏「昭和52年6月10日　稲垣英夫」。

校舎横の像　セメント像　昭和30年10月建立　高さ130センチ
股引、わらじ、腰に斧をはさむ姿。台座180センチの上に建ち非常に高い。台座上部に四角の基盤があり、正面に校章、向かって右側に馬、左側に鶏、後ろにネズミの浮彫があり手が込んでいる。
台座正面には「追憶」。裏には上段に右から横書きで「卒業記念」その下は縦書きで「昭和十年　平井光春　昭和十二年　平井十三男」と4行、最後に「昭和三十年十月建之」とある。

秦梨小学校　石像　昭和8年建立　高さ125センチ
わらじ、印籠の姿。鉄棒で補強がしてある。自然石の台座裏に「昭和八年　須淵

根石小学校・校門前の像

根石小学校・校舎横の像

秦梨小学校

中」と彫ってある。須淵という地区があるそうで、村民の寄付によるものである。

羽根小学校　石像　昭和11年建立　高さ124センチ

ぞうり履き。足首が補修してある。新しい方形の台座には「改修　1994・9・10　中尾寿夫　越山進」とある。平成8年7月吉日発行の「創立60周年記念誌　羽根」にある羽根小学校の沿革の項の年表には「S・11・10・13　越山周三郎、中尾寿一両氏御参列、二宮尊徳像除幕式」とある。同校の創立50周年記念誌の「羽根小五十年」にも同様の沿革・年表があるが、こちらの人名が越山内三郎とあるのは誤植か？

福岡小学校

初代　材質不明　昭和6年11月建立
2代　銅像　昭和11年4月建立　戦時に供出
3代　石像　建立年不明　高さ70センチ

近くには田んぼがひろがり、松の古木に囲まれた良い環境に像は立つ。金次郎像はぞうり履きで、やや小ぶり。台座が高い富士山形なので、アンバランスである。古い台座に新しい像を再建したためではないか。台座前面には銅板で「二宮尊徳先生幼時之像　喜徳書」とあるが、これは岡崎小学校と全く同じである。台座裏面の下には2枚の銘板があって、右には上段中央に「為教化」下段には右から「昭和

羽根小学校

福岡小学校

六年十一月十三日　故村松正四郎　村松福五郎　村松トク　村松正三」の5行。
昭和48年9月9日発行の「開校100周年記念誌　福岡小一世紀」によれば1936年（昭和11年）4月20日に「二宮金次郎、東郷・乃木両将軍の銅像が寄付によりたてられた。」とある。昭和6年の像のことがよくわからないが、もし金次郎像であれば昭和11年の銅像は2代目。現在の像は石像なので3代目ということになる。（昭和27年子供会寄付説あり。）

藤川小学校　石像　昭和9年4月建立　高さ110センチ
セメントの台座、高さ145センチ。印籠を付け、ぞうり履き。台座裏に「昭和九年四月建之　寄附者　山内玉治」。

細川小学校　石像　昭和11年建立　高さ120センチ
校舎横の小庭園の中にある。奥殿小学校と似た顔である。ぞうり履き姿。足元の切り株部分に「毛受乖弌　仝　恵」の文字。特徴ある書体で彫ってあるので漢字の読み間違いがあるかも知れない。寄付したご夫婦の名前だと思われる。

美合小学校　石像　昭和10年建立　高さ約100センチ
校門を入ってすぐの右手に立つ。
「岡崎で初めて石像の二宮金次郎像を作り昭和3年の御大典奉祝名古屋博覧会

藤川小学校

細川小学校

美合小学校

に出展した石工長坂順治氏は、昭和4年に現在の岡崎聾学校に立つ金次郎像を作りました。昭和6年には長坂氏とともに彫刻を学んだ同業の戸松甚五郎氏と全国産業博覧会に出展。7年には金沢で開かれた博覧会にも出展し、金次郎像の紹介と売り込みを図ったのですが、この時当時の美合小学校の安士犀二校長が説明役として出向き、金次郎像を小学校に置く意義を会場で説明し続けたということです。それも4月から6月の博覧会期間中ほとんど連日のように。この説明は各県から来ていた教育関係者たちの心情をゆすぶり、その結果博覧会閉会後、全国から岡崎へ金次郎像の注文が殺到するようになったそうです。」(元美合小学校校長・兼平義文氏による。)

「安士犀二校長は昭和6年3月から16年3月まで奉職されていますが、美合小学校の金次郎像は昭和10年10月18日に除幕式がされています。この年の10月20日は尊徳没後80年にあたりますが、曜日の関係か、ほかにも東京渋谷区幡代小学校、小田原市下府中小学校は18日に除幕式を行なっています。」(同じく兼平氏の調査)

昭和43年発行の「美合小学校創立60周年記念」誌を見ると昭和15年までの卒業記念写真には金次郎像が見えないが、16年3月の写真からは金次郎像をバックに撮影されている。なぜ16年になって初めて金次郎像の前で撮影されたのだろうか。この年退職される安士校長の功績を継承しようとしたのか、15年の「紀元二千六百年」運動の中で金次郎への取り組みが強化されて写真を撮るようになったのだろうか。

三島小学校　石像　昭和7年建立　現存せず
金次郎像建立の記録はあるが、小学校は空襲にあい、また校地も戦後移動しているので詳細は不明。

宮崎小学校　石像　建立年不明　高さ約100センチ
金次郎像は校舎の建つ高台の端にあり、一段低い運動場を見下ろすように立っている。腰に印籠姿。「開校100年記念誌　宮崎の教育百年　愛知県額田郡額田町立宮崎小学校」（昭和48年11月8日発行）の巻末年表（ページなし）の1944（昭和19）の欄に「大地震で二宮尊徳像が倒壊する。」とある。この本のあとがきに「学校沿革誌に基づいた」とあるので学校沿革誌を調べれば像の建立年などもわかるかもしれない。

六名小学校　石像　昭和11年建立　高さ125センチ
昭和11年4月に三島小学校から分離独立して、開校。直後の5月15日に二宮尊徳像除幕式がおこなわれた。金次郎像は袴でなく股引姿。腰ひもに斧を挟み、印籠を下げている。自然石の台座に「勤倹力行」の文字。
また正門左の木立の奥に昭和18年ごろ寄付された楠公父子の石像がある。昭和62年発行の「六名小五十年」によると寄付者は明大寺葵町の小林重蔵氏。当時は木造の南校舎の玄関横の植え込みの中に、左に金次郎像、右に楠公像がすえられていたそうである。この楠公像も戦後進駐軍の学校視察があるときに、一時穴を

宮崎小学校

六名小学校

六名小学校・楠公父子像

掘って隠したそうである。楠正成は忠君愛国の神様のように扱われた人で、おかげで金次郎も戦争中は忠君愛国の思想家として国家主義教育に利用されていた。

六ツ美中部小学校　石像　昭和9年建立　高さ118センチ

丸顔、腰に巾着袋、ぞうり履きの姿。古いものだが、最近削りなおしたため新しく見える。

方形の台石の表に「二宮金次郎」、裏に「移築改修事業　昭和21年度同窓会（株）みくぼ石材卸店　平成21年9月吉日」とある。

六ツ美南部小学校　石像　昭和6年建立　高さ90センチ

足首に補修の跡あり。台座正面に右から「忠孝」、向かって右に「岡崎市　山本信太郎」、左に黒い御影石がはめ込まれて「創立100周年記念　平成20年11月移築」の文字が彫られている。平成22年2月発行の「六南八十年」24ページの昭和6年度の記事に「9/30　二宮金次郎像除幕式挙行」とある。

六ツ美北部小学校　石像　昭和8年建立　高さ130センチ

自然石の上に立つ。縦長の顔。頭が小さく、体のバランスから青年に近い金次郎の姿。

台石の表に「勤倹力行」と彫った石がはめ込まれている。石の裏、左下に1行分の削った部分があり、6文字?が彫られているが、判読不能。最初の2文字は「羽

六ツ美中部小学校

六ツ美南部小学校

根」かもしれない。「石都　岡崎」によれば像の建立は昭和8年になっているが、卒業記念写真を見ると昭和9年3月のものには金次郎が写っていない。10年3月以降は、11年、12年と続いて金次郎像をバックに写真が撮られている。

本宿小学校　石像　昭和9年8月建立　高さ約105センチ

金次郎像の後にあるヒノキが茂ってまるで祠のように像を包んでいる。印籠、ぞうり姿。台座石の裏に「同窓会　宇野暢山作」とある。隣に碑があり、表に「勤労同窓会」、向かって左に「皇太子殿下御誕生記念」、裏には「昭和九年八月　冨田俊一　冨田欽□（最後の1字は補強のセメントで読めず）」とある。

矢作北小学校

初代　銅像　昭和11年1月建立　昭和17年供出

2代　石像　昭和23年建立　高さ100センチ

台座は180センチと高い。昭和38年7月4日発行の「九十年のあゆみ――創立記念特集――岡崎市立矢作北小学校〈矢作新聞特集号〉」編集発行責任者・高橋三郎（注・校長）という小冊子の年表には次のようにある。

S.11.1.　寄附により、二宮金次郎の銅像と台座すわる。

S.17.　二宮金次郎の銅像を供出。

S.23.2.　二宮金次郎石像除幕式。

矢作北小学校

本宿小学校

六ツ美北部小学校

矢作西小学校　石像　昭和7年2月建立　高さ130センチ

岡崎市内の学校における石像の金次郎像で3番目に古い。築山の高いところに立つ像で、見上げるようになっている。身長は130センチで顔が30センチだから顔が大きい像である。大仏像などの大きいものは下から見上げると頭が小さく見えるので頭は大きめに作るそうだが、そういう配慮なのだろう。首が折れ、セメントで継いだ跡がはっきり見える。足元は両足の間から背面にセメントを詰めてしっかり補強がしてある。台座石には「勤倹力行」と彫られ、さらに下段左手には長文が刻まれている。1行10文字で16行。そのあとに「昭和七年二月」と日付が入っている。碑文は欠けた部分もあり読みにくいが「昭和六年十一月十四日挙……季演習……臨吾校……殿下……吾御父兄欲…於永遠相議建設二宮尊徳先生幼時石像於吾校之庭欲使生徒…此像…今日光栄且以欽先生……」とあり、昭和6年の陸軍の演習の際、皇族の東久邇宮が来校した記念に建立したものである。また「矢作第一小　石像歌」という金次郎像の唄が作られ、学校には金次郎像の前で子供たちがこの歌に合わせて踊る写真が残っている。

矢作東小学校　石像　昭和8年建立　高さ150センチ

岡崎市内の学校に建った金次郎石像の第4世代の像の一つ。昭和7年の矢作西小学校に続き、この昭和8年には男川、連尺、秦梨、奥殿、矢作南、六美北を含め、市内の7つの小学校に石像が建てられ、金次郎像が一気に普及することになった。

矢作西小学校

矢作東小学校

初期の金次郎像は大きいものが多く、この像は身長150センチ、顔も30センチ。それが築山の上にあるので圧倒される。1年前の矢作西小学校の像と比べるとはるかにリアルな造形である。銅像と違って石像では背中の柴を細かく彫り出すことができないので普通は丸太の束のような薪で表現するのだが、複雑な柴の形に作っている。横に「勤倹力行」の碑。左腰に印籠。

矢作南小学校

初代　石像　昭和8年建立

劣化のため新しい像に入れ替えられた。石工団地の稲垣石材店に保存してある。

2代　石像　平成11年6月建立　高さ120センチ

平成元年発行の「創立八十周年記念誌　矢南の大松」の巻末年表に「昭和8年　二宮金次郎並びに乃木大将の石像を建立し、除幕式を行なう。」とある。文武両道という意味なのか、両者をセットで建てた学校がほかにもある。市内でも福岡小学校に金次郎と同時に乃木、東郷両将軍の銅像が、六名小学校には楠正成の石像が寄付されている。金次郎の奨励された時期と軍国主義の高まりは並行していた。また昭和10年から国家により天皇をまつる奉安殿の建設が学校に命令され、学校では奉安殿と同様に金次郎像などへの最敬礼が強制されたことが、金次郎に軍国主義と同類のものという印象を与えてしまった。

残念ながら現在矢作南小学校で当時の像を見ることはできない。校門を入った

矢作南小学校

すぐ左手に二宮金次郎像があるが、新しいものである。平成21年に学校創立100周年記念誌として発行された「矢南の百年」には平成11年6月26日に「二宮金次郎像入れ替え工事が完了する。」という記述がある。ただし、台座だけは昔のままで、正面には勤倹力行と彫った石がはまっている。もっとも、「行」の字は欠けていて「勤倹力」のみ読める。台座は上部に色違いの石を並べた帯状の装飾があり、角の石には雲の形の彫り込みがあるなど手の込んだ作りである。すぐ横に、もう1基モニュメントがある。「つよく」と題する男女の児童を彫った新しい像だが、台座は金次郎像と同じものなので、元は乃木大将の像が立っていた台座の再利用だとわかる。台座後面の状態はこちらの方が良く、「昭和八年　建之　太田清松　稲垣壽山刻」という字がはっきり読めた。金次郎像の方の台座後面はすっかり風化しているが、同じ文字があったはずだ。

古い卒業写真を見ると、戦争中の昭和19年度までは(20年度の写真は残っていない)校舎入口の左手にある乃木大将像の前で撮影されている。その写真の端に金次郎像の一部が写り込んでいる。(校舎入口の左右に二人の像を置く形は、以前に北設楽郡東栄町の中設楽小学校で見たことがある。この学校でも戦後進駐軍が来るというのでしばらく乃木大将の像を地中にうめたそうである。その後掘り出して再建したのだが、中設楽小学校のように校庭に乃木大将の像を復活した例はほかに聞いたことがない。)戦後の昭和23年度の卒業写真は金次郎像の前で撮影されている。乃木大将像が撤去され、金次郎像だけが残ったからだろうが、「これから

矢作南小学校　「つよく」像

の日本は武力ではなく、学問と労働で切り開こう」という当時の日本人の考え方を象徴するものだったのではないか。

山中小学校

初代　銅像　昭和12年建立　戦時に供出
2代　石像　昭和25年建立　高さ約100センチ

わらじ履きで股引姿。腰に斧と印籠を付ける。軟らかい石で作られ、少し欠けがある。昭和55年9月23日発行の「山中学校百年史」の年表に

S.12.3　二宮尊徳先生銅像除幕式
S.25.3　二宮尊徳石像除幕式

とあり、記述にないが、ここでも戦争中に銅像は供出されたと思われる。

竜谷小学校　石像　昭和9年建立　高さ約120センチ

校門を入った左手にある。「竜谷小百年誌」（平成14年11月10日発行）の昭和9年度の記事(34ページ)に「4/29　二宮尊徳石像除幕式」とある。

連尺小学校　石像　昭和8年建立　高さ120センチ

校門を入ってすぐ左手にある。印籠とわらじ姿。ほかにも高さ30センチくらいの小さい金次郎像があったという話を聞いていたが、どこにもなかった。昭和48年

山中小学校

竜谷小学校

連尺小学校

11月10日発行の「れんじゃく1973　連尺学校百年史」によれば昭和8年3月の項に「第17回卒業生二宮金次郎石像を寄附除幕式」とある。

旧・大雨川小学校

初代　石像　昭和11年建立　昭和19年地震で倒れる
2代　石像　建立年不明　高さ約90センチ

平成22年発行の「岡崎市立大雨川小学校　閉校記念誌　2010.3」の年表欄に「昭和11年度　二宮尊徳石像建立」と記述がある。下段に、3段に積み上げた石の築山に立つ金次郎像の写真が載っており「初代二宮尊徳石像　昭和11年」と本文より長い説明がある。また53ページの昭和19年度の欄には「地震にて二宮尊徳像の足が折れ倒れる。」という一文がある。しかしこの本には再建の記事がない。

初代というからには現在は2代目の像があるはずだと思って学校前の橋を渡り、運動場を越えて奥の校舎の前を右寄りに進むと、写真で見た初代の高い築山と違い、自然石の上に小ぶりな金次郎の石像がある。ところがその左手に回ってみると足元に大きい金次郎の首がごろりと転がっていたので驚いた。花崗岩の白さが目立つまだ新しそうな頭部だった。周囲を探したが胴体など他の部分は落ちていなかった。バラバラ事件に遭遇したような気味悪さがある。ひょっとするとこれは初代の金次郎なのかもしれない。学校の近くに住む人に聞いたのだが、どうして首が転がっているのか、いきさつはわからなかった。後になって、元教員だっ

旧・大雨川小学校・金次郎の頭部

旧・大雨川小学校

た人から「以前、校地を整備した時に土の中から出てきたという話を聞いたことがある」と教えてもらった。しかし詳しいことはわからない。ここでも戦後、占領軍に見つかってはまずい、と早とちりして金次郎像を運動場に埋めたのだろうか。普通石像は雨風に打たれて風化し黒ずんで行くものだが、転がっていた頭部はいかにも新しそうに見えたのが不思議である。

旧・千万町小学校　石像　昭和15年建立　高さ約100センチ

長い首に大きめの頭というプロポーションはこの金次郎像を個性的なものとしている。「平成22年発行の「千万町小学校統合記念誌　心のふるさと千万町小学校」の153ページにこの像の作られたいきさつを劇にして子供たちが発表した記事が載っている。それによると、この像の作者は小学校を卒業後、岡崎の石屋に奉公して腕を磨いていたが、太平洋戦争が起こり出征することになった。彼は残された貴重な3か月を使って、母校に伝統として受け継がれている「やり抜く心」を後輩たちに伝えるためにこの像を彫ったという。劇なので作者は「太郎」と仮称であり、赤紙が来て出征まで3か月も余裕があるはずはなく疑問が残る。戦争の拡大で出征と戦死を覚悟した作者はそれ以前から自分の遺作として彫り始めていたのではないか。詳しく知りたいと思い、小学校の近くに住む人に聞くと、この作者は小林藤正さんという人で、ゼマンジョ(千万町)の少し下のキクダシ(木下)地区に最近まで生きておられた人だという。(このあたりのアクセントは耳で聞くと外国語の

旧・千万町小学校

ようだ。）幸い訪ね歩くうちに、加藤勲さんという方を紹介され、話を聞くことができた。加藤さんは昭和6年生まれで、在学中にこの像の建立に立ち会った人だ。金次郎像の土台とする大きい石を村人がどこで切り出し、どうやって運んだかという話も聞けた。牛に引かせた車に積んで学校まで運んだが、とうとう運動場のところで車輪がつぶれてしまったそうだ。また小林藤正さんは幸いに戦死せずに帰られたが、戦後は勤め人になって、石屋は続けなかったという。

その他の学校

河合中学校　石像　建立年不明　高さ100センチ
わらじ履き。

甲山中学校　セメント像　建立年不明　高さ55センチ
「豊かな情操と逞しい創造力」と彫った大きい石碑の前に、似合わない小さい二宮金次郎像がある。股引、ぞうり姿で左腰に印籠を下げ、大きい鉞のような斧を腰紐に差している。石碑の裏には「昭和51年3月7日建立　杉浦恒明」とある。二宮金次郎像はこの年に建てられたかもしれない。

南中学校　石像　建立年不明　高さ100センチ

河合中学校

甲山中学校

ぞうり姿。
校舎の北側で、隅に追いやられているような感じがする。腰の左に印籠を下げ、

六ツ美中学校　石像　昭和30年3月建立　高さ90センチ
成瀬昭二の作品、多和田清の原型。台座が低いので小ぶりに見える。腰に印籠、股引、わらじ履きの姿。台座の石に「第8回卒業生一同」とある。中学校は昭和22年に発足。2、3学年への編入生があるので、23年3月に第1回卒業式が行われたと考えて建立年を昭和30年と推計した。

岡崎聾学校　石像　昭和4年建立　ひざ上の高さ100センチ(元は150センチほど?)
岡崎市内の学校で最初に建てられた像。石像の金次郎像としても日本で最も初期のものとされる。これまで仏像彫家・長坂順治が東京の彫塑家多和田泰山の指導を受けてつくったものが最初の石像金次郎とされてきた。この像は昭和3年の御大典奉祝名古屋博覧会に出展された。この長坂氏が作った2作目が当時の伊賀町にあった私立岡崎盲唖学校(現在は県立聾学校となり、岩津町に移転)に建てられたものという。三河地震のとき倒れて足が折れ、再建されたが現在は膝から上の部分だけで台座の上に立っている。荷物を背負う姿の金次郎像は重心が高いため地震で足首が折れたものが多かった。しかし廃棄されずに鉄棒やセメントで補強したり、岡崎聾学校のように膝から上だけの形で再建したものが各地にある。こ

南中学校

六ツ美中学校

この像は頭でっかちで、髷《まげ》から顎《あご》までの頭部の高さだけで30センチあり、胴体のバランスからみて5頭身だとすると元の身長が150センチくらいの大きな像だったと思われる。

農業大学校

かつて2基あったが1基は平成26年の台風で倒壊し、台座のみ。戦前からの農業専門教育施設であり、二宮尊徳がふさわしい場所である。しかし、農業教育機関であったため関係者以外にはこれまであまり知られていなかった。

講堂内　石膏像　昭和9年建立　高さ100センチ弱

晩年の尊徳の像　裃を付け座した姿。台座石は高さ158センチ。台座には「二宮尊徳翁　昭和十年十月　寄進愛知縣追進會員」「岡崎市」「塑像　鈴忠彫塑部　台石鈴忠石工所　作」とある。

木立の中にあった像　陶器像　昭和9年3月建立　高さ94センチ　平成26年の台風で倒壊

高橋氏のメモによると、戦前の追進農場時代は門の所にあった。陶製の像は上半身と下半身が腰の部分で組み合わせてある。脚の補強裏に岡山県和気郡伊部窯元◇興楽園印。とある。

平成24年の調査時には、高さ100センチ、首が折れていて修理の跡があり、手に持つ本と左足の先が少し欠けていた。台座は石製で115センチ。表に「第九回實習生終

農業大学校・左／倒壊後に残った足先部分、右／倒壊前の木立の中の像

農業大学校・講堂内の像

甲山中学校・大きな石碑の前の金次郎像

額田支所形埜出張所

岡崎聾学校

了記念」裏は「昭和九年三月二十六日」となっていた。その後平成26年の台風で像は倒壊し、台座の上には、わずかに足先部分のみ残っている。

公共の場

岡崎市額田支所形埜出張所　旧・形埜中学校跡　石像　建立年不明　高さ105センチ　右腰に印籠、左に斧を持つ姿。

乃木大将像と金次郎像の2体がある。中学校の跡地(認定こども園の横)であるが中学校は戦後に発足したので、戦前の教育と関係の深い2体の像は中学校が建つより前からあったのではないか。

大将像　台座に「至誠」。裏には「像　井戸田始　台　同窓會　建之」とある。

岩津公民館　石像　建立年不明　高さ85センチ

国道248号線沿いにある。国道の西側には岩津市民センター、東側に若一神社がある場所で、その神社横に岩津公民館がある。公民館の入口に金次郎像が建っている。近くに住む人から地元の歴史に詳しい人を教えてもらった。岩津信号の横にある新聞販売店のご主人である。お話によると、公民館は以前別の場所にあり、今の場所に移転した時に金次郎像も一緒に移った。もとの場所では雨にかからないように公民館の建物の軒下に建っていたそうだ。現在(平成30年)七十数歳のご

額田支所形埜出張所　乃木大将像

岩津公民館

主人は移転時に町内の総代をされていたそうだ。金次郎像は子供のころからあったというから、戦前の建立だと思われる。

中之郷町公民館　石像　昭和7年(以前?)建立　高さ100センチ

金次郎像はどっしりとした力持ちの体格が特徴である。背中の薪も年輪や小枝まで細かく彫られている。昭和53年に公民館を移転新築した際、当時の町内総代の山田強氏がもらい受けて傷んでいた足部分を修理して設置した。総代の子息の山田靖さんから、元の所有者で近くに住む安藤孝子さんを紹介してもらい話を聞いた。

像は安藤さんの祖父が自宅の庭の飾りに購入した。昭和7年に安藤さんの親が結婚した時には建っていたという。(その後岡崎で大量生産されるようになったスマートな金次郎像とは違う力強い姿は初期の像であることを示していると思われる。)昭和20年7月19日の岡崎空襲は郊外のこの地区にもおよび、安藤さんの家も全焼した。その際崩れた家の下敷きになって金次郎像も倒れて足が破損した。長らくそのまま保管していたが山田さんから話があって寄付することにした。

御鍬神社　川向町　石像　昭和8年11月建立　高さ120センチ

左腰に印籠、ぞうり姿。石積みの上に立つ。その後方に傾いた小さな石があり、どうしたわけか彫ってある碑文が後ろの金網側になっていて読めない。金網の垣根を超えて外から見ると「昭和八年十一月　寄附人　大嶋万吉」と読める。奥殿小

中之郷町公民館

御鍬神社

学校の内藤隆之校長先生から児童を通じて川向町の総代さんから聞いた話を教えてもらった。それによると、当時「御鍬神社を児童が二週間ほど清掃しました。それに感激した大嶌萬吉という方が、「勤労奉仕の精神」を養ってもらうために像を寄附したということです。」(「学校だより　むらづみ」平成27年9月30日号)嶌と萬の字が違っているが、画数が多くて石に彫るのが難しいので異字体の文字にしたのだろう。大嶌萬吉氏は川向出身で、紡績事業で成功した人である。

桑原神社　桑原町　石像　昭和13年1月建立　高さ110センチ

石塚の上に立つ。顔は微笑む。足が欠けていてセメントでしっかり補強してある。本も欠けている。左腰に斧、右に巾着袋を着けている。横に小さい石柱があり、「寄附人　柴田爲蔵　昭和十三年一月建之」とある。神社は山中にあり、訪問が夏場だったため蚊の大群に見舞われた。夏の見学には防虫剤を持参するとよい。

本郷八幡宮　福岡町　石像　建立年不明　高さ100センチ

ぞうり姿。足元地面部の台座へのはめ込み形が盾形の六角形。時々この形を見るので製作した石屋さんを知る手掛かりになるかもしれない。近くに住み、神社の管理をしている内藤六市さんに社殿の中まで案内してもらったが金次郎像に関する手掛かりはみつからなかった。神社は昭和2年に土呂八幡宮から分社したもので、境内には「御大典記念」(昭和3年?)の石柱がある。

桑原神社

本郷八幡社

企業、個人蔵

岡崎信用金庫本店　石像　昭和10年3月建立　高さ95センチ

第2駐車場内庭園 本店西側。わらじ姿。台石に「共存同栄」の文字。裏には「昭和十年三月建之　寄贈者　古根由太郎(以下計16名の名前)」。大正13年(1924)創立の同社の前身、有限責任岡崎信用組合が、昭和10年に本店を移転新築したのを記念して当時の総代や役員職によって像が寄付された。「刻苦勉励の象徴とされ、徳を実践しながら殖産を説いた二宮尊徳の報徳精神と、信用金庫の経営理念である「相互扶助」「共存同栄」の精神とは相通ずるものがあります。」と同社パンフレット「おかしん」第585号に説明がのっている。

中部電力岡崎支店　石像　昭和17年3月建立　高さ80センチ

駐車場奥の木立の下。台座に「勤倹力行」の文字。横に説明板がある。それによると、昭和17年3月、東邦電力の解散時(筆者注・戦時下の企業集中策によると思われる)工手養成所卒業生一同が寄付した。その後中部電力傘下に入り、昭和54年、支社の移転に伴い現在位置に移転した。

岡崎石工団地

岡崎市上佐々木町に六十余店の石屋さんが集まる団地がある。「稲垣石材店」には

岡崎信用金庫本店

中部電力岡崎支店

石工団地・矢作南小学校から引き取った像

岡崎市の二宮金次郎像

古くなってつくりかえた矢作南小学校から引き取った金次郎像が店の隅に展示してある。「石匠の戸松」では大小の金次郎像を制作中で、作業場隅には安城中部小学校から引き取った足の折れた金次郎像が置いてあった。「小野石材店」、「磯谷彫刻」でも現在制作中の、あるいは最近作った作品を見学できる。手作りの1点ものなので、お店ごとにそれぞれ表情が違うのが面白い。数は多くないが、古い金次郎像がそろそろ寿命なので買い替える所もあって毎年注文があるそうだ。
石工団地組合の電話　0564-31-3823

舞木町　国道沿いの会社　石像　高さ70センチ
玄関横の大きい石の上に立つ。わらじ姿。薪の上に斧が彫ってある。

藤川宿の民家　石像　高さ約100センチ
藤川宿の東棒鼻（宿場の東入口）から200メートルほど西に進むと道路に面して民家の庭に像が建っている。昭和25年ころにこの家の人が家を建て、その際庭に設置したそうだ。

山綱町の民家　石像　高さ100センチ
直立に近い姿、風貌から中国製。

石工団地・安城中部小学校から引き取った像

舞木町

藤川宿

切山町　別荘地　石像　高さ124センチ
顔の表情がきつい。服装、背負子の形から中国製と思われる。道沿いの元喫茶店。

徳応寺　美合町　石像
昭和32年に没した先々代の住職が設置した。現在は中庭に移設され、見学できない。

徳応寺　撮影・高橋一司

切石町

山綱町

碧南市の二宮金次郎像

碧南市には7つの小学校がある。昭和52年に新設された中央小学校以外の6校は戦前からの歴史を持ち、かつてはすべての学校に二宮金次郎像があったが、西端小学校のものはいつの間にか無くなった。大浜小学校には2基の金次郎像が存在する。中学校にはないようだ。そこで市内には6基の金次郎像がある。

大浜小学校　石像と銅像の2基ある

石像　昭和8年5月建立　高さ120センチ

校門を入って左手側の植え込みの中に立つ像。左腰に印籠、足もぞうりも大きい。晴天だった初回の調査時には気が付かなかったが、たまたま雨模様の日に再訪した時、台座石の横に文字が彫ってあるのを発見した。日の当たり具合や、乱反射でかえって天気の良い日の方が文字が読みにくいこともある。文字は随分すり減っていたが、下記のように読めた。(読み間違いがあるかもしれない。)

「明治廿五年生　六□□中ノ切　辰年朋友中　昭和八年五月」

銅像　戦後の再建(初代は昭和15年)　高さ90センチ

四角の台座正面には「進んで学ぶ子」の文字。これは戦後の再建時に取り付けられたもののようである。台座の裏には「皇紀二千六百年紀念」とあり、寄付者12人の氏名があって最後に「二月十一日建之　学校長鈴木幸衛　岡崎市石工　河内明

大浜小学校・銅像

大浜小学校・石像

治」となっている。この石工の名は像の作者としてではなく、台座の製作者のことだろう。初代の金次郎像が石像だった可能性がないわけではないが隣の西尾市の吉田小学校でも銅像の作者の名はなく台座の製作者の石工の名があるのみである。（銅像は原型を彫刻家が作るのだが、銅器会社がそれを型取りしたものをいくつも商品として販売するせいか、芸術品としての評価が低く扱われてしまうのだろうか。）昭和8年の石像があったので、昭和15年の像が金次郎像でなかった可能性もある。

新川小学校　石像　昭和9年建立　高さ123センチ

校庭の隅にいくつかの碑が建っている。「かめてもかつぞ」と書いてある碑はどういう意味かよく分からない。大きい文字で「報徳」と彫ってある碑から少し離れた場所に金次郎像がある。像は、わらじ履き。左腰に斧を挟み、印籠を下げている。本が少し欠けている。寄付者　新川町　藤井一　石匠　旭村石半。

棚尾小学校　石像　昭和6年11月建立　高さ120センチ

像は高い台座の上にある。わらじ履き。台座はセメント洗い出しになっており、台座の囲いの四隅の石は本の形になっていて凝った作りだ。台座正面に「二宮尊徳先生幼時之像」とあり、裏に「昭和六年十一月　大連市　寄贈者　石川次郎　石川いま」とある。

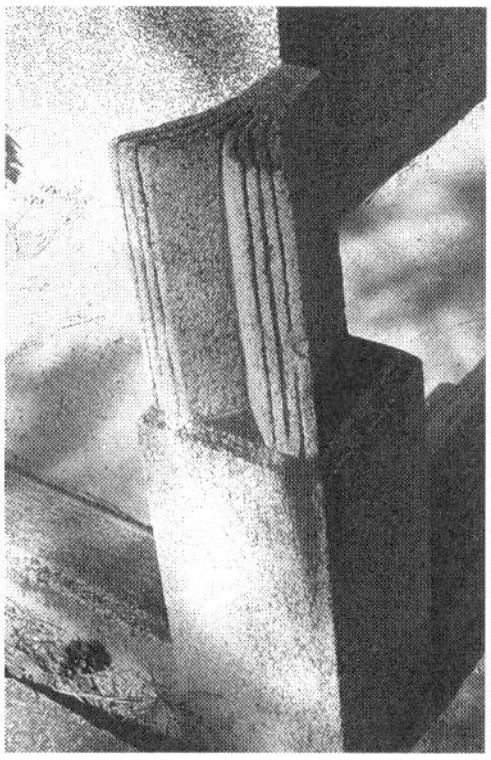
棚尾小学校　本の形の石

棚尾小学校

新川小学校

西端小学校　詳細不明　現存せず
以前には、昭和8年に皇太子誕生記念に寄付された金次郎像があった。学校誌には、完成時に碑文の金次郎の名前の下に皇太子の文字があることが指摘され、慌てて手直しした。というエピソードが載っている。その後、時期は不明だが校地の整理時に撤去されたようで、像の横にあった池も今はなくなっている。

日進小学校　石像　建立年不明　高さ130センチ
校舎入口右手の築山に立つ。左腰に斧と印籠。わらじ履き。セメント台座。

鷲塚小学校　石像　建立年不明　高さ110センチ
像は移転時に左足が折れ別の石で補強がしてある。台座の裏に「寄附人　鈴木幸由」と彫ってある。
周年誌の「鷲塚小学校の百年」には金次郎の「思い出」(72ページ)の記事はあるが、由来や建立年の記事はない。それに対し、大楠公銅像については詳しく載っている。
「S.15.10.30　鈴木勝五郎寄附による大南公銅像除幕式挙行さる。
S.18.7.20　大楠公像供出」(65ページ)
現在その台座の上には昭和32年3月に卒業生父母一同から寄付された「野口英世博士像」が建てられている。台座の幅の広さからすると、大楠公像は随分大きいものだったようだ。

鷲塚小学校　野口英世博士像

鷲塚小学校

日進小学校

刈谷市の二宮金次郎像

刈谷市には15の小学校があり、そのうち6校と旧平高小学校跡地、中華料理店の計8か所に二宮金次郎像がある。

小垣江小学校　石像　昭和10年3月建立　高さ120センチ

金次郎像はあごの張った頑丈そうな顔立ち。両足を支える後ろの部分は大きい。ぞうり姿。台座正面には「勤労」の文字。「小垣江小学校100年の歩み」（平成19年11月12日発行）の32ページには写真とともに「二宮金次郎像　昭和10年3月建立　平野徳次郎の寄贈。基石の勤労の二文字は牧校長（第9代）によるものである。」と書いてある。

亀城小学校　石像　建立年不明　高さ120センチ

像は周囲の棕櫚の木と葉が覆いかぶさって、まるでドームの中にあるようである。金次郎はやや口を開けていて、左腰に印籠、ぞうり姿。台座の切り石の裏には寄付者の「かね仙」の文字。今は無くなったが、有名な肉屋だったそうだ。像の横に石のカエル像があったが、関係するのかどうか不明。「亀城小学校の百年」（昭和48年年11月11日発行）の昭和17年の記事には本館前の庭の写真が載っており、乃木大将の後方に小さく二宮金次郎の姿も写っている。

小垣江小学校

亀城小学校

衣浦《ころもうら》小学校　石像　昭和17年10月建立　高さ112センチ

80センチの石垣の台に自然石の台座が載り、その上に像が建つ。首にひびが入り、わらじ履き。台座裏には「昭和拾七年十月吉日　犬塚玉吉　妻ふで」とある。

富士松北小学校　石像　昭和8年3月建立　高さ70センチ

広い校地の裏の一番奥にある。像の周囲は草が伸び放題でちょっとしたやぶの中。調査は夏だったので蚊の群れに襲われた。金次郎はわらじ履き、支えの切り株がある。像の足元の裏には「昭和52年度ＰＴＡ理事」と彫った黒い御影石がはめ込まれている。このプレートが像に比べて新しすぎる。像を移転した時の関係者ではないか。台座には、すり減って読みにくい文字があるので、チョークの粉をかけて見やすくして解読した。表の文字は「勤倹力行」。裏側は「昭和八年三月　尋常科卒業記念　校長　宇野太一先生　受持　坂田利男先生」と読めた。「担任」という表記でないところがその時代らしい。

富士松南小学校　石像　昭和9年6月建立　高さ112センチ

像は切り石台座の上。左腰に巾着袋を下げ、ぞうり履き。台座裏に「昭和九年六月　坂田徳次郎」とあり、横に和歌が彫ってある。崩し字、変体仮名で書いてあって読めない箇所が多い。かろうじて読めた前半は「大君の　みたてとなりて上海□」(□の字が読めない)ではないかと思う。上海事変に出兵した人の建立だろうか。

衣浦小学校

富士松北小学校

富士松南小学校

双葉小学校　石像　昭和11年9月建立　高さ120センチ

ぞうり姿以外特別な特徴はない。足元地面接合部は六角盾形。台座石の表に「勤労」とあり、裏には「昭和十一年九月　高須　加藤東太郎」と彫ってある。双葉小学校は昭和33年(1958)旧野田小学校と旧半高小学校を統合して生まれた学校であり、この像は野田小から受け継がれたものと思われる。

旧・半高小学校　石像　昭和28年5月建立　高さ78センチ

小学校跡地は「デイサービスセンター　たんぽぽ」となっている。道を挟んだ向かい側に緑地があり大きな表忠碑が建っている。その碑の裏手、石仏の隣に金次郎像がある。像には両足首と切り株に補修した跡がある。左腰に巾着袋、ぞうり姿。台座の正面には「勤倹」、台座裏面の左手に「二宮金次郎像　在ブラジル　熊沢重次郎氏寄贈　昭和二十八年五月」と彫ってある。不思議なことに裏面右側には一部消えかかっているが、もっと古い銘文がある。「明治二十四年卯(その下に1字?)　藤井□□、長坂□□、神谷半六、稲垣豊治、久野七兵、塚本安太郎、稲垣保良　昭和七年一月建之」と読めた。これは何か別の碑の台座を再利用したものか、それとも昭和7年に初代の金次郎像があったのだろうか。

中華料理店「香楽」　石像　建立年不明　高さ70センチ

刈谷駅北口近くにある店の左側、道に面して像はある。年配のご主人の話では、

旧・半高小学校

双葉小学校

先代が岡崎の石屋に注文したという。確かにしっかりとした作りで表情もいい。わらじ履き姿。

香楽

豊田市の二宮金次郎像

豊田市は平成17年に周辺地域と大規模な合併を行い県下一の広い市域を持つことになった。市内には小学校75校、中学校28校となった。しかし、周辺部には廃校となったところがたくさんある。住民にとっては市域が広すぎて合併前の他地域の細かいことは分かりづらく、学校名を言われても、どこにあるか見当がつかないところが多い。そこで豊田市については合併前の行政区域に分けて紹介する。合併前の旧市内には、小学校29校30基、中学校6基、その他7基の像。合併した周辺部では小学校19基、廃校になった小学校に16基、その他4基の像が確認できた。

旧・豊田市（平成17年の合併以前の豊田市地域）

小学校

青木小学校　石像　昭和7年10月建立　高さ72センチ

軟らかい石材のせいか、表面が劣化して金次郎の顔の表情も少しぼんやりしている。ぞうり履きの姿。1本の鉄棒で補強の支えがしてある。台座石の側面に「勤倹厲行」と彫ってある。「あおき100　青木小学校100年記念　1973年2月」（昭和48年

青木小学校

2月20日発行)に「昭和7年(1932)10月、西運動場に二宮金次郎の石像を建立する。(時価70円)」とある。

伊保小学校　石像　建立年不明　高さ100センチ
像は左腰に印籠、わらじ履き。

岩倉小学校　セメント像　昭和8年建立か?　高さ90センチ
築山の上にセメント像。左腰に印籠、わらじ履き。手に持つ本が欠けている。築山の後ろに地上55センチの石の標柱があり、表に「皇太子殿下御降誕記念」、裏に「昭和八年十二月二十三日」とある。この学校は昭和58年に校地を移転しており、標柱も移転されていることから金次郎の標柱と思われる。

畝部小学校　石像　昭和20年建立か?　高さ113センチ
金次郎はぞうりを履く姿。像の右側に85センチの標柱。「昭和十九年度高等科卒業紀念」とある。「畝部小100年史」(昭和47、48年ころ発行?)の16ページに金次郎の写真が載っているが、説明文が「昭和初期」となっていて参考にならない。

大畑小学校　石像　昭和8年12月建立　高さ180センチ
像は左腰に印籠、わらじ履き。手斧を背負子に挟んでいる。像自体が大きいうえ

伊保小学校

岩倉小学校

畝部小学校

に、基壇と台座石で115センチある上に建っているので一層大きく見える。顔の表情は大人びている。初期の大型像にみられる頭でっかちの像である。下から見上げるとこれでバランスがいいのだろう。基壇の左右に銘があり、向かって左横に「昭和八年十二月建之」と「寄附人」として学校長以下21人、反対側に22人の名前が彫ってある。

大林小学校　石像　昭和31年3月建立　高さ110センチ
像は左腰に印籠、わらじ履き。台座石の側面に「寄附者　岩組第二回卒業生一同　二宮金次郎像　大林　近藤廣義　昭和三十一年三月建之」という石の銘板がはめ込まれている。また「創立50周年記念誌　おおばやし」（平成15年10月25日発行）の「昭和30年度　一年の歩み」に「3月9日、二宮金次郎像除幕式」（27ページ）とある。

加納小学校　石像　昭和10年建立　高さ87センチ
像はぞうり姿。鼻が少し欠けている。校舎内に掲げてある学校沿革史の年表に「昭和10年2月8日　二宮金次郎像除幕式を挙行（太田和夫氏寄贈）」とある。

上鷹見小学校　石像　昭和9年建立　高さ157センチ
初期のもので大きい。顔の長さが30センチある。切り株も早い段階で作られていたことがわかる。わらじ姿。学校にある「沿革史」の昭和6年の記事に「寄附相つぐ

加納小学校

大林小学校

大畑小学校

校門　二宮像、ラジオ　成合《ならい》出身森庄五郎　ミシン」とあるので、当初は像の建立を6年と誤解した。後日図書館で閲覧した「上鷹見・創立130周年記念誌」（平成14年11月発行）に正確な記事が載っている。この記念誌では昭和6年のページに金次郎像の記事はなく、「出来事」の欄に「昭和6年2月　丹羽作五郎氏より石造の校門を寄贈」の記述がある。金次郎像の写真は41ページに載っており、出来事欄には「昭和9年1月　二宮尊徳の石像除幕」とある。巻末の年表の昭和9年の欄には「1（月）・11（日）　二宮尊徳石像除幕（成合・森庄五郎氏寄贈）」（144ページ）とある。昭和10年の欄には「10（月）・6（日）　ラジオ聴取設備完成（成合・森庄五郎氏寄贈）　ミシン（下鷹見・吉田重録氏寄贈）」とある。

九久平小学校　2基ある

校門横の像　セメント像　建立年不明　高さ95センチ
よく見る形なので、東京美術学校製のものか。左腰に印籠、わらじ履き。

裏門から下る細い坂道の像　石像　建立年不明（昭和17、18か）　高さ105センチ
像は微笑みの表情。ぞうり姿。横に55センチの標柱。「築　尋十四・高十六回　卒業記念」とある。

「九久平小百年史」（昭和48年発行）には金次郎像の記事がない。しかし掲載された昭和18年3月の卒業写真には児童たちの後ろに二宮金次郎像がちゃんと写っている。前年の卒業写真には金次郎像が写りこんでいない。丸みを帯びた顔つきか

上鷹見小学校

九久平小学校・校門横の像

九久平小学校・裏門坂道の像

らすると、写真の像は現在裏門の下にある像ではないだろうか。

幸海《こうかい》小学校　石像　建立年不明　高さ110センチ

像は足が折れ、セメントで補強。胴体が2本の鉄棒で支えてある。支えの役割を持つ切り株はない。やはり2本の足だけでは重い胴体を支えるのは難しい。

学校横の斜面に乃木大将の像がある。かつては校内に建てられていたが、戦後校外に移されたのである。乃木像の高さは165センチと大きい。

小清水小学校　石像　昭和11年4月建立　高さ95センチ

ブロックを積み上げたデザインのセメント製台座。裏に「昭和十一年四月建設　大澤　高見　岡田　奥村　杉本　鈴木　宮田　七區長」とある。

古瀬間小学校　石像　昭和11年建立　高さ105センチ

像は左腰に印籠、わらじ履き。台座石は中ほどに横にヒビ（節理）が入っており、右横に銘文があるが、表面が崩れていて読みにくい。何とか「昭和十年（〇〇月）植田惣一」と読めた。（　）内の文字があるかどうか不明。左にもう1行あってもよさそうな余地がある。像の後ろに「報徳訓」の碑がある。裏面に「昭和十一年七月二十二日　贈　植田惣一」とあり、右下隅に「コロモ　石工　植田喜佐男」とある。

幸海小学校

幸海小学校　乃木大将像

古瀬間小学校

駒場小学校　石像　昭和9年建立　高さ110センチ

セメントの台座。顔は少し口を開けて微笑んでいる。左腰に手斧を挟み印籠を下げている。ぞうり姿。右足ふくらはぎと切り株と足の接点もセメント補修がしてある。

「豊田市立駒場小学校沿革誌」（開校百年祭実行委員会　昭和48年11月3日発行）に「昭和9（年）・8（月）二宮金次郎　石像除幕式を行なう。」（10ページ）とある。

挙母小学校　石像　昭和7年4月建立　高さ94センチ

像は左腰に印籠、わらじ履き。両足の間にセメントを入れて補強してある。台座石の裏に「コロモ　寄附人　小川仙重　昭和七年四月」と彫ってある。

「挙母小百年史」（昭和47年9月15日発行）の昭和7年度の記事に「4月30日小田仙重氏より二宮金次郎石像一体並びに造作全部を寄贈され本日竣工する。」（170ページ）とある。台座にある寄付人の名前の「小川」は筆者の誤読かもしれない。（百年史の誤植かも。）

寿恵野小学校　石像　昭和10年建立　高さ92センチ

像は広い校地の端にある自然林のような中にあるので見つけにくい。左腰に印籠、ぞうりを履いている。「学校誌　すえの」（昭和52年12月17日発行）の昭和10年の欄に、月日は入っていないが「二宮金次郎石像建立」（94ページ）とあり95ページに写真が載っている。

駒場小学校

挙母小学校

寿恵野小学校

高嶺小学校

小清水小学校

寺部小学校

竹村小学校

高嶺小学校　石像　建立年不明　高さ110センチ

金次郎像の本を持つ手が大きい。この部分が折れた像が時々あるが破損防止のための措置か。わらじ履き。

滝脇小学校　セメント像　建立年不明　高さ90センチ

築山にセメントの台座がある。左腰に印籠、わらじ姿。左手に欠けあり。背負子の上下に欠けがあり、補修されている。

竹村小学校　石像　昭和11年10月建立　高さ122センチ

金次郎像は首が埋まっているような姿。ぞうり履き。台座石の裏側に「寄附人　當字　瓶屋　大口熊次郎　昭和十一年十月」とある。

堤小学校　石像　建立年不明　高さ100センチ?

金次郎はぞうり姿。目が細い。両足首にひびが入っている。自然石の台座正面に「勤倹力行」の文字。裏には「大正八年卒業生」とあるが、寄付されたのが何年かは不明。

寺部小学校　石像　昭和8年7月建立　高さ110センチ

像は左腰に印籠、わらじ履き姿。手斧がついている。台石の裏に「昭和八年七月

堤小学校

滝脇小学校

寄附人　岩田正五郎」とある。

童子山小学校　石像　建立年不明　高さ125センチ

金次郎はぞうり姿。背負子の左肩紐を持つ手が力強い。学校の「百年記念誌」には像に関する記事がない。豊田市教育委員会の調査報告では「平成4年設置」とあるが、この年に学校が校地移転したので、移築をした年号ではないか？

豊松小学校　石像　昭和15年建立か？　高さ82センチ

像はぞうり履き、切り株あり。「創立100周年記念　豊松小百年史」（昭和47年11月19日発行）の昭和15年の記事（94ページ）に「当時の先生方」という写真が掲載されていてそこに金次郎像が写っている。厳密な建立年は不明。

中金小学校　石像　昭和11年11月建立　高さ120センチ

台石裏に「昭和十一年十一月三日　寄附人　計理士　三宅明」とある。昭和52年4月10日発行の「創立百年記念　中金小学校百年史」に、11年11月3日「奉安殿竣工式を挙行、二宮尊徳石像建立」とあった。

西広瀬小学校　石像　昭和15年建立　高さ80センチ

像は左腰に印籠、わらじ履き。両足首にヒビ。1本の鉄棒で支えてある。台座に右

中金小学校

豊松小学校

童子山小学校

書きで「報徳」とある。沿革史年表によると昭和十五年の記事に「二宮尊徳石像除幕式　十月二十八日」とある。

根川小学校　石像　昭和11年建立　高さ100センチ
台座石の上に立つ像はぞうり履き。後ろ側に鉄棒の支えがある。台座裏に銘文。「昇(旧字体)任記念　寄贈者　西川□一　自治制創立記念　南部青年団」　＊□は判読不能
　学校誌「ねがわ」(昭和47年11月19日発行)の昭和11年のページに「二宮尊徳像を建立・青年団組織を変更し自治青年団として発足、社会奉仕に産業活動に新体制を打ち立てたことを記念して校庭に尊徳像を建立した。」とある。

野見小学校　石像　昭和11年11月建立　高さ127センチ
大きい石の台座に立つ金次郎像は、わらじ履き。右横に60センチの標石があり、表に「昭和十一年十一月二十二日　同窓会」と彫ってある。

平井小学校　石像　建立年不明　高さ100センチ
金次郎像はりりしい表情。左腰に印籠、わらじ履き姿。

前山小学校　石像　昭和15年建立　高さ95センチ

西広瀬小学校

根川小学校

野見小学校

像は右足首がセメント補強してある。首と左足首にヒビ。台座正面に「勤倹力行」、横に「紀元二千六百年紀年　寄附者　板倉賢作」とある。

矢並小学校

セメント像　建立年不明　ひざの上高さ90センチ（元は110センチほど？）

学校敷地の裏。すぐ隣の保育園が元の小学校の敷地で、園門の横にある。首、手足が折れ、セメントで補修。手首は鉄片で支えてある。膝から下が無くなっている。

山之手小学校　石像　建立年不明　高さ95センチ

像はぞうり履き。左腰に印籠。

東広瀬小学校旧校地　現在・東広瀬こども園

石像　昭和11年建立　高さ125センチ

金次郎の顔はどこかで見たような丸顔。ぞうり履き。少し離れたところに移転した東広瀬小学校にある「沿革史年表」には「昭和十一年四月十一日　二宮尊徳石像除幕式　力石築山常七氏寄贈」とあり、村長、助役、学務委員、村会議員、区長、前校長、職員参列す。祝賀会挙行。と書いてある。

山之手小学校

矢並小学校

前山小学校

平井小学校

上郷中学校

旧・東広瀬小学校

その他の学校

朝日丘中学校

石像　昭和25年建立か？　ふくらはぎ上の高さ100センチ（元は110センチほど？）

像は足首から下がセメントで四角に埋め固めてある。左腰に印籠を持つ。平成8年11月23日発行の「朝日丘創立50年史　1947～1996」の昭和25年度の記事の中に「10月1日　二宮小園、針塚、供養塚、力石が完成」とある。校門のすぐ横には現在「岩石園」と呼ばれる区画があり、その中に金次郎像がある。記事の二宮小園が金次郎にちなむものとすれば、像が建ったのは昭和25年度ではないかと考える。

上郷中学校

石像　昭和26年3月建立　高さ90センチ

セメント製ではないが軟らかい材質の石で出来ているようだ。左腰に印籠、わらじ履き、股引姿。足元には3本の切り株。首と顔が補修してある。本とそれを持つ左手が欠けている。腰の部分に真横に切ったような線が入っている。高さ75センチの四角い台座の正面に「昭和二十六年三月建之　第四回卒業生」とある。

猿投台中学校

石像　建立年不明　高さ90センチ

像は右腰に印籠、わらじ姿。両足の間が詰まっていている構造。

朝日丘中学校

猿投台中学校

崇化館中学校　石像　昭和31年7月建立　高さ110センチ

像はわらじ履き。平成8年11月16日発行の「文武両道創立50年史　1947 ~ 1996」の昭和31年度の記事(62ページ)の中に「7(月)29(日)二宮金次郎の石像完成」とある。

高岡中学校　石像　昭和24年度(建立は25年か)　高さ100センチ

像は左腰に印籠、ぞうり履き。両足間が削ってない(石の支えになっている)。セメント台座裏に「寄贈　昭和二十四年度在勤職員一同」。

松平中学校　セメント像　建立年不明　高さ90センチ

運動会の折、小学生が金次郎像に上って像が倒れ、現在も台座石の後ろに倒れたまま置いてある。左腰に印籠、わらじ履きの特徴は型取りのため他のセメント像と同じである。右袖が少し欠けている。左手は補修の跡があるが、倒れる前のものである。倒れて破損しなかったのは幸い。

公共の場

熊野神社　亀首町　石像　昭和18年4月建立　高さ130センチ

石段を登り切った所の左手にある。ぞうり姿。台座石に「昭和十八年四月建之　都築吉美」と彫ってある。境内には乃木、東郷の両軍人の像もある。

熊野神社　乃木大将像

高岡中学校

崇化館中学校

灰寶神社

灰寶神社　越戸町　石像　昭和8年7月建立　高さ220センチ
頭の大きさだけで40センチもある巨大な像である。左の腰に斧と印籠がある。
近くに大きい石碑がある。表は「自力更生　癸酉秋　子爵斎藤実　印」、裏には「自力更生碑誌」とあって由来文が彫ってあり、文末に「昭和八年七月二日　前田榮次郎」、最後に「岡崎市中町　石匠　杉浦磯治郎　刻」となっている。像の寄付者の前田榮次郎は明治7年生まれ。土木建築請負業を経営。国内の鉄道建設、朝鮮満州の電力工事などで財を成した。軽井沢、熱海の別荘事業でも成功。故郷の神社や公園に多額の寄付をした人物。

八柱神社　長興寺町
石像　昭和11年6月建立　ひざ上の高さ80センチ（元は100センチほど？）
足が折れたらしく、ふくらはぎから下はセメントでサイコロ状態に固めてある。台座裏に「寄贈者　木戸金次郎　榮子　金婚記念　昭和十一年六月建之」とある。

八柱神社　千足町　石像　昭和20年4月建立　高さ80センチ
基壇の上に二重の台座石がある。上段の台座石に「奉納」とあり、向かって右横には「昭和二十年四月建之」、左には「寄附者　近藤二三雄　博　末男　十一　治美」と彫ってある。

熊野神社　東郷元帥像

八柱神社・長興寺町

八柱神社・千足町

松平中学校・台座の後ろに像が倒れている

松平東照宮

熊野神社

勝手神社　金谷町　　石像　昭和15年7月建立　高さ95センチ
像はわらじ姿。台石の右横に「昭和十五年七月　支那事変出征記念」とある。その横には小さな字で2行ほど文字があるようだが判読できない。

松平東照宮　松平町　　石像　建立年不明　高さ50センチ
神社の右手裏にある。4頭身の頭でっかちで、素人が作ったような素朴な像である。

旧・藤岡町

飯野小学校　　セメント像？　建立年不明　高さ95センチ
石の台座。像は左腰に印籠、わらじ履き、切り株あり。セメント像のように見える。

石畳小学校　　石像　建立年不明　高さ120センチ
像は左腰に印籠。ぞうり姿。顔は口を少し開けた笑顔。台座石に4文字があるが大きく傷んでいて読めない。部分的な特徴から推測すると「勤倹力行」ではないか？

中山小学校
初代　石像　昭和14年建立　ひざ上の高さ80センチ（元は100センチほど？）
現在は個人宅にある。後述の中村氏。

勝手神社

飯野小学校

石畳小学校

2代　石像　平成29年建立　高さ90センチ
学校には平成29年8月まで、膝から下をコンクリートで囲んだ金次郎像があった。膝から上の高さが80センチあり、元は1メートル程度あったと思われる。首にも修理の跡がある。中山小学校の「100年誌」によれば昭和14年10月17日に丹羽善六氏が寄付したものである。昭和41年に校舎の建て替えで移転させる際に破損した。その後コンクリートで補強され駐車増の隅に設置されていた。傷んだ姿を見かねて、地元に住む中村忍氏が学校創立100周年に合わせて、像を引き取り、新しい像を寄贈した。平成29年9月に除幕式。像は中国製のようだ。

御作小学校　石像　建立年不明　高さ125センチ
学校前の山の斜面に石の柵で囲った小庭園が作ってあり、石灯篭、石橋がある。大きい石の台座に大きい像が建っている。地震が心配だが、事実、すでに像は鉄棒で支えてあり、首につないだ跡がある。ここも台座の文字が読めないが、石畳小学校と形がよく似ているのでここも「勤倹力行」ではないか。両校の像の大きさ、2本足で立つ姿(切り株なし)などの特徴も似ており、製作した石工は同一人物かもしれない。

中村忍氏宅　2基の金次郎像がある
中山小学校に金次郎像を寄付した中村氏は元小中学校教員で旧藤岡町町議を務め

中山小学校

御作小学校

中村宅　中山小学校・初代の像

た人である。「二宮金次郎の生き方が好きで今の子供たちにもその勤勉さを知ってほしい。」と話された。中山小学校から引き取った金次郎像は門の横手隅に設置してあり、道路からも見ることができる。このほかに庭の奥に小ぶりな像がもう1基ある。

旧・小原村

小原中部小学校　石像　昭和12年1月建立　高さ125センチ
像は太い脚、わらじ履き。左腰に印籠。きりりとした目鼻立ち。二本足で立ち、切り株なし。四角の台座、表に「報徳」、裏に「昭和十二年一月寄附　小原村　松名杉田小太郎　志を(変体仮名)」

中部小学校は昭和53年に福原小学校、清原小学校、簗平小学校の3校が統合されて発足した。旧福原小学校と旧簗平小学校の跡地には今も金次郎像が残っている。清原小学校のあった場所はゴルフ場になった。旧校地は更地になって管理棟が建っているという。その地域の字名(地名)は「松名」なので、中部小学校の金次郎像は清原小学校のものを移したと思われる。

道慈小学校　石像　昭和12年建立　高さ125センチ
像は腰に印籠、わらじ履き姿。眉目は大きくきりりとした顔。台座に「報徳」の文

中村宅

小原中部小学校

道慈小学校

字。「道慈小学校記念誌」（昭和58年11月3日発行）によれば、昭和12年二宮尊徳石像建立。

本城小学校　石像　建立年不明　高さ125センチ

左腰に印籠、わらじ姿。後ろに40センチの標石があり、「寄贈　大草　鈴木久市」と彫ってある。大草という字《あざ》の地名は豊田市と合併するまであったそうだ。

旧・福原小学校　石像　昭和12年3月建立　高さ75センチ

国道の東斜面を少し上がったところに更地となった学校跡地がある。入口右手に像がある。左腰に印籠、わらじ姿。本を持つはずの左手が欠けてなくなっている。台座は下にセメント製円筒形が2段あり、その上に石の円筒台座。そこに「報徳」の文字。向かって右側に「瀬戸電鉄横山駅前　梅村音次郎」左手に「昭和十二年三月」と彫ってある。

旧・簗平小学校　石像　建立年不明　高さ135センチ

学校跡は工場になっている。その横に簗平公民館と矢作区集会所があり、そこに金次郎像がある。その裏手には磐照神社があるが、当初学校が神社の敷地に作られたのではないか。金次郎像は左腰に印籠、わらじ姿。顔は意思が強そうな表情。切り株部分に「クレマタ　池野たね」という寄付者の名前がある。クレマタという地名があ

本城小学校

旧・福原小学校

旧・簗平小学校

るそうだ。

豊田市役所小原支所　石像　昭和52年建立　高さ90センチ

像は庁舎入口にある。わらじ姿。切り株が両足の間を埋めていて安定性が抜群の構造である。由来はわからないが、事務所の台帳には設置が昭和52年となっている。

蚕霊神社　日面町　石像　昭和60年ころ建立　ひざから上高さ100センチ

像は社殿から一段下の空き地の隅にある。製作中に頭部が壊れ、縁起が悪いと神社に引き取ってもたったもの。頭部にはセメントで作ったボール状のものが乗せてある。手に本を持って薪を背負い、腰には印籠がついているので金次郎像の形はできている。足の部分は欠けたのか、地面に埋めてあるのかわからないが、膝から下は見えない。

旧・足助町

大蔵小学校　石像　昭和8年10月建立　高さ87センチ

像は四角の台座石の上にあり、左腰に手斧を挟み印籠を下げる。わらじ姿。像の横に表示板があり、「S8.10　寄贈　中立　鮓方太郎」とある。

大蔵小学校

蚕霊神社

豊田市役所小原支所

佐切小学校　石像　昭和15年3月建立　高さ115センチ
顔は丸顔、ぞうり、切り株あり。
明治5年からの記録が残る分厚い「学校沿革史」が現存する。それには「昭和十五年三月八日　上佐切出身天野虎吉氏寄贈二宮先生像工事完了」とある。

新盛小学校　石像　昭和11年建立　高さ120センチ
金次郎像はどっしりとして力強い印象を受ける。足の指も太い。姿勢は直立気味で、歩いているような動きがみられない。(台座との接合部は長6角形の盾形)
校舎裏の運動場の隅には戦前の阿摺村南部国民学校時代の奉安殿が残っている。残っているのが不思議なくらい貴重なものである。

則定小学校　石像　昭和15年建立か？　高さ122センチ
像は築山上の自然石に立つ。ぞうり履き、切り株が両足と一体化。築山の前には高さ67センチの頭頂が四角錐形の石の標柱があり、「紀元二千六百年記念」の文字がある。この標柱は金次郎のものと思われる。

萩野小学校　石像　建立年不明　高さ90センチ
古い石像であるが詳細不明。

則定小学校

新盛小学校

萩野小学校

佐切小学校

旧・大河原小学校

冷田小学校

冷田小学校　石像　建立年不明　高さ90センチ

平成17年に校舎の新築移転があり、金次郎像も平成20年に旧校地から移転してきた。像は瞼が大きい、ぞうり履き。

御蔵小学校　石像　建立年不明　高さ90センチ

像は左腰に印籠。わらじ姿。学校では明治以来の「沿革誌」を見せていただいたが、昭和の戦前部分は後日まとめたもので原資料はなかった。それでも奉安殿の建設が支那事変で材料が入手できず中止となり、2年後にようやく着工できたことなど、当時の様子を伝える貴重な記事が参考になった。

明和小学校　セメント像？　建立年不明　高さ120センチ

はっきりしないが、セメント製のように見える。目鼻立ちのしっかりした顔である。本と手首にひびが入っている。

旧・大河原小学校　石像　昭和11年8月建立　高さ91センチ

学校は坂道を上った高台にある。校門の内側左手に石積みの壇があり、その上の四角大石の上に像がある。わらじ姿で腰に印籠を下げた姿である。ちょんまげが立派で、本の部分は苔むしている。切り株部分の裏に「昭和十一年八月　梅村正之」と2行に彫ってある。行間が少し広いので真ん中にもう1行あるかもしれな

御蔵小学校

明和小学校

いと疑ってしまう。ちょうど中ほどに「町」らしき文字が見えるので寄付者の住所があったかもしれないが、戦前に「町」の地名はしっくりこないし、字も深く掘ってないので深読みしすぎかもしれない。平成9年3月発行の「閉校記念　大河原小学校誌」の昭和11年の記事に「8月19日　鈴木正之君より除隊記念に二宮尊徳先生の石造を(ママ)寄付を受ける。」(49ページ)とある。苗字が違うが同一人物だろう。学校は昭和53年に今の土地に移転したが金次郎像も運ばれた。像の足元にセメントとボルトの補強があるのはその時にされたのだろう。

旧・大多賀小学校　石像　昭和47年前後建立　高さ60センチ

小ぶりな像だが左腰には印籠を下げている。丸顔。元は校庭の築山の上にあったが、廃校後、現在地の道路沿いに移った。像を寄付した池野久三《ひさみ》氏に話を聞くことができた。「昭和39年生まれの子供が小学校の2、3年生のころＰＴＡの役員をやり、個人で寄付した。妹の主人が岡崎の石屋さんだったので頼んで作ってもらった。」

旧・椿立小学校　石像　昭和12年2月建立　高さ80センチ

左腰に印籠　本を持っていたはずの左手首と両足首が折れている。手首は後ろにある木の枝が落下した時に折れたという。「閉校記念　椿立小学校誌　平成7年3月」(足助町　足助町教育委員会発行)の「学校の沿革」の14ページに、奉安殿建設

旧・椿立小学校

旧・大多賀小学校

とともに金次郎像のことが載っている。

「昭和12年2月25日　二宮金次郎石像除幕式挙行。安藤又吉氏寄進による。

1月31日　二宮金次郎石像購入のため、校長・安藤一雄両氏岡崎へ赴く。

2月17日　石像台石運搬、お役による。

2月22日　台石・石像据え付け工事をする。(15名お役による。)」とある。

旧・御内小学校　石像　昭和31年11月建立　高さ110センチ

像は左腰に斧を挟み、わらじ姿。裏側に銅板の銘がある。「寄附者御名　矢沢いわ(変体かな)　宮條鶴三郎　伊藤一男　昭和三十一年十一月二十九日」「御内小学校閉校記念　続御内蔵連誌」(昭和62年3月22日発行)の19ページに除幕式の写真が載っている。

旧・下山村

現在旧下山村地区には、巴が丘小学校、大沼小学校、花山小学校の3つの小学校がある。平成17年に豊田市に吸収合併され、18年に開校した巴が丘小学校は統合で廃校になった下山村時代の阿蔵小学校、田平沢小学校、羽布小学校、和合小学校、三巴小学校の校区の児童が通学することになった。遠距離通学となったため巴が丘小学校の校門前には3方向行きの3台の大型通学バスが止まっている。廃

旧・御内小学校

校となった小学校のうち、羽布小学校、和合小学校、三巴小学校の跡地には二宮金次郎像が残っている。下山村はかつて村の統合過程で複雑な動きがあった。村の境の線引きの際、一部が東加茂郡(今は豊田市)、一部が額田郡(今は岡崎市)に属したこと等である。その結果、岡崎市側に下山小学校という学校があることや旧「下山村史」に花山小学校の記述がない(当時は下山村ではなかった)ことなど、「村史」を読んでも歴史を知らないと分からないところがある。

平成15年の下山村発行の「下山村史　通史Ⅱ」535ページに「昭和14年当時の大沼小学校の写真。玄関脇に二宮金次郎の石像がみられる。」とある。また平成元年発行の「下山村史　資料編　別巻」の「紀元二千六百年紀念　東加茂郡下山村誌」(昭和16年発行)には次のような記述がある。(138ページ~147ページ)

大沼尋常高等小学校	昭和九年六月一日	二宮金次郎像建設
和合尋常高等小学校	昭和十一年三月十日	二宮金次郎石像建設
羽布尋常小学校	昭和十三年十月	二宮金次郎石像建設
阿蔵尋常高等小学校	昭和十二年六月五日	二宮金次郎石像建設

大沼小学校　石像　昭和9年6月建立　高さ109センチ

金次郎像は姿勢がやや直立気味。足元はしっかりしており、ぞうり姿。背負子の左下が少し欠けている。一見、そんなに古そうな像に見えない。最近校地が移転しているので、引っ越しの際磨かれたとか、欠けたという事情があるのかもしれ

大沼小学校

ない。また昭和16年発行の「下山村誌」の二宮金次郎の記述には大沼小学校だけ「石像」の文字がない。昭和9年の像は銅像だったのかもしれない。もしそうなら現在の石像は再建された2代目となる。

花山小学校　石像　平成17年2月建立　高さ100センチ

金次郎像は左腰に斧、わらじ履きの姿。切り株の造形が緻密。台座表に「二宮金次郎像」裏に「贈　平成17年2月　下山村指定金融機関　株式会社名古屋銀行　取締役頭取　加藤千麿」とある。

旧・阿蔵小学校　石像　昭和12年6月建立　現存せず

平成16年ころ訪ねた時には木造の白壁赤瓦のきれいな校舎が印象的だったが、18年に閉校になってしまったので、今では学校の細かな情報はなかなか入手できない。

石の門柱の右柱には「愛知県東加茂郡阿蔵尋常高等小学校」とあり、裏には「昭和八年十月」と彫ってある。左柱は「愛知県東加茂郡阿蔵実業補習学校」とあり、裏には「寄附人　松田菊次郎」とある。学校時代の建物はすべて撤去され更地になっている。山に接する敷地の端には、開校百年記念の「大志」碑や「われらの学び舎阿蔵小学校跡」碑、「努力は人をつくる」碑が残っているが金次郎像はなかった。近くにある駐在所の親切なお巡りさんや簡易郵便局の局長さんに聞いて、詳しい事情を知っているという中川たかしさんのお宅を訪ねた。お話では、三河地震の時

花山小学校

に首がとんで、足も手も折れた。修理しようがなかったので4月に埋めたのだそうである。当初、局長さんから、「金次郎像は職員室の下に埋まっているらしい。」という説を聞いた時には、なぜそんな怪談みたいなことになっているのか不思議に思ったが、これで判明した。阿蔵小学校では昭和35年に校舎の新築が行われたが、埋めた場所のあたりに後から新しい校舎(職員室)が建てられたようである。

旧・三巴小学校　石像　昭和8年11月建立　高さ95センチ

白黒塗り分けた美しいデザインの校舎は取り壊され、現在は集会所の建物が建っている。大きな閉校記念碑の横に金次郎像がある。台座の裏に彫ってある文字は一部読めないが、「寄附芳名　安茂傳吉　(ほか6名の名前)　昭和八年十一月」とある。

旧・羽布小学校

初代　石像　昭和13年10月建立

2代　石像　昭和33年建立　高さ110センチ

統合してできた高台にある巴が丘小学校への上り口に旧羽布小学校の校地がある。斜面に村立小学校時代の門柱石があり、ラケットを持つ男の子とボールを持つ女の子の像もある。金次郎像の手前に笑顔の小便小僧の像があり、金次郎像の表情は困惑しているようにも見える。目は二重瞼で真面目そうな顔つきである。台座の裏に文字が彫ってあるが下の方は埋まっていて読めないところがある。

旧・三巴小学校

旧・羽布小学校

旧・羽布小学校　小便小僧像

「昭和三十三年度卒業　学校長　成瀬　一　担任　富田和善　卒業生　浅井満久(以下合計で19人の名前)」

昭和16年発行の「下山村誌」にある昭和13年建設の像がどうなったかは不明。

旧・和合小学校　石像　昭和11年3月建立　高さ110センチ

耐震強度に問題があり、一部の建物以外は取り壊された。現在は農業支援のNPO法人が事務所、作業所として使っている。敷地の隅に閉校記念碑と金次郎像がある。丸顔の金次郎像は左腰に印籠を下げ、ぞうり姿である。像の後ろには倒れないように大きい石が置いてある。移設時に磨いたのか、像は美しく、一見古いものには見えない。

旧・旭町

敷島小学校　石像　建立年不明　高さ120センチ

丸っぽい顔の大きい金次郎像。左腰に印籠、ぞうり姿。普通は支えの役割を果たす切り株状のものが大きいキノコのような形になっている。

近くにある旭工業の敷地が元の小学校と中学校のあった所。

さらに少し坂を下った旧道と新道の合流点(交番がある)の道脇に仏塔など数個の石造物があり、その中に乃木大将と東郷元帥の像がある。

下山・旧羽布小　男女子の像

旧・和合小学校

敷島小学校

旧・浅野小・中学校　石像　昭和40年1月建立　高さ95センチ

台座石に「報徳」の文字。裏に「懇志者　稲垣稲充以下計28人の名前」と「昭和四十年一月一日」と彫ってある。ここにはかつて浅野小学校(昭和42年閉校)、浅野中学校(平成8年閉校)があり、金次郎像の横に閉校記念碑と学校沿革碑が建てられている。

旧・生駒小学校　セメント像　建立年不明　高さ95センチ

集落は矢作ダムの建設で水没。昭和44年に移転して鉄筋2階建ての校舎を建築。平成9年に廃校となる。現在は福祉施設として使われている。校門の左手に築山があり、2つの大きい石碑と金次郎像が建っている。大きい丸い石碑には「生駒っ子　あかるく　さとく　ひるまぬ子」とあり、裏に「昭和三十二年十二月建之　学区教職員一同」とある。もう一つの四角い石に銅板の碑は「生駒学園　思い出の学び舎　1997.3」となっている。

金次郎像は、ぐるりと苔で覆われている。背中にあった背負子は取れてしまって後ろの地面に置いてある。

旧・笹戸小学校　現在・公民館「笹戸会館」　詳細不明　現存せず

私が学校の場所を聞いた近くに住む人は、今でも金次郎像が学校跡に残っていると勘違いしていた。旧笹戸小学校の隣にある神社の裏手は公園になっていて乃木大将の像と「松井淳一先生」の「頌徳」碑がある。先生の頌徳碑というのは学校の敷

旧・浅野小中学校

旧・笹戸小学校　乃木大将像

敷島小学校・乃木大将像、東郷元帥像

旧・築羽小学校

旧・生駒小学校

地にあるのが普通なので、これらは移築したというより、もともと学校自体が神社の敷地の一角に作られて、一体的だったのだろう。

旧・築羽小学校　石像　建立年不明　高さ90センチ

像は校門を入って右側に進んだ斜面にあるが、学校は金網のフェンスで囲まれ自由に出入りできない。入口の鍵は校庭を利用する地区のマレットゴルフの会が管理している。私の場合は区長さんにお願いして校地に入れてもらった。

旧・稲武町

現在小学校は統合されて稲武小学校(旧稲橋小学校)だけになったが、二宮金次郎像は、廃校となった4つの小学校にもあった。そのうち3基は今も元の小学校の跡地に、1基は民家に移されて現存している。

稲武小学校　石像　建立年不明　高さ120センチ

金次郎は左腰に印籠、手も手に持つ本も大きい。眉、目、唇の彫り方がシャープである。足元の切り株部分に「寄贈　原田由松」とある。

旧・大野瀬小学校

西尾家　旧・大野瀬小学校の像

稲武小学校

石像　昭和12年建立　ひざ上の高さ75センチ（元は100センチほど？）
像は寄付した西尾家に引き取られた。

昭和58年の廃校後もしばらく校舎は残っていたが平成21年ころ解体。平成25年ころ、残っていた観覧席の撤去作業が行われた。作業の邪魔だったので金次郎像を動かそうとしたとき、もろくなっていた像は足の部分が壊れてしまった。

現在、像は西尾家の庭に、一緒に移されたセメント台座に背中を支えられて立っている。膝から下はないが、膝から頭までの長さが75センチなので本来は1メートルくらいの大きさだったと思われる。セメント台座の上には、欠けなかった左右の足先と支えの切り株が残っている。四角形の台座の一辺に文字が彫ってあるが、この面が家の壁に接近しているのでほとんど読めない。上段の隅は「…記念」と右からの横書きになっている。

お話を聞いたこの屋の西尾裕子さんによると、「豊橋で石屋をやっていた祖父が私の誕生を祝って学校に寄付したもの」で、おそらく「誕生記念」、下に縦書きで「祖父、祖母、裕子」の三人の名前と、誕生日の「昭和十二年十二月十日」の文字が彫ってあったらしい。

旧・押川小学校　石像　建立年不明　高さ100センチ
更地となった校地の国道側の住宅のある斜面の下。尋ねたのが夏だったので、こんもりと伸びた花や草に覆われて発見できず。近くに住む人に場所を教えても

旧・押川小学校

らった。廃校ではままあることなので、持参の軍手と草刈り鎌で回りを刈り取って写真を撮った。像はセメントで作った二段の台座の上に立つ。セメント台との接合部の足元の石は長6角形の盾形。

旧・小田木小学校　石像　昭和11年12月建立　高さ110センチ

特徴ある木組み構造と美しい外観だった校舎は廃校後「郷土館」として使われていたが、残念ながら、今は更地となりグラウンドゴルフ場となっている。像は校門を入って右横の道路沿いにある。切り株部分に「昭和十一年十二月　小田木青年團建之」とある。

旧・黒田小学校　石像　建立年不明　高さ60センチ

金次郎像は校門の左手、校地と接する山側の新明神社の隅にある。新しく作られた公共トイレの裏の斜面の上なので数メートルしか離れていないのに見つけにくい。像は小さく、素朴な作りである。背中は2本の鉄棒で支えがしてある。

旧・小田木小学校

旧・黒田小学校

安城市の二宮金次郎像

安城市には17の小学校があり、そのうち9校に二宮金次郎像がある。ほかに廃校跡、幼稚園、商店、石材店にあり、合計13基の金次郎像が確認できた。

小学校

安城西部小学校　石像　昭和8年建立　高さ100センチ

正門を入って左側の木立の中にある。台座石の正面に「勤勉」の文字。「安城西部小学校開校百周年記念誌」（平成21年3月発行）の昭和8年の項（31ページ）に「二宮金次郎石像除幕式　S.8.12.19」という記事と写真が載っている。当初は東側木造校舎の式場教室入口横に建てられており、昭和11年には像の近くに乃木希典石像が建てられた。（現存せず）

安城中部小学校

初代　石像　昭和18年5月建立　破損のため撤去

2代　石像　平成14年建立　高さ93センチ

校門を入って右手の運動場の隅の築山に建つ。左腰に印籠。わらじ履き。安城中

安城中部小学校

安城西部小学校

部小学校には平成21年発行の創立百周年の記念誌もあるが、戦前のことは昭和63年の「八十周年記念誌　安城中部」が詳しい。65ページの年表には、次の記事が載っている。

S.13　5.6　二宮尊徳に関する講話（5年以上参加）

10.15　ヒトラーユーゲント歓送迎

S.18　5.18　二宮尊徳石像建立

経年で足にひびが入り、そこから折れて倒れたため平成14年に建て替えられた。（以前岡崎市の石工団地にある石材店の作業場前に膝が折れた古い金次郎像が置いてあるのを見たことがある。安城市の小学校が像を再建する時に引き取ったと聞いたが、それがここの初代像だと確認できた。）

安城東部小学校　石像　昭和8年12月建立　高さ114センチ

像は正門の反対側にある東門近くにある。左腰に斧、印籠を持ち、ぞうり姿。背中の薪が短い。横に「至誠勤労」と彫った丸い石碑がある。金次郎像の足元の切り株の裏には「昭和八年十二月　寄附人　堀尾貫二　仝　ハツ」とある。「創立100年のあゆみ」（安城東部小学校編　1987年発行）には学区民の建設奉仕作業の様子が書かれている。

安城南部小学校　石像　昭和11年建立　高さ125センチ

安城南部小学校

安城東部小学校

像は正門を入って右側、築山の自然石の上に建ち、丸顔。左腰に印籠、ぞうり姿。首に補修の跡。足元は鉄線とセメントで補強してある。隣に「勤倹力行」と彫った丸みを帯びた石碑がある。「安城南部小学校沿革史」(平成11年12月1日発行　安城町西尾史料研究会)の「重要事項」の章の480ページに「昭和十一年五月五日　二宮先生石像除幕式ヲ行フ　石像寄附者　大正七年三月卒業生有志」、また「昭和十六年九月二十日　二宮金次郎祭　清掃訓練　今後毎月二十日ニ行フコトトス」とある。国民学校令が出て金次郎像も思想教育強化策に組み込まれたことがわかる。

安城北部小学校　石像　昭和9年10月建立　高さ90センチ

像は築山の自然石の上に建つ。ぞうり姿。台座の石が傾いているせいか金次郎は競走のスタンディングスタートをする時のような極端な前傾姿勢。記念誌の「北小70年　安城市立北部小学校」(昭和54年3月20日発行)の17ページに「昭和9年(1934)12月24日　二宮金次郎石像除幕式(大浜茶屋　鈴木初次郎氏寄贈)」の記事がある。金次郎像の横に地上30センチの高さの石の標柱があり、「鈴木スヾエ行年九才」、側面に「昭和九年十月」と彫ってある。おそらく鈴木初次郎氏が死んだ娘スヾエ氏の記念に像を寄付し、10月に建立、12月に除幕式が行われたのだろう。

桜井小学校　石像　昭和9年4月建立　高さ115センチ

像は左腰に小刀を挟み、印籠を下げている。わらじ履き。台座石に「勤倹力行」の

安城北部小学校

安城南部小学校　勤倹力行碑

文字。裏面に「銀婚記念　古田一太郎　妻　ふゆ　昭和九年四月二十一日」とある。名前の一番下の文字が不鮮明なので「ゆ」は読み方が間違っているかもしれない。

「年魚市風土記」(戦争遺跡研究会発行「2009　創刊号」(4ページ)によれば、古田氏の子供一同が石柵と鉄鎖を寄付し、昭和16年に金属供出で鉄鎖が献納されたものの、昭和25年には古田一太郎氏が鎖と扉の復旧費用を寄付。昭和35年の小学校統合時には、またも古田一太郎氏が移転費用を寄付し、新しい桜井小学校に移築された。平成20年に校地が移転した時に、像も新校地に移された。

桜井町にはかつて桜井北部、桜井中部、桜井南部の3つの小学校があった。それが昭和35年9月に廃校、統合されて桜井小学校となった。元の桜井中部小学校にあった像が新しい桜井小学校に移築された。「桜井の小学校誌」(昭和56年1月1日発行)によると、かつては北部小学校と南部小学校にも金次郎像があった。

「桜井の小学校誌」の記事によると、
①　第一尋常高等小学校(のちの桜井北部小学校)には「昭和12年2月　教育後援会寄附ニヨリ二宮尊徳石像建之」(64ページ)とあり、写真が載っている。さらに「昭和28年11月7日　二宮尊徳石像を長谷場八郎氏の寄贈による建立(28・11・22近藤紡完工)」(71ページ)とあって写真も載っている。2度の寄付があった。
*最初の像について「年魚市風土記」(5ページ)に「近くの円光寺住職の話では、運動場に埋めたという話もあり、戦後になってアメリカ進駐軍を恐れて、地中に埋めたか、廃棄した可能性が考えられる。」とある。しばらく像のない時期があっ

桜井小学校

て、昭和28年になって2代目の像が寄付されたのである。2代目の像は昭和35年に北部小学校が廃止されたとき、一時無住の寺の境内に移転、その後区画整理事業で寺を取り壊すことになり、桜井町内の城山公園に移された。ところが昭和57年に志貴小学校で二宮金次郎像を建てたいという話が起こり、城山公園の金次郎像は貰われて再び小学校の庭に立つことになった。

② 第二尋常高等小学校(のちの桜井中部小学校)では昭和9年に二宮金次郎像が建立されているが、「桜井の小学校誌」では(学校ごとに担当の筆者が違うのだろうか)、中部小学校のページには金次郎像について記述が載っていない。

*「年魚市風土記」によると「この学校では、昭和11年に第2回桜井青年学校卒業生により乃木希典石像が建てられていた。」(4ページ)とある。

③ 第三尋常小学校(のちの桜井南部小学校)では「昭和8年1月14日 二宮金次郎石像除幕式(岩根 加藤佑太朗氏寄附)」(158ページ)とあり、この写真も載っている。

*南部小学校は昭和35年9月に廃校になったが、「年魚市風土記」に「昭和30年代に小学校を卒業した方の話によると、石像といっしょに記念写真を撮影した記憶があるので、廃校まではあっただろうと考えられる。」(3ページ)とある。像は行方不明。校舎解体時に撤去されたと思われる。

志貴小学校　石像　昭和57年3月移築建立　高さ96センチ

正門に入って目の前の築山にある。右腰に印籠を下げ、ぞうり姿。裏に新しい石板があり、「発起人　PTA役員　(氏名)連合町内会　(氏名)　昭和五十七年三月」と彫ってある。もともとは昭和35年に廃校になった桜井北部小学校の像で、昭和57年に桜井城山公園から移築された。

学校は昭和36年に開校。前述「年魚市風土記」によれば、学校に二宮金次郎像が無かったため、昭和48年ころ桜井町で廃校となった桜井北部小学校の像を譲りたいという声が出た。志貴小学校の校長に相談があり、校長が職員会議に提案したが、時代に合わないということで実現しなかった。時代は高度経済成長期であった。その後PTA事業として二宮金次郎像を建てたいという話が起こり、昭和57年に移築された。

高棚小学校　石像　建立年不明(昭和13年にはあった)　高さ110センチ

台座石には「質実剛健」と左からの横書き。金次郎の像は頭が大きく、首に補修の跡がある。そのせいか頭が前に深く傾いている。本を持つ左手にもひびがある。後ろ脚に小さな切り株がくっついている。像の修理については近くの石屋さんが深くかかわっていたことが分かった。(長坂石材の項を参照)

戦前旧高棚小学校(現在の高棚保育園の位置にあった)の築山に二宮金次郎、乃木大将、東郷元帥の三体の像があった。乃木、東郷像は昭和16年に村の有志によって建立されているが、二宮像はいつだったのかはっきりしていない。終戦後

高棚神社　乃木大将・東郷元帥像

高棚小学校

志貴小学校

三体を穴を掘って埋めた。昭和40年ころ掘り出して乃木、東郷像は高棚神明神社に設置した。しかし二宮像は手、足、首が折れていたので、埋め戻した。昭和50年、PTAから再建の話があり、校区にある長坂石材の協力で現在の位置に設置された。記念誌「百十年のあゆみ　安城市立高棚小学校」（昭和60年2月3日発行）によると36ページに「昭和13年高棚史脱稿記念の写真」が載っており、執筆者編集者たちの並ぶ後ろに二宮金次郎の像が写っている。38ページには「昭和13年5月高棚史編集刊行（3冊）」という記事があり、金次郎像がこれ以前に建立されたことがわかる。66ページには「昭和50年7月　二宮金次郎石像復元」とある。

乃木、東郷像は現在も神明神社内の戦捷記念碑の横に並んで立っている。左の東郷像の台座には日本海海戦時の「皇国の興廃…」の有名な訓示が彫られ、像の大きさは170センチ。右の乃木像の台座には旅順攻略後に詠んだ漢詩が彫られ、像は180センチ。大きいものである。

明和小学校

石像　昭和8年11月建立　ひざ上の高さ100センチ（元は120〜130センチほど?）

金次郎像の表情は大人びている。台座上に欠けた両足部分がセメントでU字形に作って設置してある。周年誌「くすの木は見ていた　明和小80年のあゆみ　1984」はページ付けも奥付もない写真集で、戦後のページに「金次郎は残った」という一文と写真が1枚載っているだけである。「新編　安城市史　3巻」（平成20年3月

明和小学校

31日発行)の540ページに、金次郎像の建立を「昭和八年十一月一日」とし、注で出典を「学校沿革史(学校所蔵)」としてある。寄付者 東端丙申会明治29年生。

旧・和泉小学校　現存せず

旧城ヶ入小学校と統合して丈山小学校となる。移転後跡地は和泉保育園となったが、金次郎像は撤去された。高橋氏のメモによれば、「石像　建立年不明　高さ120センチ　寄付は明治33年生の16名」という。

旧・城ヶ入小学校

石像　昭和8年1月建立　ひざ上の高さ80センチ(元は100〜110センチほど?)

像は城ヶ入公民館の前に設置されている。隣の保育園が元の校地である。昭和46年に和泉小学校と統合して現在の丈山小学校となり翌年移転廃校となった。かつては校舎入口の左右に乃木大将像と金次郎像が建っていた。幼稚園となって古い校舎が取り壊され公民館ができた後に移転したらしい。金次郎像は左腰に斧と印籠。右腰に巾着袋をさげている。膝から下はセメントで巻くように固められている。移転時に折れたのかもしれない。大きい台座石の正面には「勤倹力行」の文字。横には「寄贈者(右横書き)」と11名の氏名(縦書き)「昭和八年一月(十月かも)三日」と彫ってある。公民館に来ていた人が事務所の壁の額に入った学校案内(要覧)をコピーしてくれた。地元の人たちは今もこの学校に愛着を持っているようだ。以

和泉小学校にあった像
撮影・高橋一司

旧・城ヶ入小学校

昭和40年代頃の城ヶ入小学校の像
撮影・高橋一司

前は公民館裏に「至誠」と彫られた乃木像の台座石が残っていたそうだが探しても見つからなかった。

その他の学校等

安城南部保育園　石像　建立年不明　高さ100センチ

訪れた時は、大きくなった周囲の植え込みの枝葉に埋没していて、外から見えなくなっていた。像は相当傷んでいる。首に修理の跡。左手は欠けてなくなっている。右足首に欠けた跡。両足首はセメントで修理。胴体を後ろから鉄の枠で支えてある。像の由来は不明。ある人から、ここはもとは隣の南部小学校の敷地で、何か関連があるかも。と聞いたが今のところ何も確認できていない。

旧・城山保育園　現存せず

高橋氏のメモによると、石像・昭和12年2月建立・高さ100センチ　教育後援会の寄付、とある。城山保育園は平成20年に区画整理のため廃止。現在のさくら保育園の場所に移り、名前も変わった。以前の城山保育園でも働いていたことのある、さくら保育園園長の話では、移転時にはすでに像の姿はなかったという。

安城南部保育園

安城南部保育園・鉄の枠の支え

城山保育園にあった像
撮影・高橋一司

企業、個人蔵

白増《はくます》商店　石像　建立年不明（昭和11年にはあった）　高さ110センチ

事務所の奥、玄関横にある。家の人の話では、像は三河地震で倒れ、しばらくしてから足を修理して現在位置に設置したそうだ。この会社は、材木、肥料、（以前は米）、新聞店など多くの事業を経営してきたところ。祖先が「商人は勤勉に働くことが成功の鍵。」と教えた二宮尊徳を尊敬し、家族の教育のために作ったそうだ。

長坂石材　石像　建立年不明　高さ約60センチ

高棚小学校の金次郎像に関わっていると聞いたので、いきさつを教えてもらおうと作業場を訪ねた。作業場の敷地の奥に灯篭や墓石の見本に交じって小ぶりの個性的な顔立ちの金次郎像がおいてあった。昭和22年生まれの現在の社長のお父さんが作ったものだそうだ。大正生まれの先代は灯篭づくりが本職だったが彫刻も手掛けた。高棚小学校の金次郎像を作ったのは別の人だが、戦後、金次郎像の修理を校長先生に頼まれて直したそうだ。壊れた頭や足、本の部分を作って取り付け、現在の位置に設置した。ところが平成5年から8年ころ、暴走族が乗って倒したので今度は息子の自分が鉄骨を入れて修理した。という話だった。親子2代にわたって像の修理をしたという金次郎像と縁の深い石屋さんである。

白増商店

長坂石材

西尾市の二宮金次郎像

西尾市は平成23年(2011)に旧幡豆郡の幡豆町、吉良町、一色町と合併した。合併前の旧西尾市には14小学校中11校に金次郎像があり、像の無い3校中の1校は昭和57年の新設校。幡豆郡地域は11校中10校に像があり。像の無い小学校は戦後の新設校。ただし一色中部小学校には2基の像がある。他に中学校に2基と幼稚園に1基と民間所有の像があり、全部で26基を確認した。

小学校

一色西部小学校　石像　建立年不明(戦後のものか?)　高さ95センチ
築山上の石の台座に建つ。足元の切り株が大きく、安定のために改良された形だ。わらじ履き姿。

一色中部小学校　2基ある
校舎玄関内　木像　建立年不明(新しい)　高さ55センチ
股引、ぞうり姿。本には文字状の線が彫ってある。
玄関前の築山　石像　昭和9年6月建立　高さ108センチ

一色西部小学校

一色中部小学校・校舎玄関内の像

一色中部小学校・玄関前の像

ぞうり姿。本を持つ手と足先が傷んでいてセメントで補修してある。像と台座が不釣り合いである。以前の場所から移動してきたか、校舎を建て替えるときに一時避難して、その時足の部分が傷んだのかもしれない。台座裏に銘文があるが、摩耗して一部が読めない。

「伊左地膏(設)　注・(設)と(木)の文字は筆者の判読
伊右地丸(木)　台座下部はセメントの上塗りで見えない
縣下惣代□店　注・店の文字は筆者の判読。総代理店の意か
〇乙商會醫薬部」　注・〇乙は〇の中に乙の字で1文字の記号
醫薬は筆者の判読

後日、西尾市の図書館で加古文雄著の「年表でつづる一色町の歴史」(1976年11月30日印刷発行)を見つけた。1934年(S.9)の記事に「六月、一色尋常高等小学校に二宮尊徳の石造を鈴木乙吉が寄付し建立した」とある。これからすると一色中央小学校の金次郎像は鈴木乙吉氏が寄付したもので間違いない。乙吉氏は伊左地膏や伊右地丸といった有名な医薬品の取引を中心に問屋業で成功した人のようである。

一色東部小学校　石像　昭和9年建立か？　高さ140センチ

大きい金次郎像。左腰に印籠、右腰に斧、わらじ姿。周囲は四角く石囲いがある。以前はこの囲いの上に柵があったようだ。台座正面に「勤倹力行」の文字。裏面の文字は

一色東部小学校

「□□九(?・)年三月
□贈者　石川金次郎
□任(または仕?・)者(?・)　東部青年□」

注・九の字は読みにくい。判読したと読めるが、摩耗が大きく、読み違いがあるかもしれない。1行目の空欄は昭和とあるはず。像の大きさからして十九年の作ではないだろう。2行目も寄(贈者)の文字だろう。3行目の2文字目と3文字目の任と者の判読には自信がない。東部青年の下には團か會の文字があるのがふさわしいが、何とも言えない。

荻原小学校　石像　昭和11年11月建立　高さ122センチ

石像で股引姿の金次郎は珍しい。ぞうり姿。左足首などにひびがあり、セメントで補強してある。足元の切り株部分に「岡崎市中町　田中保正」「昭和十一年十月　中島兵右エ門」とある。前者は石工で後者は寄付者の名前。津平小学校の像と同じ作者であるが、津平小学校の像は股引ではなく、たっつけ袴の姿である。

白浜小学校　石像　建立年不明　高さ110センチ

白浜小学校は昭和33年(1958)に乙川小学校と宮崎小学校、それに吉田小学校の川東地区を統合して生まれた。校門横に建つ金次郎像は古く、統合以前のもののように見える。石像の足元が傷んでいて、セメントで補強してある。移築するときに折れたのかもしれない。「白浜小学校創立50周年記念誌　いのち輝く白浜っ子」

萩原小学校

白浜小学校

(平成20年2月17日発行)には統合前の3つの小学校の沿革史が載っているが、乙川小と宮崎小には二宮金次郎像の記事がない。吉田小には「1954年5月9日　二宮尊徳像除幕式」の記事がある。この像は現在吉田小学校に立っている銅像のことと思われる。(銅像の銘には昭和28年(1953)11月再建とあるが、除幕式は遅れて半年後に行われたと考えられる。)そこで乙川小学校と宮崎小学校のどちらかの像が移築されたのではないかと推測される。

津平小学校　石像　昭和10年8月建立　高さ125センチ

角ばった自然石の台座に大ぶりの金次郎像だが。柔和な表情で威圧感はない。目に瞳まで彫ってある。ぞうり姿。切り株部分に「岡崎市　石匠　田中保正」「昭和十年八月　大竹正康」と彫ってある。大竹氏は地元の名士だそうである。

吉良図書館で「吉良町誌」(1965年7月10日発行)を見たところ、第5章の小中学校の沿革の津平小学校のページ(284ページ)に「1934年(S.9)9月二宮尊徳先生石像除幕式」とあった。吉良町誌が間違っていると思うが、どうして年・月がちがっているのか不思議だ。

寺津小学校　石像　建立年不明　高さ120センチ

大石の台座。目に瞳が彫られ目力のある顔。わらじ履き。石像は腰の下で水平に線が入っている。傷んだので半身だけ作り直して切り継いだのだろうか。

津平小学校

寺津小学校

コンクリート製の古い校門は県下の刈谷高校や津島高校にあるものと同形である。大正末から昭和初期に新設された県立中学校で採用された最新技術の鉄筋コンクリート製の門がここにあるということは驚きであり、地域の人たちの教育にかける熱意を感じる。

中畑小学校　石像　昭和10年建立　高さ128センチ
金次郎の顔は目の位地が少しへこんでいてソラマメ形のかわいい頭。左腰に印籠を下げ、ぞうり姿。腰ひもの結び目のカーブが特徴的。共愛会寄付。

西尾小学校
初代　銅像　昭和9年5月建立　昭和16年供出
2代　石像　建立年不明　昭和20年地震により倒壊
3代　銅像　建立年不明　高さ85センチ　「鉄堂」の刻印
学校に金次郎像の調査に行くと、教頭先生が調査に興味を持たれて沿革をまとめた本を見せてくださった。隣で話を聞いていた男の先生が「もっと古い資料があるはず。」と言って自ら倉庫を探しに行かれ、またデジカメで像の写真を撮りにいかれた。最後は校長先生が明治以来書き継がれた沿革誌の原本を持って出てこられた。撮ってきた写真には台座の裏に「寄付者　昭和九年五月二十日　鈴木丈八
鈴木志やう」と写っていた。志の字には濁点があるようで「じょう」と読むのか

西尾小学校

中畑小学校

もしれない。来た時に見た時には気づかなかったので帰りに確認に行ったが、像はびっしり生垣で囲まれているので近づけない。石垣に上がってのぞき込むとようやく文字が見えた。

さて先生方と沿革誌を調べたところ「昭和九年六月六日　二宮尊徳先生銅像（鈴木丈八氏寄贈）除幕式を行ひ職員児童参列す。」とあった。話は合っている。その後をたどると「昭和十六年十二月四日　二宮尊徳翁銅像告別式」とあった。現在は「告別式」というと葬儀の意味で使うことが多いので先生方は違和感を持たれたようだ。金属供出としては早い。多くは十七年なので初めはこの文を見逃した。一緒に点検していた先生が見つけてくれた。次は「昭和二十年一月十三日　本地方再度震災児童死亡二十五名　二宮石像倒壊」の記事。十九年の東南海地震では死亡児童が無かった。この三河地震の時には金次郎像で倒壊したものがたくさんある。それより重要なのはこの時にはすでに金次郎像が再建されていたことである。全国に「二宮像は再建せず、聖戦が勝利した時に再建しましょう。」という通知があったのに、である。

これらの記事を総合すると、現在の像は3代目ということになる。残念ながらこの日2代目、3代目の像がいつ誰によって建てられたかということまでは突き止められなかった。時節柄、学校の情報を外部に漏らして思わぬ批判を受けることになってはいけないということで、調査に行くと警戒されたり、細かく訪問の意図を尋ねられるのは仕方ないが、西尾小学校ではオープンな雰囲気の中で現場の先生方と一緒に金次郎像の調査ができたのはありがたかった。一番役に立つ資料は校長室の奥にある学校沿革誌であるが、そこまで見せてもらえる機会はなかなかないのである。

西野町小学校　石像　昭和10年2月建立　高さ130センチ

学校は昭和59年3月に全面移転した。大きい金次郎像が無事引っ越せたのは、背中の薪がやや少ないことと、支えの役割を果たす切り株部分が異常に大きいせいでもあろう。像は左腰に印籠、わらじ履きの姿。襟元が下の方まで開いていることが他の像と少し違う。

幡豆小学校　銅像　昭和27年9月建立　高さ110センチ

金次郎像は左腰に斧、わらじ履きの姿。左腕、左袖にひびが入っている。台座石の表に銅板で「報徳」。裏に「昭和二十七年九月建之　幡豆小学校PTA」。

東幡豆小学校

初代　石像　詳細不明

2代　石像　昭和26年度建立　高さ100センチ

裏門脇にある金次郎像は、かつては正門脇に建てられていた。現在、正門脇には地元の功労者、渡辺義知氏の座像がある。この人は学校設立のほか、町会議員、郡

東幡豆小学校

幡豆小学校

西野町小学校

会議員などを歴任、土木工事、区有林の造林事業に尽力した人である。幡豆町が作った「幡豆の石造物」という本の92ページには金次郎像の建立年として昭和二十六年度とあるが、寄進者の記述がない。幡豆中学校では昭和26年度の卒業生が金次郎像を寄付しているので、ここも卒業生の寄付かもしれない。

ぞうり姿の現在の像は2代目。学校では古い記録が失われて詳しいいきさつはわからないが、壊れた初代の像は長らく放置されていたようで、偶然発見されて近くの千手院に供養をしてもらったとのこと。学校裏にあるその寺を訪ねて住職さんから話を聞いた。それは平成23、24年頃のことで、今も奥にお祀りしてあるが、「精」が入るといけないので見学はできないということであった。

花ノ木小学校　石像　建立年不明　ひざ上の高さ80センチ（元は100センチほど？）

福地北小学校　石像　昭和9年6月　高さ108センチ

築山の中。ぞうり姿。台座上部に「贈　昭和9年6月　細池　岡田啓治　岡田顕治」。下に「二宮金次郎石像移転　昭和56年3月」とある。啓治、顕治氏は父子。

福地南小学校　石像　建立年不明　高さ98センチ

首と両足首に修理した跡が見える。破損後の再設置の具合が悪く像は全体にやや左に傾いている。逆に首はやや右に傾いており、そのせいか顔の表情も苦しげに見

福地南小学校

福地北小学校

花ノ木小学校

える。左腰に印籠のようなものが見えるがはっきりしない。技術もやや稚拙か？

平坂小学校　石像　昭和8年11月建立　高さ160センチ

大きい像であり、顔も大人のようである。ぞうり姿。後ろに鉄の支柱がある。左側に小さい石の標柱があり「昭和八年十一月　寄附人　石川若次郎」とある。

三和小学校　石像　昭和8年10月建立　高さ140センチ

石作りの高い台座上に自然石を乗せ、その上に建つ像は見上げる位置にある。切り株もなく、二本足だけで立っている姿はよほどバランスがいいのだろう。大柄な像だが表情にはあどけなさがある。左腰に印籠。足首にはひびがある。台座裏には「昭和八年十月　寄附者　長谷川榮」とある。

「三和小創立80周年記念誌」の「学校の沿革」の17ページには「昭和8年10月　運動場を拡張完成。二宮金次郎像、乃木大将像設置。」とある。現在、金次郎像と少し離れたところに校訓の「和」の像がある。その台座は金次郎像と同形で、裏には「昭和八年十月　寄附者　伊奈教順　渡辺助三郎　牧野医院」。とある。その下に別に「和之像　昭和四十五年一月　校舎竣工記念建立　制作　牧野正次」と彫った黒石がはめ込まれている。また説明看板には「台は昭和八年校地が広げられたことを記念してたてられた乃木大将像の石を使いました。」とある。ここでもペアで建てられた像のうち乃木像だけが戦後撤去され、別の像に置き換えられたのである。乃木

平坂小学校

三和小学校

三和小学校　和之像

像を寄付した牧野医院と和の像を製作した牧野正次氏には関係があるのだろうか。

矢田小学校　石像　昭和11年建立　高さ100センチ

ぞうり姿。台座石の正面に「よく学び　二宮金次郎像」。裏には「二宮金次郎（一七八七〜一八五六）像　明治三十一年本校の卒業生村田春三郎氏が昭和十一年に寄贈　平成十二年三月二十四日　中校舎竣工を祝う会実行委員会　題字　西尾市教育長　名倉庸一書」とある。

横須賀小学校　石像　昭和8年5月建立　高さ121センチ

金次郎像は校門のすぐ左。横に金次郎の歌の歌詞が書かれた看板がある。金次郎の像は左腰に印籠、ぞうり姿。台座正面に「表彰記念」裏には「昭和八年五月三日職員在校生卒業生一同」とある。大きな表彰だったのだろう。

吉田小学校

初代　銅像か？　昭和11年11月建立

2代　銅像　昭和28年11月建立　高さ110センチ

築山の上の高い台座に銅像がある。築山は石柱と鎖で囲まれている。像は腰に斧、わらじ、股引姿である。台座正面の銅板には「至誠勤倹譲」の文字、裏面の銅板には「創建昭和十一年十一月　大正五年三月高等科卒業生同級会　再建　昭和廿

矢田小学校

横須賀小学校

吉田小学校

八年十一月」とある。台座には「岡崎市　鋳造　藤原貞造　石匠　今井新太郎
当町　庭師　兼子義男」と彫ってある。

＊創立百周年記念誌の「吉小一世紀」に金次郎像の写真が載っているが、記事はない。

米津小学校　セメント像？　昭和9年建立　高さ120センチ

頭部がやや大きい。左腰に印籠、ぞうり履き。ひびが入っており本の部分に欠けあり。後ろの切り株に笹の文様。右手に高さ50センチの小さい石柱がある。正面に「右奉(?)聖(?)道」向かって左に「左足柄道」とあり、金次郎の故郷の村の道標《みちしるべ》のように作ってある。裏面は「寄附者」、向かって右は「澤戸平三郎」と彫ってある。

「米津小の百年」(昭和60年3月14日発行)によると「昭和九年八月二日　二宮金次郎石像除幕式。(澤戸平三郎寄贈)」(132ページ)とあるが、同誌によれば米津小学校には戦前、乃木大将や山本五十六元帥像もあったことが書かれている。

157ページには「軍神乃木希典大将の石像が戦争謳歌の中で、各地の学校に建立されました。米津校では明治三二年生まれの同年会一七人が石像を小学校に寄付しました。玄関の西隣に建立され、昭和一三年四月二九日に除幕式を行いました。しかし敗戦により、二一年五月一一日に撤去し、一時寄附者の一人米津保治の庭に埋めたのですが、その後米津神社境内の日清日露戦捷記念碑の前に建てられ今日に至っています。―(中略)―これまた軍神と崇められた山本五十六元帥の石像が昭和一九年に明治三六年生まれの同年会によって建てられました。―(中略)―

米津神社　乃木大将像

米津神社　山本元帥像

米津小学校

この像も現在は米津神社境内で乃木大将石像と並んで建っています。」とある。188ページには昭和19年12月7日の東南海地震で「奉安殿前の石灯籠や山本元帥石像が転落した。」とも書かれている。

米津小学校の近くにある米津神社に入ると左手の木立の中の高台に大きな戦捷記念碑がある。右手前に山本元帥の像、左手前に乃木大将の像がある。山本元帥の台座には「昭和十九年三月建之」とあり、寄付者21人の名前が彫ってある。山本元帥大将の方は「明治三十一年同年生　(寄付者氏名)　昭和十五年一月」となっている。乃木「米津小の百年」では昭和13年除幕式となっているので、資料による数字の違いが気になる。

その他の学校等

幡豆中学校　石像　昭和26年度建立　高さ65センチ
立派な台座石の上に少し小ぶりな石像。台座石の正面に「昭和二十六年度卒業記念」の文字。東幡豆小学校と同じく建立は27年3月かもしれない。

平坂中学校　石像　昭和33年3月建立　高さ90センチ
創立10周年記念　平中同窓会寄付。金次郎像は南門脇の築山に建つ。足首に補修した跡が見える。石の台座に校訓の「自修」の文字が彫ってある。

平坂中学校

幡豆中学校

西尾幼稚園　石像　建立年不明　高さ77センチ

現在は市立だが、元は私立の古い歴史を持つ幼稚園。沿革の簡単な記録では「明治24年9月開園　私立西尾幼稚園設立　須田町辻利八氏他篤志家、大正12年4月開園　西尾幼稚園設立　本町鳥山伝兵衛氏他篤志家、大正13年9月1日　西尾町立西尾幼稚園発足　西尾町移管のため、昭和28年12月15日　西尾市立西尾幼稚園となる　市制移行による」とあるのみで金次郎像については不明。幼稚園はかつてお城の歴史公園の場所にあり、以前通った人の記憶では60年前には像があったそうだ。昭和60年に新園舎竣工移転となり、金次郎像も一緒に移転した。

企業、個人蔵

よしざき

「よしざき」というフォークリフトなどの機械修理会社の入口にゴジラや招き猫とともに金次郎の石造が飾ってある。社長の趣味という。

よしざき

西尾幼稚園

知立市の二宮金次郎像

知立市には、知立小学校、猿渡小学校、来迎寺小学校の3つの小学校と知立神社の計4か所に金次郎像がある。

金次郎像を知立小学校に寄付した明昭会（明治33年、34年の卒業生）の会員名簿に母校の教育向上を願って寄付をしたいきさつが記されている。（昭和52年発行の「知立市史」259ページ）参考になるので紹介する。

「昭和一〇年度　三月総会を催し有志等児童教育の向上の資且又我々として母校を離れざる護念等この発意より母校に二宮尊徳翁幼時の石尊像建設を思立ち一同協議の結果、異議なく可決依て急に二宮尊徳像土台は自然石を以て組上身長四尺の石像を安置し四月廿九日天長の佳節に開眼安置の式を厳修し学校並に町当局に寄附採納を了す」（中略）「金額費用左の如し　一、金　卅五円　石像　金卅三円九拾八銭　自然石手間代並に下木代　金　五円　神饌料　金　七円　児童に配施の鉛筆千本代　金　参円　学校へ酒香の物　総計　八拾参円九拾八銭也」（原文の仮名はカタカナ表記）

猿渡小学校　石像　昭和15年3月建立　高さ110センチ

ぞうり姿。台座石の裏側に「昭和十五年三月　寄附人　野々山文吉」とある。

猿渡小学校

知立小学校　石像　昭和10年建立　高さ124センチ

金次郎の表情は力強い。目は眼力があり、口はやや開いて本を朗読しているよう。左腰に印籠。袴のひだは深く、わらじのひもも太い。

[知立小学校の東郷元帥像について]

戦前には二宮金次郎像のほかに乃木大将や東郷元帥の像が建てられていた小学校が県内にいくつかある。(他市のページ参照)

「知立小学校百年誌」(昭和48年9月20日発行)には戦前、東郷元帥の像があったことが載っている。ところが61ページの昭和10年の記事に金次郎像のことは載っていない。(本書では「知立市史」に依って建立を昭和10年とした。)以下「百年誌」によると、64ページの昭和14年の記事に「1月　校訓「至誠一貫」を制定　2月　東郷元帥銅像建立」とあって、66ページの「相撲大会優勝記念」の写真の背景に東郷元帥の銅像が写っている。69ページの「昭和16年3月卒業記念」の3枚の写真のうち職員写真の背景にも写っている。校舎南側に建てた像だから校舎を背景に記念写真を撮れば自然と写る。良い背景なのだろう。ところが75ページの「昭和22年3月卒業記念」の写真には背景に金次郎像が写っている。場所は同じ校舎前だがよく見ると少しずれていて、校舎の中央玄関の右側である。(玄関が左後ろに見える。)戦前の写真では玄関が右後ろに写っている。これからすると、校舎玄関の左側に東郷元帥銅像があり、右側に二宮金次郎像があったことがわかる。(東栄町の旧中設楽小学校も全く同じようになっていた。中設楽小学校では金次郎と乃木

知立小学校

大将の組み合わせだったが戦後もそのまま建てられていたことが特異的である。）
軍国主義時代には東郷元帥像を背景に、それが無くなった戦後は二宮金次郎像を母校のシンボルとして写真を撮ったのだろう。東郷元帥の像は昭和17年の金属供出で撤去されたと思われる。76ページの昭和24年の記事に「7月　「心に太陽をもて」の塔建立」とあり、写真も掲載されている。台座の上に乗った球形のモニュメントはその校舎左側の位置と台座の形からして、以前東郷元帥の像が建っていた台座の上に取り付けたものとおもわれる。岡崎の矢作南小学校、西尾の三和小学校でも乃木大将像を撤去した台座に同様のモニュメントが作られている。

来迎寺小学校

初代　材質不明　昭和10または13年建立
2代　石像　昭和33年建立　高さ90センチ

金次郎像は珍しく右腰に印籠。ぞうり姿。彫り跡がシャープだと思ったら台座に「昭和三十三年度　卒業生再建」とあった。夏休み中だったが出勤しておられた先生が資料を探してくれて、初代の金次郎像のことを調べることができた。「本校92年の歩み　1965」という記念誌の昭和10年度の記事に「運動場拡張、二宮金次郎像建設（10、12、8）」とあった。（昭和48年発行の「来迎寺小百年のあゆみ」で巻末の年表に昭和10年に金次郎像建設とあるのは前掲「92年の歩み」を引き継いだと思われる。）ところが昭和52年発行の「知立市史」中巻の258ページには「来迎寺小　昭和

来迎寺小学校

一三年建立　佐野伝次郎・加藤信次寄付」となっている。寄付者の名前もあって

こちらの方が詳しく、正確な記述のように見えるがどちらが正しいか。

知立神社　石像　建立年不明　高さ105センチ

像は目立たない場所にあるので、神社の人に教えてもらった。ぞうり姿。素材が

柔らかな石だったのか、顔の表情が良くできている。

知立神社

高浜市の二宮金次郎像

高浜市には5つの小学校がある。戦前からの歴史を持つ3校にはすべての学校に二宮金次郎像があり、新設の2校にはない。

高取小学校　石像　昭和12年建立　高さ140センチ
像は、かつては高台の上でよい場所にあったと思われるが、現在は校舎の建て替えなどにより校舎と校舎に挟まれた狭い場所にあって案内がないと見つけられない。像は丸顔、ぞうり姿。台座裏に「卒業記念　昭和十二年　兵藤みずほ」とある。

高浜小学校　石像　昭和8年建立　高さ140センチ
校門前左手に二宮金次郎像、右手校地内に楠木正成父子像がある。金次郎像は左腰に印籠を持つ。台座横に「昭和八年　高浜田戸　服部梅吉」とあり、裏には「岡崎石匠　板倉若太郎」と彫ってある。
楠公像は陶製で「還暦記念　焼成　森五郎作　同刻　窓庄　昭和二十九年十二月」とある。

吉浜小学校　石像　昭和8年建立　高さ120センチ
像は左腰に印籠、ぞうり姿。セメント台座の上段の石にヒビあり。台座裏に「昭和

高浜小学校

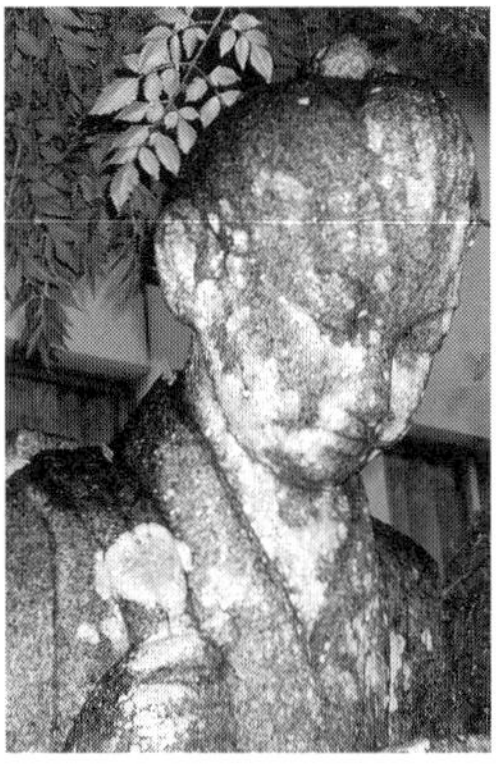

高取小学校

八年三月卒業生」と彫った新しい石がはめてある。高橋氏のメモに寄付者として「高浜田戸　服部梅吉」とある。

吉浜小学校

高浜小学校　楠木正成父子像

みよし市の二宮金次郎像

みよし市には8つの小学校がある。名古屋、豊田のベッドタウンとして人口が急増して小学校が増設されたが、戦前から続く古い3校のみに二宮金次郎像がある。

中部小学校　セメント像　昭和9年建立説　高さ107センチ

大きい石の台座上に金次郎像はある。左腰に印籠。本の角が両方とも折れている。脚絆にヒビ、足の先も欠けている。足を支えているのは切り株ではなく雲形のもの。

南部小学校　石像　昭和11年建立　高さ95センチ

像はセメント製の台座上にある。ぞうり姿。左足に切り株形の支柱。台座表に下記の文字。「名古屋新聞社主催　牛に曳かれて善光寺参り記念　昭和十一年三(二)月二十一日　寄贈　下明知　伊藤春吉」。

「三好なんぶ　100周年記念　1973」誌の33ページに除幕式の記事と写真が載っている。

北部小学校　セメント像　昭和10年9月建立　高さ123センチ

裏門のそば、木立の中の石碑が並んでいる場所にある。金次郎像は台座なし。セメントが劣化して顔の表情もよくわからない。姿は右足が少し前に出ているだ

中部小学校

南部小学校

北部小学校

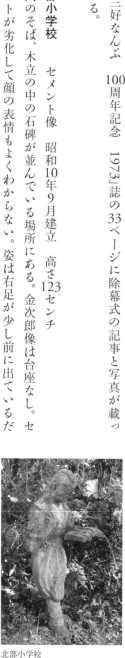

けで、歩いているというより直立に近い。背中にあったはずの薪(柴)がなくなっている。三好町誌(昭和37年9月20日発行発行)の小学校の沿革の項に、「昭和10.9.26　二宮尊徳の石像設立完成する。」(308ページ)とある。顔がくずれる程もろい石製なのだろうか。

幸田町の二宮金次郎像

幸田町には6つの小学校がある。昭和55年に新設された中央小学校以外の5校は戦前からの歴史を持ち、みな二宮金次郎像がある。幸田小学校には2体の金次郎像が存在する。中学校にはない。他に神社と店舗に2基あり、町内には合計8基の金次郎像がある。

坂崎小学校　石像　建立年不明　高さ約90センチ

校門から入って正面の校舎入口横の築山に立つ古い像である。学校の説明によれば、校舎建て替えのとき倉庫にあったものを再建したという。なぜ長らくしまわれていたかはわからない。「平成5・6年度同窓会事業　山本康司（西ヶ崎）」とあるのは再建者のことだろう。

幸田小学校　2基ある

校門近くの像　石像　昭和3年9月建立　高さ100センチ

校門を入ってすぐ。職員入口の左手側の小さな植え込みの中に立つ像。古くて風化が見られる。頭が大きく5頭身くらい。股引をはき左腰に斧を挟む。顔の表情は素朴で力強い。足を左右に少し開き、両手で本を持つ珍しい姿。右足が折れていて鉄棒で支えてある。素朴な形はまるで「田の神様」か「大黒様」の像のように見

坂崎小学校

える。我々がよく見かける金次郎像とは少し違う。

現在見かける金次郎の姿はほとんど片手に本をのせ、片手は背負子のひもを持ち、片足を前に踏み出す姿である。この形の石像は昭和の初めに岡崎の石工たちが東京から招いた彫刻家から指導を受けて作ったものが最初である。また重い石の重量バランスをとるため、股引姿ではなく、裾がひろがった形の裁着袴《たっつけ》にしたのもかれらのアイデアである。この形を原型にして大量生産できるようにし、製品の価格を抑えたことにより、岡崎の石屋は日本各地に金次郎像を販売することに成功した。

幸田小学校の像がそのような形ではなく、素朴な形であるのはなぜか。「120年のあゆみ　幸田小学校沿革史(平成6年発行)」にこの像に関する記事がある。像は岡崎市明大寺の山本七三郎氏の寄贈によるもので、昭和3年9月13日に除幕式を行ったとある。ちょうどこのころ、となりの岡崎の町では一部の石工が新しい美術彫刻の制作を始めていたのだが、この像はその動きとは無関係に地元の石工が石仏を彫る伝統的な技法で作ったものだろう。昭和初期に全国の学校に建てられるようになった石の金次郎像の始まりは昭和3年9月15日から11月30日まで開かれた御大典奉祝名古屋博覧会に岡崎の石工長坂順治が出展したリアリズム彫刻の金次郎像だとされてきた。伝統派と革新派がほぼ同時に同じテーマの作品を作っていたことが興味深い。古い形の幸田小学校の像が時間にはわずかに二日早かったのだが、世間に広まったのは岡崎の石工たちの像だった。

幸田小学校・校門近くの像

幸田小学校・中庭の像

中庭の像　石像　昭和18年建立　高さ約100センチ
もう1つの金次郎像は運動場側の植木の間にある。やや大きめの像で腰に印籠を付けている。足にはわらじではなくぞうりを履いている。「120年のあゆみ　幸田小学校沿革史」によると、幸田尋常小学校の卒業生で、東京で成功を収めた加藤新平氏の寄贈で、昭和18年5月10日に除幕式が行われた、とある。当時の校長が学区の人とともに寄付を頼んだ、とされる。（すでに1基あるのに依頼したのは近隣の小学校に普及した芸術的金次郎像と比べて初代の金次郎像が田舎臭く野暮に見えたのだろうか。）

豊坂小学校

初代　材質不明　昭和8年建立
2代　石像　昭和28年4月建立　高さ約100センチ
平成14年発行の「豊坂130年のあゆみ」という学校史に詳細な歴史がまとめられていて、いろいろ参考になるが、金次郎像については資料不足だったのか説明が少ない。「報徳精神と二宮尊徳像」の項目の豊坂小学校に関する部分は次のようである。
「豊坂小学校の二宮像は、その建立の時代ははっきりしておりません。戦後、修身の教科もなくなり、軍国教育の遺物とかで二宮像は台座からおろされ、土中に埋没したり（ママ）、校庭の片すみに追いやられてしまいました。豊坂小学校も新校舎の建設時に体育館の横に移転し現存しています。」（35ページ）

豊坂小学校

この文章は難解で訳が分からない。文脈から推測すると戦前に建てられたようにも読めるが、なかったとも読める。戦後の部分は一般論を述べているようで、撤去されたり、埋められたり、校庭の片すみに追いやられた例を挙げてはいるが、豊坂小学校ではどうだったかは書いてない。「豊坂小学校も…」という文では、その後の経過説明もないまま、今も残っている、ということしかわからない。もし撤去とか埋められたのなら、再建とか掘り起こしたかの説明がいる。この文には二宮金次郎像の写真が1枚ついていて「昭和28年4月建立　総工費32,100円　六栗　鳥居朗男様」と説明がある。ここでは建立とあるが像を再建したのではないだろうか。もしそうなら初代金次郎像はどうなったのだろうか。学校史では要領を得ず、後日学校に出かけて実物を調べた。

現在立っている金次郎像は学校史に載っている写真と同じもののようだ。左の腰に印籠を下げている。像が立っている台座は古い石で、裏面に四角い枠が作ってあり、「昭和八年三月　購買部　農業部」と彫ってある。少なくともこの台座だけは初代のものと思われる。当時の学校には購買部　農業部という組織があったのだろう。金次郎像の左足に接する切り株部分の裏に「昭和六年尋常科卒業生昭和二十八年四月再建」と彫ってある。この卒業生が寄付者の鳥居朗男氏ということになる。また像の右手に1メートルほどの石柱があり、「きんじろうさん」とひらがなで彫ってある。石柱右手は植え込みの枝が伸びて見にくいが、「体育館竣工　昭和三十三年十二月二十日」と読める。現在像がある場所は学校史が述べる体育館の横ではないので。28年に再建した像が、33年に体育館建設のため移転したのだろう。まだ謎は残る。

荻谷小学校　石像　建立年不明　高さ約90センチ
左腰に印籠を下げた金次郎像。その他の手掛かりがない。ここも今後の調査が必要。

深溝小学校
初代　銅像　昭和11年10月建立　戦時に供出
2代　石像　昭和18年建立　高さ約110センチ
腰に印籠を下げた金次郎像は高い台座の上にあり見上げなくてはならない。
台座正面に「二宮尊徳先生幼時之像　喜徳書」という銅板がはめてある
台座の石、向かって右側に「寄附者　額田郡医師会長　（注・医と会は旧字）
仝　学校医会長　大澤純彦」
向かって左側に「昭和十一年十月健之」
裏面の基壇に「岡崎市中町　石匠　磯谷庄吾郎」と彫ってある。
平成5年発行の「深溝小学校のあゆみ」に二宮金次郎像の写真と像の説明文がある。
昭和11年10月　建立
昭和17年12月5日　二宮金次郎銅像供出
昭和18年7月12日　二宮尊徳石像除幕式

荻谷小学校

深溝小学校

これによれば初代は銅像で、銅はすべて供出されたのだから現在台座にある正面の銅製の銘板は戦後作り直したものだろうか。現在立っている石の金次郎像は2代目だが、台座に彫ってある年号は初代のものだ。特に訂正がないということは2代目の像も同じ大澤氏が寄付したのだろう。

正面に「二宮尊徳先生幼時之像」という題字がある。昭和7年の5・15事件で政党内閣は終わりを告げた。以後は軍部の意向に沿った内閣しか生まれない。事件後成立した斉藤内閣は挙国一致を唱え、不況克服と、自由主義、社会主義の広がりと政府批判を抑えるために二宮尊徳を持ち出し、「勤倹力行」をスローガンに「農村自力更生運動」「国民精神作興運動」を展開する。これに便乗して岡崎の石材業界は文部大臣鳩山一郎らを担ぎ出して「二宮尊徳先生少年時代像普及会」を結成した。(鳩山文相は昭和8年に思想弾圧とされる京大の滝川事件を起こした人物。)国民の中から起こった二宮尊徳への関心を国策としておかしな方向へ持っていく動きがここから始まる。結果として岡崎の石材業者は金次郎像の販売で大いに儲けたわけだ。この像の題字はそうした背景を想起させてくれる。

六栗神社・八幡宮

初代　銅像　昭和9年建立　戦時に供出

2代　石像　平成10年ころ建立　高さ62センチ

岡崎小学校の校長であった越山周三郎(周山)氏が銅像を建立。戦時中供出し、以後長らく台座のみであった。台座には「立身斉家而以守国土　昭和九年秋　周山建」とある。氏子総代の方の話では「昭和15年生まれの地元六栗の氏子4名が初老記念で再建した。」ということだった。初老とは40歳の異称で、記念というのは厄年（42歳）の記念とすれば再建は昭和55年から57年ころになるのだが、平成10年発行の岡崎地方史研究会「研究紀要」第26号に「像は現存しないが、台座は当時のもの」（15ページ）とある。初老記念が還暦記念の意味であれば再建は平成10年ころになる。これは神社近くに住む別の人の「20年ほど前」という記憶と矛盾しない。

仏具店「阿弥陀堂」　石像　高さ約100センチ

唱歌「二宮金次郎」の歌碑とともに店頭にある。

六栗神社

阿弥陀堂

二宮金次郎像の成立

一、二宮金次郎の図・像の歴史

二宮金次郎のイメージは、小学校にある像、薪を背負って本を読む少年の姿である。通常我々が見かける人物の像は歴史や社会に功績を上げた人物の晩年の姿が多い。ところが死の直前まで荒廃した多くの農村を復興させる事業に取り組んだ晩年の姿の像を見た人はあまりいない。もちろん全国的に見れば尊徳晩年の姿の像はいくつか実在する。しかしまだ社会に対して大した功績も上げていないはずの少年の姿の像の圧倒的数の多さとその影響力にはかなわない。

1 人物図

二宮尊徳の肖像画

二宮尊徳は自分の肖像を描かれるのを嫌ったが、小田原市にある尊徳記念館には天保3年(1833)に小田原藩士の岡本秋暉が56歳の二宮尊徳を隣の部屋からひそかにスケッチした絵が収蔵されている。これをもとに完成されたのが小田原市の報徳二宮神社にある尊徳坐像である。この肖像画が最も古く、また眼光鋭く容貌魁偉、といわれた尊徳の姿をよく伝えていると思われる。(小田原市尊徳記念館には「尊徳稲田検分の図」もある。刀を差し羽織股引姿で村を巡回する姿であるが、これは明治になってから書かれた想像図である。)

ところが、岡本秋暉の図とはずいぶん印象の違う肖像画がもう1枚ある。それは第1期国定教科書の「修身」に載った挿絵で、その容貌は丸顔で円満そうな人柄を思わせる図である。余りにも印象が違うので当初は教科書的配慮の産物かと思ったが、こちらの肖像にもそれなりの根拠があった。掛川市の大日本報徳社本社に社宝となっている二宮尊徳の顔のスケッチ像である。のちに静岡県の報徳社運動発展の基礎を作った岡田佐平治が掛川から同志らと日光の尊徳宿舎を訪ね、初めて直接教えを受けた時に書いたものである。嘉永6年(1853)、尊徳67歳の時の像である。のちに画家春木南溟が全身坐像として完成させた。丸い顔は尊徳の息子二宮弥太郎の写真とよく似ている。教科書の挿絵は春木南溟の絵が元になっているようだ。

岡本秋暉筆　尊徳坐像　尊徳記念館蔵

蜘ヶ池報徳社所蔵の掛軸
春木南溟の絵が元となっていると思われる

幸田露伴著　「二宮尊徳翁」口絵

二宮金次郎の図

少年金次郎の図が初めて登場するのは明治24年(1891)に、幸田露伴が少年向けの文学として著した「二宮尊徳翁」の中とされる。木版色刷りの2枚の口絵の1枚目にまず負薪読書姿の金次郎像が登場する。2枚目には正装した晩年の姿が載っているが、こちらは絵として面白みがない。元気いっぱいの少年が働きながらも一心に本を読む姿は、今の私が見ても新鮮でかつ力強い魅力的な絵である。この絵の魅力がその後の金次郎図に与えた影響は大きいと思われる。「負薪読書」は尊徳の高弟、富田高慶が著した「報徳記」にある少年時代のエピソードの一つであるが、少年たちに働くことと学ぶことの大切さを教えたいという幸田露伴の目的にぴったりだと考えられたのだろう。一方この絵について井上章一氏(以下敬称を略す)は「ノスタルジックアイドル二宮金次郎」(新宿書房1989年発行)の中で「負薪読書」図のアイデアは当時すでに翻訳されていたバンヤンの「天路歴程」の冒頭にある「手には一冊の書物を持ち、背には大きな荷を背負って」と書かれた人物の挿絵をネタにしたのではないか、と述べている(26ページ)。当時は挿絵の構図は作者が指定することが多かったから「報徳記」の「採薪の往返にも大学の書を懐にし」という部分の類似性にヒントを得て幸田露伴が絵師に指示したのではないかという仮説である。「天路歴程」は宗教書であり、内容は金次郎の生涯と全く関係ないが、考えてみればピューリタンの禁欲的生き方が通底するのかもしれない。

2年後の明治26年には京都四条派の日本画家幸野(埜)楳嶺が「秋日田家図」を発表した。絵柄は山道を家に下る少年像で、大きな柴を背負い手に書を持つ姿は金次郎に間違いない。この絵はシカゴで開かれた世界博覧会に出品されている。幸野楳嶺は明治22年にもパリ万国博覧会に「二宮金次郎勉学図」を出品している。残念ながら現在所在が確認されていないのでどのような図柄だったのかわからない。ひょっとするとこれが最古の金次郎像だったのかもしれない。明治26年には「小学修身経入門」という教科書の「第二十課　二宮尊徳」に金次郎の負薪読書図が載っている。

教科書が国定となる明治36年までの民間教科書時代

には修身や読本(国語)で二宮尊徳のことがいくつも取り上げられている。ところが国定教科書になってからは小学校では修身の教科書で少年時代だけを習うことになってしまった。しかし国定教科書には山仕事をする図、夜なべ後に読書する姿の図はあるが、負薪読書姿の図は5回の改訂があったにも関わらず昭和20年(1945)まで1度も登場しなかった。それでも金次郎の負薪読書姿のイメージは消えなかったようである。前述の井上章一は、「引き札」(明治から大正時代につくられた商店の宣伝刷り物)のデザインとして使われ、大量配布されたため人々の脳裏に焼き付いたのだろう、と述べている。昭和になると多くの学校に像が建ち、負薪読書姿が絶対的イメージとなる。もっとも背中の薪《まき》は本来は小枝の柴《しば》のはず。技術的問題から石像では薪になった。入会地の山に入って勝手に木を切ることは許されなかった。銅像では細かい柴の束を背負っているが、その量では商売にならない。本当は大きな束を2つ作り、「つきん棒」の両端で突き刺し、それを天秤棒のように担いで運んだらしい。

2 金次郎の彫像

彫像の成立史についてはすでに研究者の高橋一司氏の詳しい研究があるが、その論文等が一般向けの書籍ではないため、ほとんど世間に知られていない。もったいないので、他の研究者の成果もできる限り併せて、金次郎像のたどった歴史を紹介したい。

主な引用文献（その他の研究は本文中に注記した）

「ノスタルジックアイドル二宮金次郎」井上章一（新宿書房）…以下「ノスタルジック」と略す

「二宮像をさぐる」高橋一司（ガリ版・私家本）昭和43年11月18日発行…「さぐる」と略す

「報徳精神と二宮尊徳像の建立」

愛知県教育委員会発行の「教育愛知」・昭和44年1、2月号に掲載の「愛知県教育100年史」の第5章である。（中西光男と共著。5章は高橋が担当。内容は上記「二宮像をさぐる」の像の由来の部分をほぼ要約したもの。…「尊徳像の建立」と略す

最初の銅像

明治43年（1910）9月、東京彫工会に二宮金次郎勤勉像が出品され、来場した明治天皇はこれが気に入り、お買い上げとなった。製作者は岡崎雪聲で、第2回文展の入賞者である。高橋一司によれば、加藤仁平著の「日本新興報徳の実行力」（昭和16年8月第一書房発行）の扉の写真解説文に「高さ一尺五寸三分（台とも）台円型、直径五寸四分、厚さ四分五厘、山崎知治刻の字を刻せり」と書いてある。（「さぐる」、「尊徳像の建立」の両著より）不勉強で山崎知治という名前は聞いたことが無いが、岡崎雪聲の本名なのだろう。大正10年（1921）、明治天皇の遺品の一つとして金次郎像は宮内省から明治神宮の宝物殿に納められ、一般の参観が許されることになった。これにより一般国民もこの端正な姿の像を見られるようになった。のちに小学校に建つ金次郎像を作った鋳金師の慶寺丹長や彫刻家の多和田泰山などもこの像を研究に訪れ、大きな影響を受けた。

東京彫工会に二宮金次郎勤勉像が出品される直前、報徳会発行の雑誌「斯民」8月号に岡崎雪聲作の金次郎像の広告が載った。新橋の生秀館という美術店が銅像一体正価四十五円、予約価三十五円、五百体を限定販売するという予約募集の広告である。あまりに高価な床の間の

観賞品であり、また当時は金次郎ブームも起きておらず、反応はあまりなかったと想像される。展覧会がどれほど話題になったか不明だが、9月号以降に再び広告が出ることはなかった。(「ノスタルジック」80ページ)もし他にも金次郎像を製造販売しようと考えたものがあったとしても、明治43年の一般国民の経済力では床の間用の高価な鑑賞品を買える余裕はなかった。

幕末から明治初めに一部の地域で開明的地主が中心となって、二宮尊徳の思想に依拠して農村振興事業に取り組む共済的農民組織「報徳社」の結成がはじまった。明治10年代から20年代にかけて相模、駿河、遠江、三河地方に多くの報徳社が結成され、農民の生活向上に一定の成果を上げた。日清、日露戦争を経て日本は強国の道を進もうとしたが、それは、更に重い税金を国民に強いた。大正期に入って第一次世界大戦の特需ブームが日本の資本主義を一気に発展させた。しかしその後、戦後不況、関東大震災、恐慌などが続いて社会は大きく動揺し、都市では労働者のストライキ、農村では小作争議が頻発した。社会不安と社会主義思想の広がる中で、安定を求める支配層は「勤労、勤倹」「報恩、報徳」を唱える二宮尊徳に注目し、その思想を国民へ普及させる政策を進めるようになった。この時期に報徳社は全国で千数百社を超え、政府の後押しで大正13年(1924)に大合同して大日本報徳社が成立した。このため報徳社は政治的性格が強まった。報徳関係者の中に「報徳精神を子供たちに植え付けたい。」という人が現れた。このような時代背景のもとで、それまで美術品として床の間を飾っていた金次郎像は思想教育のシンボルとして小学校の校庭に現れ、大正末から昭和初期にかけて爆発的に普及するのである。

学校に建った金次郎像
最初の像はセメント製

現存する最も古い二宮金次郎像は、大正13年に当時の愛知県宝飯郡前芝村(現在豊橋市)の前芝小学校に建てられたものである。この像の特色はセメント製であることと、背に柴を負うのではなく、魚籠《びく》をかけていることである。制作に当たって、山から帰るのでなく野良仕事に向かう姿にしたのだという。同村生まれの藤原利平も海辺にあるこの村の子供たちには魚籠の方が自然だと考えたのかもしれない。彼の2作目は宝飯郡牛久保町(現豊川市)の牛久保小学校にある。昭和2年(1927)の講堂落成記念に町民から寄付されたものである。これもセメント製で、腰に弁当を下げている姿が特徴。豊橋市の松山小学校には校区出身の彫刻家山田敏郎が昭和3年に御大典記念に寄附した像があった。爆撃で破損し終戦後撤去された。豊川市では昭和5年ころセメント職人の緑谷友吉が小ぶりの像を作った。報徳社員などが個人的に購入したようだ。(高橋の2著より)

緑谷友吉の像は今も民家の庭に1基残っている。初期のセメント像は芸術家が直接作る1点ものだから数は少ない。

銅像の挑戦

高橋の調査によると、愛知県岡崎市の藤島鋳造所(藤嶋銅器製造所)では大正11、12年ごろ金次郎像を作ったともいうが、資料で確かめることができるのは大正14年からである。豊橋市の南柳館という学校で使う教材の製造販売会社が14年6月に発行したカタログに二宮尊徳像の図と宣伝文がのっている。その一文に「某校つとに茲に意を致され児童の心境に極めて適切にその刺戟を深からしむるためにその幼時を表徴に校庭の一隅に備へんことを企て、弊館に御用命になり其の需に応じて此の彫塑を製作いたしたのであります。」(「尊徳像の建立」147ページ)とある。館主(社長)の柳原緑太は石膏業者で図工教材や算数教材の模型を販売していたが、大きい銅像は岡崎の藤島鋳造所で鋳造していた。高橋は注文を受けた「某校」について「豊橋市狭間校であるか、あるいは緑太の出身地の渥美半島かであろう。」と推測している。狭間校の根拠は述べられていない。渥美半島については「早くから報徳運動が盛んで…このような機運が盛り上がったことも考えられる。」(「尊徳像の建立」147ページ)としている。この3年前に書かれた「さぐる」の中で高橋は「渥美半島のいずれかの学校に建設されたことはまちがいない事実である。」(7ページ)としていた。渥美郡の野田村(現田原市)は報徳運動が非常に盛んで政府から模範村第1号に選ばれるほどだったから可能性はある。しかし田原市で最も早く金次郎像が建ったのは野田小学校だが、建立は昭和3年である。野田小学校だったとすれば完成まで3年の時間がかかっている。その理由を考えるとすれば、カタログに載った図は「まことに稚拙」なものだったというからまだ完成品はなく、緑太が注文見本に作った石膏像だったのではないか。何しろ初めてのことなので注文後のデザイン交渉とか予算交渉とかで手間取ったのかもしれない。注文から設置まで3年ほどかかった例は他にもある。野田小学校の像は昭和3年建立であるから、藤島鋳造所が東京から招いた多和田泰山の原型で作った立派な像だったと考えられる。あるいはこのために泰山を東京から呼んだのかもしれない。この像は戦争中に金属供出され、現在ある銅像は再建されたものである。

「藤島鋳造所では東京から迎えた新進気鋭の青年彫塑家多和田泰山が昭和二、三年ごろ二宮像の原型を作っているが、価格が非常に高くつき出回らなかった。」(「尊徳像の建立」148ページ)という。田原北部小学校(現童浦小学校)に昭和9年に建立された像はこの原型のものである。この像も供出でなくなり現在は石像が再建されている。しかし台座には当初のまま「鋳造　岡崎市藤島貞造、塑像　岡崎市多和田泰山」という銘板が残っている。藤島鋳造所から独立して豊川市で銅器店を開業した陶山玉次は昭和6年ごろ、やはり多和田泰山に注文をして120センチの大ぶりな金次郎像を作らせたが、これも数年間ウインドに放置されていたという。(「尊徳像の建立」148ページ)

金次郎像ブームの起点

大正天皇が大正15年の12月25日に亡くなられたことにより昭和元年は1週間しかなかった。翌年は喪に服し、昭和天皇の即位式(御大礼、御大典)が行われたのは昭和3年11月10日のことであった。これを祝う様々な行事が行われたが、二宮金次郎像が注目され、次々と学校に建つようになったのはこの奉祝行事がきっかけである。「アサヒグラフ」の昭和3年10月31日号に金次郎像の写真とともに金次郎像が小田原の二宮神社と多くの小学校に寄付された記事をのせている。(「ノスタルジック」69ページ)記事によれば、神戸市会議員中村直吉氏の夫人が十七年間髪結い銭を節約して貯金した額が1万円に達したので、勤勉貯蓄と勉学の精神鼓吹のため尊徳の銅像を作り「二宮翁の生地、神奈川県桜井村小学校および小田原町県社二宮神社を始め、京都、明石両市内小学校八十三か所へ寄付することにした。」(『ノスタルジック』70ページ)とある。この記事は、尊徳に興味がなかった人でもその金額と像の数に驚いたろうし、一般の人には金次郎像を認識するきっかけとなったのではないか。像の製作者は銅器生産日本一の富山県高岡市出身の三代・慶寺丹長である。大正時代の初めに大阪に移住、大正の終わりごろ銅像を手掛け始めていた。慶寺丹長の金次郎像はこれが最初ではない。この昭和3年1月に静岡県大東町土方村の小学校に昭和天皇大典記念として金次郎像が建立された。校長から(報徳社の)岡田良平を通して丹長に依頼、製作したものである。(『報徳運動100年のあゆみ』龍渓書舎発行265ページ)これが学校に建った最初の金次郎の銅像ではないか。

高岡市で今も金次郎像を作っている平和合金という鋳造所の藤田汰一によると「高岡で最初に二宮先生の像をこしらえたのはウチです。たぶん、昭和の三、四年ごろですね。…父(藤田太四郎)が荒井秀山にその原型をつくらせました。…地元の高岡工芸学校をでた職人です。」(『ノスタルジック』59ページ)その後ブームが起こり、同業者も参入して、昭和5年から15年ころは本当によく売れたという。

前述したように三河地方でも銅像は作られたのだが、「戦前(筆者注・『尊徳像の建立』で戦後とあるのは誤り。「さぐる」8ページでは「戦前」になっている。)三河地方にあった銅像は二宮像全体の三分の一ぐらいであったが、そのうち半数以上は高岡製品であった。」三河製品は「すべて薪を背負っており、高岡製品は柴を背負っておるので一見してすぐ見分けられる。」(『尊徳像の建立』148ページ)

石像の登場

学校に建っている金次郎像は石像が一番多いが、石像が急速に普及するのも昭和天皇の御大典が大きなきっかけとなっている。現在判明している記録の中で最初の石像は滋賀県石部小学校のものである。「石部小学校・創立120周年誌」(1994)に基づく湖南市ホームページの「石部小学校沿革」に「1926・大正15・4 神保里ゑ氏より二宮金次郎の石像寄付」という記述がある。インターネット上にはこれとは別に石部小学校と金次郎像を写真で紹介しているホームページがあり、写真の像の説明文には「石部小学校ホームページ沿革に大正15年4月の記述があるこの像かは不明」と書いてある。確かにその石像は昭和10年ころ普及した像にみられる洗練された形をしており、初期像にみられる稚拙さがない。この像が大正15年のものか後年再建されたものかの疑問が残るが、文献上、石部小学校に最古の石像があったことは否定できない。確認のため石部小学校(校長先生)に当時の記録か、戦前の学校沿革誌の原本があるかどうかについて文書で質問したが返事をいただけていない。石部小学校の像が周辺の学校にどのような影響を与えたかは不明である。学校に金次郎像が建つうえで大きな動きが2年後にあった。大正15年(1926)は12月25日までで翌日から昭和元年となる。

昭和3年9月15日から11月30日まで開かれた御大典奉祝名古屋博覧会に金次郎の石像が出展された。岡崎市の石工で地蔵彫刻家の長坂順治が東京の彫塑家多和田泰山の指導を受けてつくったものである。これがその後金次郎像が大きく普及するきっかけとなった像とされる。岡崎は日本3大花崗岩の産地で江戸時代から石製品作りが盛んだった。石工の大多数は墓石や灯篭を専門にしていて仏像や狛犬などの美術彫刻をする者は数軒だった。当時岡崎には藤島鋳造所が銅像の原型師として東京から迎えた若い彫塑家多和田泰山が滞在していた。「泰山は自分の仕事のかたわら、月に二回彼の家で美術品製作の指導をしたが、その指導を受けたのは美術石工のほかに鋳造業者、木彫家、セメント製造十数名であった。」(「尊徳像の建立」149ページ)

名古屋博覧会に出展された金次郎像は人気を博し大阪の人が買い上げたという。この像はその後行方不明になっていたが、平成28年に金次郎像の研究者、杉山隆敏氏が名古屋市の城北小学校の金次郎像がその像の可能性があることを発見した。金次郎像の顔には長坂順治の作風の特徴がしっかり出ている。台座に「御大典記念」

「昭和三年十一月三日」（以下は判読不能）とある。大阪の購入者が何かしら縁のある城北小学校に寄付した可能性はあるが、他に11月3日という日付の疑問が残る。

ところで、岡崎市の隣にある幸田町の幸田小学校には2基の金次郎像があり、古い方の像は岡崎市の人が寄付したもので「昭和三年九月十三日除幕式」という学校の記録がある。その姿は路傍のお地蔵さんか田の神さま像のような素朴な作風である。金次郎という新テーマの像を、新しいセンスで作る動きが隣の町で起こった同じ時に一方で伝統的技法で作られたこの像があることは、製作が始まったころの様子を示す好例である。また研究者の平井悦夫氏の調査によると、奈良県の法隆寺横の斑鳩小学校に建てられた石像は昭和3年建立（日付不明）である。これら昭和3年に建てられた像が本格的な石像制作時代のスタートだと思われる。

長坂が作った2作目が昭和4年1月に当時伊賀町にあった岡崎盲唖学校に建てられたものとされる。現在は県立聾学校となり、像も学校と共に岩津町に移転している。そもそも長坂が金次郎像を作るようになったきっかけは岡崎盲唖学校校長から依頼を受けたからである。尊徳を崇敬していた校長は「金次郎の幼少の頃の勤勉な姿を盲学校の生徒たちに手で触れさせて感じ取らせることを思い立ち、等身大の像の注文を長坂順治に依頼してきた。」（「さぐる」9ページ）長坂は「うまく宣伝して学校に売り込めば必ず商売になるに違いない。」と考え、同僚で研究熱心な成瀬大吉に相談した。二人は意気投合し、仲間を募り研究と制作に取りかかった。小田原を訪ねて尊徳の人となりを研究し、多和田泰山の門をたたいて約2年間研究を重ねた。困難に打ち勝つ強い意思の顔、荷を背負って歩く時の体の自然な動きなどの研究、また石材の特性に応じて、彫りにくい柴を薪に変え、上半身と下半身の重量のアンバランス調整のため股引をたっつけ（たつき）袴にするなどの工夫をした。

これに加え、彼らは活発な宣伝・営業活動を展開した。長坂順治は昭和6年に、一緒に彫刻を学んだ同業の戸松甚五郎と浜松の全国産業博覧会に出展。7年には金沢で開かれた博覧会に成瀬大吉が出展して金次郎像の紹介と売り込みを図った。この時、岡崎の美合小学校校長の安土犀二が説明役として出向き、4月から6月の博覧会期間中ほとんど連日のように金次郎像を小学校に置く意義を会場で説明し続けたという。この説明は各県から来ていた教育関係者たちの心情をゆすぶり、その結果博覧会閉会後、全国から岡崎へ金次郎像の注文が殺到するようになったという。また東京で展示即売会を開催し、上野で開かれた全国小学校校長会へも出向いて学校設置の意義を説明した。近在の学校には親方が直々に自分の建設した像の写真を持って宣伝推奨して回った。(「尊徳像の建立」150ページ)

政府が進めた自力更生運動の時流にも乗って金次郎像建立のブームがおこるのである。金次郎像が普及するにつれて、大きく重量感のある像から、子供の背丈に近い1メートルほどの親しみやすい像が主流になる。昭和3年にメートル法が採用され、算術で使う1メートルの長さが体感できるというメリットがあったともいう。小さければ作りやすく、価格も下がり、注文が増え、多くの石材業者が参入した。注文をこなすため、複数の職人で分業体制を取り、生産効率を上げた。岡崎の金次郎像は圧倒的シェアを持つようになり、国内はもとより朝鮮、台湾にも出荷したという。

高橋は「昭和14年茨城県岩瀬町の太田平太郎が岡崎から石像を取りよせて岩瀬小学校に寄付し、茨木県では珍しいことであると、時の知事吉永時次より褒状を授与されている」ことをあげ、「岩瀬町の十キロばかり南には、花崗岩の産地、真壁市がある。」真壁は岡崎、香川県庵治と並ぶ花崗岩の三大産地にもかかわらず、「石像を岡崎から取り寄せたことは、真壁の石屋が二宮像を刻んでいなかったからであろう。」(「尊徳像の建立」145ページ)とのべている。「太田氏は一世が地震で倒れたので、昭和三十年に二世を寄付しているが、これも岡崎から取り寄せている。」(「さぐる」11ページ)

石像設置のブームは銅像にも及んだ。銅像は石像よりも価格が高かったが形の良さから注文が増え、それによりコストダウンが可能となってさらに売り上げが増加した。

陶像

全国的にみると、陶器製の金次郎像を見た人は少ないと思う。多くの県では戦争中に金属回収で金次郎の銅像が国に供出されたため、代わりに石像やセメント製の像を建てた。陶器の像も作られたがその数が少ないためあまり知られていない。ところが岡山県を中心に中国地方や四国ではたくさんの陶像が建っており、陶像が当たり前のようになっている。

研究者の平井悦夫氏が調査された結果を紹介する。岡山県に建てられた建立年と材料のわかっている戦前の金次郎像56基を年代順に見ると、昭和4年に銅像1基、6年に銅像1基、7年に石像が1基建てられており、昭和8年になって陶像が5基初めて建立された。9年には銅像2基と陶像9基。10年から19年まで(昭和20年は建立なし)の建立数を加えると、合計56基中、陶像40基、銅像12基(すべて供出)、石像2基、セメント像1基、木像1基、である。陶像40基のうち37基は備前焼で、製作した3つの窯元もわかっている。戦前に陶像は全体の71.4%を占めていた。現状では、岡山県南部の8市1町で確認できた42基の像を分類すると、陶像35基、銅像1基、石像2基、セメント像3基、木像1基で、陶像が

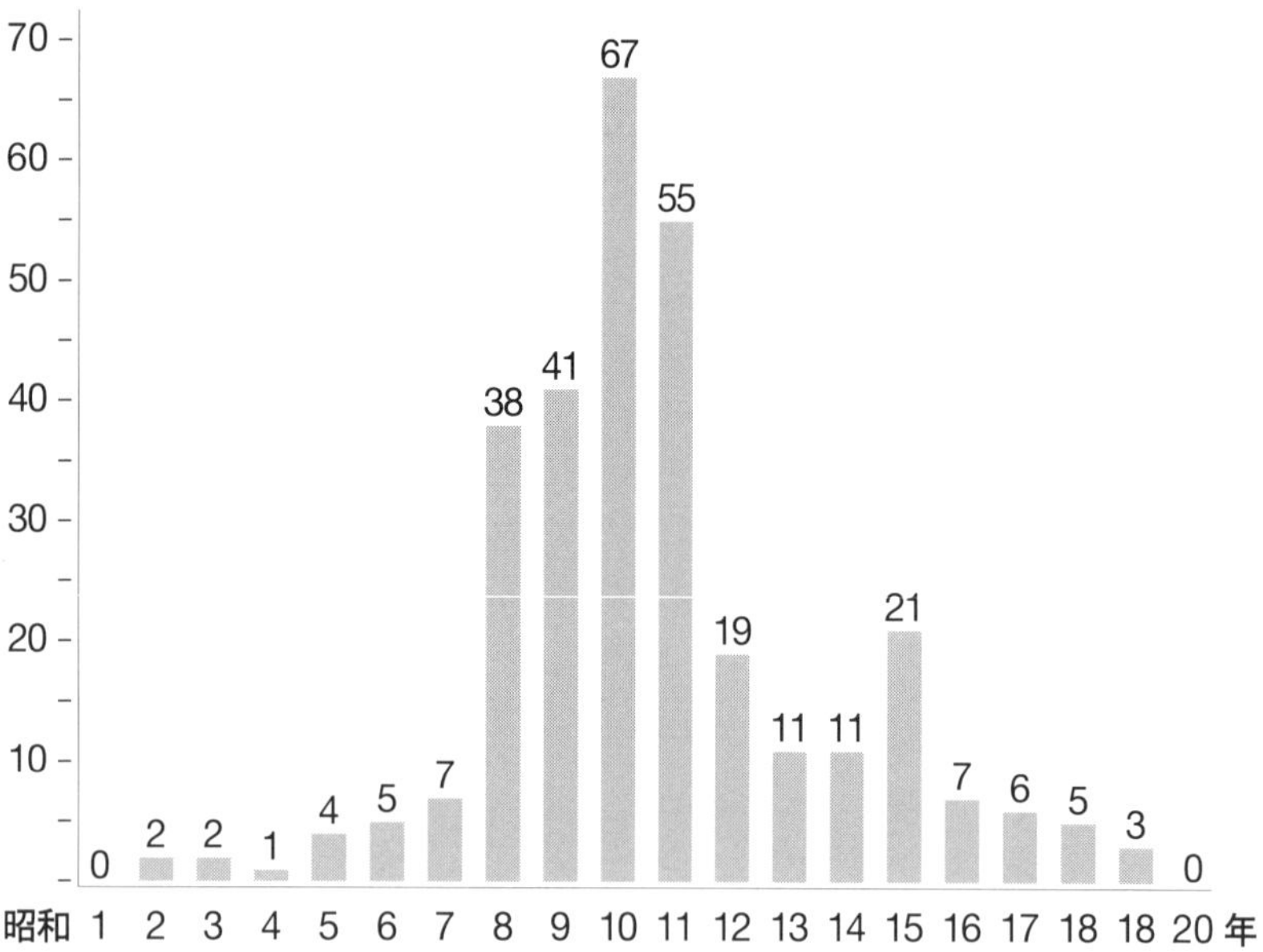

愛知県下の小学校における二宮金次郎像の建立（愛知県教育史　第4巻より作成）

83.3%である。隣の広島県で同じように県南部の5市1町にある43基の像を分類すると、陶像17基、銅像3基、石像5基、セメント像18基となっている。陶像が39.5%ある。(以上は平井氏のデータから算出。)

岡山県は備前焼の産地だから多いのは当然かもしれないが、窯元の熱心な働きかけがあったと思われる。

「ブーム」について

ここまで金次郎像の建立について「ブーム」と書いてきたが、「ブーム」は「急に盛んになる」意味だが「軽薄な流行」というニュアンスもありそうなので、誤解されないよう補足する。建立の背景は、教科書で強調された(人物では明治天皇に次ぎ2番目に多く載った)ことや報徳関係者の働きかけがあったこともあるが、時代の雰囲気が多くの人に共通の感情を生んだ結果と思われる。浮かれたブームではなく切実な感情や願いが、一つの希望として金次郎少年に託されたのではないだろうか。時代の雰囲気とは、先の見えない経済不況や混乱した政治状況への不安だろう。政府は自力更生を唱え、全国で二宮尊徳思想を梃《てこ》に農山漁村を復興するという一大運動を展開した。現在なら別の選択肢も考えられただろうが、当時の社会では、「生きるすべは貧窮に耐えて頑張る二宮尊徳の道しかない。」と宣伝され、庶民はそう考えるしかなかった。「頑張ればいずれ良くなる。」という切実な希望である。成功者となって母校に像を寄付した者は「苦しい時に自分を支えてくれたのは金次郎だった、君たちも頑張れ。」ということを故郷の子供たちに伝えたかったのである。

しかし自力更生だけでは根本的な解決はできなかった。日本は満州を奪って難局打開を図るが紛争は長引いて日中戦争に拡大し、生活はさらに困窮した。政府はますます「勤倹力行」を唱えたが、ついに金属不足から希望の象徴であった金次郎像までが撤去される。

金次郎が学校から戦場へ

昭和16年、政府は戦争の長期化により、武器生産に必要な金属資源の不足を補うために官・民所有の金属の回収を命じた。すでに昭和13年鉄鋼配給規則を制定する一方、不要不急の金属類の回収を呼び掛けていた。14年1

月以降、マンホール、鉄柵、灰皿、火鉢などの回収が行われた。しかしこれは法的強制力のない任意の供出であったため、昭和16年8月30日に国家総動員法に基づく金属回収令を公布、9月1日施行された。これにより官公署・家庭の区別なく根こそぎ回収へと進んだ。

この時期の朝日新聞に載った金次郎関係の記事を見よう。

①昭和16年10月28日の記事

「戦ふ皇軍に捧ぐ鉄鋼の進軍」の見出しで「舟の煙突献納の先陣　梵鐘や燭台も応召　銅像にも動員令」と小見出し。記事には、内務省は銅像、ハチ公の像も事情の許す限り回収の方針で、「勿論これらの銅像類は指定物件の中には入っていないので回収を強制することはできないが、たとえば二宮尊徳なら瀬戸物で代用するなど適宜の方法を講じて供出方を勧奨する方針。」と書いてある。

②昭和16年10月30日のコラム記事

「金属代用品置物」のタイトルで金属置物を代用品に変えて供出しようというコラム。二宮金次郎と大黒天像の写真を添え、「国民学校の校庭にあって児童さんたちにとって大切な教材の役目を果たす二宮尊徳像もこんどの金属特別回収で名誉の応召をしています。」と書いている。

昭和17年に入り各県は資源特別回収実施要項を定めて大々的な回収に乗り出した。これにより家庭で使われていた鍋釜なども回収対象となり公的施設、神社、寺院も例外ではなかった。

③昭和17年6月15日の広告

□は活字印刷がつぶれて判読不能

「国家の一役　家庭の金銀銅鉄をお上へ□上げませう」として「二宮尊徳先生銅像が清水焼で見事に出来ました。第二国民□□には是非！（丈三・八尺）藤田陶器店」

＊新聞記事については朝日新聞の冨森ひな子記者から教示を受けた。

尊徳ゆかりの地である栃木県の今市二宮神社には小田原の報徳二宮神社と同じく中村直吉氏が寄付した金次郎像があった。これを「県の学務課長の強制指導で供出。県下の第一号として宣伝の材料となった。」一方、小田原の二宮神社では「宮司がご神体の旨強く主張して供出をまぬがれた」（「虚像にしたのは誰か」2、3ページ高橋一司著　発行・愛知報徳会）これが日本で唯一供出を免れた像といわれる。
　孝行、勤勉、報徳などの点で修身教育で手本とされた二宮金次郎だけに像の撤去には県も学校も気を使った。報徳運動の中心地であった静岡県は市町村長、学校長に異例の通達を出している。「回収ニ当リテハ常ニ童心ニ及ボス影響ヲ考慮シ、取リ扱イニ付学童ノ面前ハ勿論一般公衆ノ面前ニ於イテモ敬意ト尊敬ヲ払ハレ度特ニ之ガ破砕ハ人目ヲ惹カザル箇所ニ於イテ処理相成度」（「静岡県政百年」315、316ページ　静岡新聞社　昭和51年10月17日発行）と細かい。教師は「二宮先生は国のために戦地にいかれる」「大東亜戦争に出征する」などと言って別れを感じさせないよう苦心した。「十七年一月二十八日、沼津第一国民学校では、像を送る壮行式を行い、二宮金次郎の歌合唱、万歳三唱のうちに送った。」（「静岡県政百年」）撤去を丁重に行った記録は他県にもみられるので、内務省なり、文部省レベルから知事宛てに通知があったのではないかと考えた。実はこの少し前、昭和16年12月1日に大日本報徳社から全国の地方自治体や小学校に金次郎像供出に関する文書を配布している。内容は、これまで銅像の撤収に於いて破壊したり、児童の面前で押し潰すことがあった。これまで崇敬してきた像に対する無残な取扱いに児童は傷つき、教育に与える影響が大きく愚かなことである。今後は「銅像の徴収は応徴なるを以て除幕式に似たる壮行式を挙行し、次で白布を以て之を丁重に包み、然る後、銅像を損ぜざるよう荘重に之を撤収すること。」（「報徳運動100年のあゆみ」359ページ）などの7項目の要望書である。
岐阜市歴史博物館の調査（「研究紀要16」2003年発行）による事例
金華小学校　赤タスキをかけ告別式を行った。
牛牧小学校　歓送式挙行。皇居、伊勢神宮、忠魂碑に敬礼し国家斉唱し始められた。校長来賓の祝辞後、児童代表の挨拶、出征兵士を送る歌、万歳三唱を行う。
伊自良南小学校　全校児童の手で校庭に運び壮行式を挙げた。村境まで国旗を振る児童たちに歓送された。
土貴野小学校　校庭でお別れ式を挙げ先生、児童は勿論、村人も村境まで見送り断腸の思いであった
　上記「静岡県政百年」には御殿場の小学生が書いた作

文「銅像を送って」が紹介されている。「校長先生のお話を聞いて、ぼくらは銅像に向かって「長い間お世話になりました。ぼくらも興亜の少年としてがんばります。」と礼をした。…二宮精神は忘れずにりっぱな人になり、国のために働こう」と書いている。金次郎像回収の儀式は物資不足で厭戦気分になりがちな社会に戦意高揚を図るとともに、子供たちには格好の軍国主義教育になった。一方愛知県岡崎市の羽根小学校は昭和16年12月19日に壮行会を行った。「羽根・創立六十周年記念誌」に「銅像の前でお別れ式を行った後、引率の先生と私たち六年生が銅像を乗せたリヤカーを六所神社まで引いていきました。集積所には、すでに屑金物となった銅製品が山と積まれており、警防団服の人たちが整理していました。この人たちは、銅像をリヤカーからおろすないなや、いきなりハンマーで金次郎さんをたたきこわしました。もはや屑となった金次郎さんを目の前に私たちは、情けない思いに涙があふれてなりませんでした。」という16年度卒業生の手記が載っている。

北海道上富良野町の鈴木努氏の調査報告(機関誌郷土をさぐる 第22号 2005)に金属供出のことが書かれている。その中に、「江別市の藤倉徹夫によると、北海道内で平成十五年末で確認された二宮金次郎像は三百六十四体で、かつて存在したが金属回収その他で失われたものは百九十八体であると報告されている。」とある。また下田達雄氏の「(多寄小学校の)資料室に徴用されたと思われる「二宮尊徳先生幼年之像」の銅像がある。…徴用のためか無理に剥がしたのか銘板がねじれ、無残にも本を支えている左手首は抜けている始末である。改鋳される寸前に敗戦となり「御用なし」で復員したものなのかも知れない。それにしても傷傷しい限りのすがたである。」という士別市の道北日報(平成4年3月27日号)への投稿文が紹介されている。

昭和19年8月3日付けの朝日新聞に東京の城南国民学校で行われた学童疎開の壮行会の記事がある。校庭の児童の様子を写した写真に金次郎の銅像が写っていて、19年後半でもまだ残っている像があったことに驚いた。

大日本報徳社の金次郎像供出に対する要望書は「撤収した後の台座はそのまま之を存置し、台上に、二宮先生銅像応徴中」との木札を固定し建て置くこと。」、「銅像の代用品は成るべく之を設立せず将来最も良好なる製品出来の時期又は「決戦体制」より「戦後体制」への時機到来後、…銅像帰還の挙に出ずること。」としていた。しかし実際には石像などで短期間のうちに像を再建したところが多くあった。当時は物不足で、食料すら十分手に入らない時代であったから、再建しようとした人々の熱意は大変なものである。

代替金次郎像の再建

代替像を素材で見ると石像が一番多い。次に多いのが改良セメント像。地域により差があるが陶器の像もかなりある。

石像

銅像は石像より高価だったがそれでもかなり建てられていた。群馬県では石像より銅像の数が多かった。(現在の販売価格は1メートルの大きさのもので石像100万円、銅像200万円くらいはする。)金属回収後に再建された像は圧倒的に石像が多いので、金次郎像と言えば石像のイメージになっている。銅像を撤去した台座上に再建されたものが多く、台座に彫られた以前の銅像の建立年がそのまま残っていることがあり、誤解を招く恐れがある。

セメント像

研究者高橋氏は金次郎像を見て回るうちに、非常に出来のいい像で全く同一の形のものがあることに気づき、それが型成形のセメント像の一種であることを発見した。その後八方手を尽くして「二宮尊徳先生少年時代勤勉像」というパンフレットを入手し、その由来が明らかになった。パンフレットの内容を要約すると、

1「金属特別回収と代替像」では、金属回収で台座だけが放置されるのは忍び難いが、「幸い硬化石の様な芸術味豊かで硬質堅牢な代替像であって美術家、工芸家の指導の下に製作されると決まったとき、私達今回の金属回収を担当する者は大きな安堵と喜びを感じたものです。」代替像は「戦時下資材と労力の経済の上から言って、成る可く全国均一の大きさに統一することを望んで居ります。…此の点一メートル像は原型の大きさとも一致し

…一番良いのではないかと考えております。」（「尊徳像の建立」151ページ）
2「勤勉像の原作と作者多和田泰山」では「彫刻界の権威多和田泰山が明治天皇御愛賞の二宮金次郎像に則り、製作した教育と芸術の両道に完璧な資料である。」として いる。（「尊徳像の建立」152ページ）
3「新材料硬化石の特質」では「硬化石の実態を調べてみると、外層は特殊の薬品を加へセメントを十分に煉ったり圧縮したりして完全に空気を除去し…暗褐色砕石と鉱物質青銅色の着色剤を混合して着色モルタルを作り、これを一乃至二糎（センチ）の厚さに練込着色を行ひ最上層は青銅色の含艶仕上げになっている。内部は。…強靭なる骨材を配合したコンクリートを以て作り、それが緊密に結合し一本となり、像全体が全く石質化してゐる。…セメントを主材とする点からみると一種の人造石であるが、単なるセメントによる作品に比較して強度が遥かに大きく而も美術的であるのが特徴である。…昭和十六年十二月二十日発行　東京美術学校セメント美術工作研究会」（「さぐる」13ページ）「さぐる」には1～3の資料が全部載っている。

高橋は、この資料により、東京美術学校がセメント像を製作し全国に販売したと考えた。東京美術学校はすでに明治42年に「東京美術学校の発願で尊徳塑像を作り、一体を本社（注・報徳社）に安置、鎮座祭を行。」（「報徳運動百年のあゆみ」の年表より）と記録にあるように早くから報徳運動と関係があったようだ。

高橋は論文で、パンフレットの文書（私が便宜的にタイトルごとに3つの番号を付けた）を東京美術学校の同一の資料として扱っていて、論文を読んだ限りでは一枚の紙に書かれた文書のように思えてしまう。しかし内容をよく読むと、1と2の文章は別の執筆者が書いたものが一緒に綴じられたのではないか、という疑問が起こる。特に1は金属回収の部局担当者の発言である。3の資料だけは内容の成分分析と製作過程が詳細で、文末に研究所とあるので信用できる。しかしこの文章は販売宣伝用のパンフレットという感じはなく、品質証明書的である。元の資料に当たりたいが、所蔵していた高橋氏が亡くなり、ご家族の話では自宅には資料は何も残っていないとの話なので不可能である。

しかし東京美術学校が優れたセメント像を作り出したこと、金次郎像の原型を作って銅像、石像を世に出した多和田泰山がセメント像でも原型を作ったことを証明した資料であることは間違いない。ところで多和田泰山は昭和9年に亡くなっている。また昭和10年にはいくつかの学校でセメント像が建てられている。金属回収で注目されるずっと前から東京美術学校は多和田泰山とセメント像の研究、製作を続けていたのではないだろうか。

名古屋の金次郎像研究者、杉山氏は北海道利尻町にある利尻町立博物館にセメント像に関する別の資料があることを発見した。利尻島内にある3基の金次郎像は同じ型で作られた像であり、博物館所蔵の旧仙法志村資料に、昭和17年に村の愛国婦人会と国防婦人会が統合された記念に二宮尊徳像を村内各校に寄付したことが書かれている。その像は、東京美術学校ではなく、「日本硬化石美術工業所」に注文したというのである。また杉山氏は「日本硬化石美術工業所」に関係した依田君美なる人物にも注目した。戦後美術教師として活躍し、晩年は新興宗教の教祖となった人である。

彼は父の命により東京高等工業学校に入学したが芸術への夢をあきらめきれず、昭和12年東京美術学校工芸家に入学した。教授が依頼された教科書の執筆を代わりに請け負ったほど優秀だった。昭和17年に卒業し、日本硬化石美術工業所に就職。初めは仕上げを担当していたが、その腕は原型技師を上回る能力ですぐに原型技師となり、二宮金次郎、地蔵菩薩などを制作。昭和18年三重師範学校へ転職。機械工作にも優れ、陸軍省から依頼された偵察用カメラの設計をしている。

昭和16年から17年はまさにセメント像が売り出され、代替像として沢山建立された時である。また依田君美が東京美術学校に在籍し、日本硬化石美術工業所に入社した時である。パンフレット作成にもセメント像製作にも近いところにいたのである。

以下は私見。東京美術学校が研究から製造販売まで行うのは大変煩雑である。また学校が商売をやっていいのか、という批判もあるだろう。東京美術学校が基礎研究をやり、日本硬化石美術工業所が製造販売の実務をやる、という産業と学問の分業と協業体制の方が効率的である。依田君美はこれを象徴する人物ではないか。東京美術学校のパンフレットは日本硬化石美術工業所の販売促進のために作られた品質保証書と考えれば納得しやすい。

ところで、広島県の金次郎像研究者、平井悦夫氏の調査によれば、広島市の矢賀小学校と宇品小学校が昭和10年4月25日の同じ日にセメント像を、日付は不明だが同じ10年に広島県福山市戸手小学校もセメント像を建立している。昭和15年2月21日にも広島県府中市吉野小学校がセメント像を建立している。17年以後の像は代替用かもしれないが、それ以前にも建てられていたのだ。広島県は現在でもセメント像が多い。広島とセメント像の関係はまだ不明なところがあり興味深い。

硬化石ではないセメント像もある。代替用に応急措置として作られたようで、劣化して手首が折れたり、頭にひびが入ったものがある。

陶像

当時は金属回収により日用品の鍋釜をはじめ遂には手りゅう弾や貨幣まで陶器で作ろうとした。金次郎像でも陶器は銅、石に比べて材質的にもろいが、代替品としてはある程度強く、型を使って作れば大量に作れ、費用も比較的安い。焼き物は産地ごとに個性がある。備前焼の像は最も沢山作られ、中国地方以外にも建てられた。それぞれの地域に、三重県には伊賀焼、万古焼、滋賀県に信楽焼、愛知県に常滑焼、福岡県に唐津焼などの像がある。(九谷焼のものは華美で小さく、床の間の装飾品を転用したのだろう。)

戦後の建立

戦争中に像を再建できなかったところでは、昭和25年から30年ころに再建したところが多い。経済が復興したことと独立後の保守的政治潮流が背景にある。しかし結局再建されないままになった所もある。新たに作られたところもあるが、かつてほどの切実な希望や熱意を象徴するものではなかった。昭和35年には池田内閣は所得倍増計画を打ち出して高度経済成長が始まる。戦後の日本人が求められたものは、倹約精神ではなく、欲望を刺激された消費の拡大であった。

像の現在状況

全国統計はないが、参考になる数字を挙げる。

平成21年（2009）に神奈川県の土地家屋調査士会が調べたところ、神奈川県の公立小学校863校のうち144校（17％）の学校に金次郎像が存在していたそうである。（東京新聞2010年10月9日付記事）。調査は古いが昭和63年に東京23区の小学校940校のうち134校（14.25％）に金次郎像があった。（「ノスタルジックアイドル二宮金次郎」）。愛知県では平成20年に小学校390校（54％）、中学校26校（9％）（名古屋市を除く）に金次郎像があった（県教育委員会調査）。群馬県では平成16年の調査で公立学校（小、中、養護）513校中、176校（34％）にあった。（群馬県歴史博物館紀要第27号の「群馬県下公立学校における二宮金次郎像の調査」）試しに私が悉皆調査のデータの中から小学校だけ抜き出して計算してみると群馬はおよそ44％の小学校に像があることになる。酒匂猛著の「小学校の二宮金次郎さん」（南方新社）によると鹿児島ではおよそ

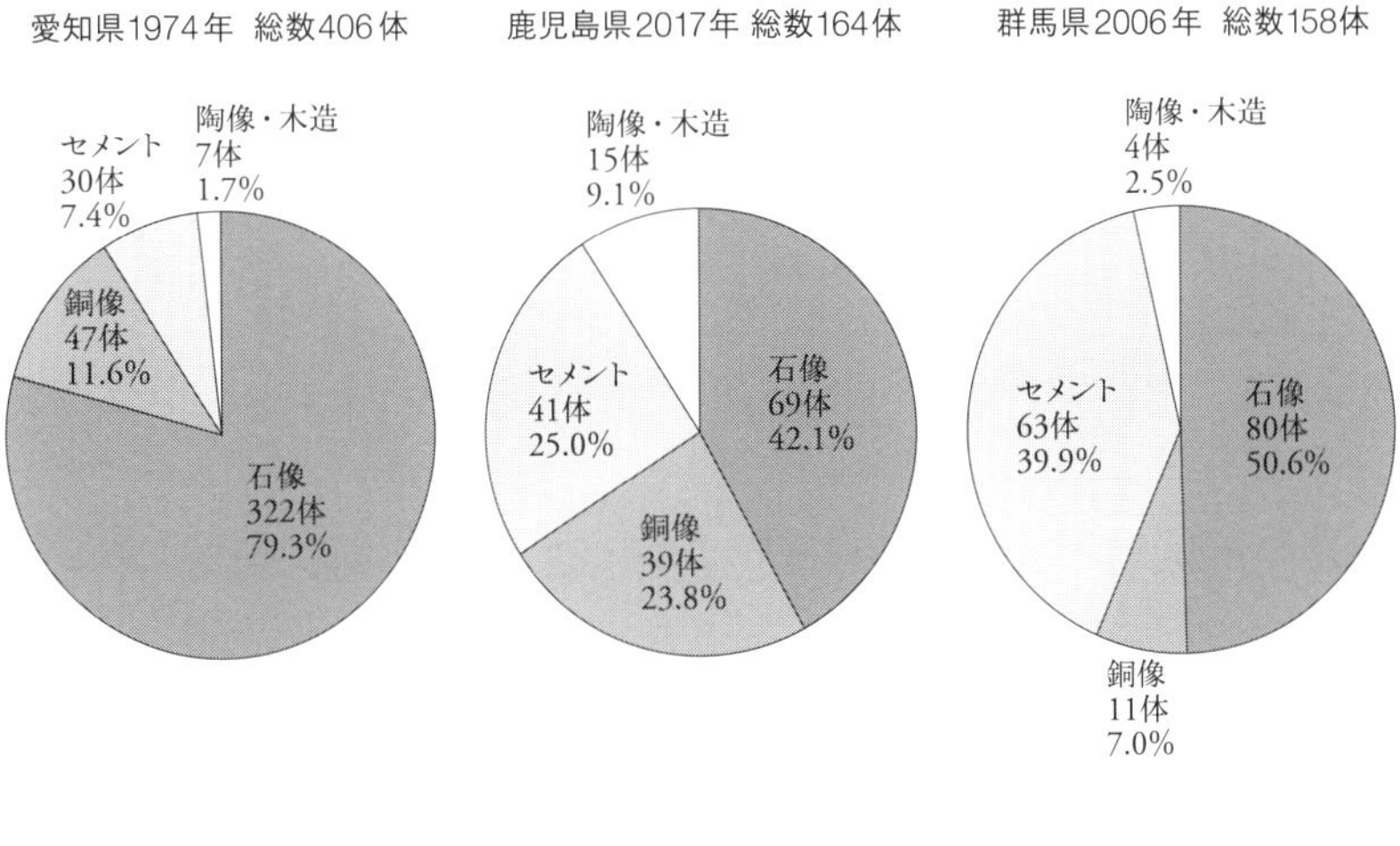

25%の学校に金次郎像がある。（注・群馬と鹿児島の金次郎像の数は廃校にある像も含めてカウントしているので、それを差し引いて%を出した。厳密にいえば調査時期、調査母体が違い、東京や神奈川は空襲で学校が大きな被害を受けたこと。戦後の都市への人口集中により都市部では新設校がたくさん生まれたことなどから、%の数字で単純に県の比較はできない。）

像の材質について岡山県では備前焼が圧倒的に多いことを書いたが、他の県の様子を見よう。これも条件がちがうが、概要はつかめる。

群馬県は銅像比率が低いが実は戦前には少なくとも58体の銅像があったことがわかっている。供出後、その代わりにセメント像、石像が建てられたところが多い。戦前は銅像大国だった。鹿児島県は建立の動きが他地域と違う。年号のわかっている像だけで数えると、昭和6年から20年までのブーム期の15年間に建てられたのは43基だったが、戦後21年から35年の15年間には48基が建てられている。その後も増加して平成の終わりまでに戦後だけで77基が建てられた。鹿児島では戦後も金次郎像の人気は高いようだ。そういえば、金属供出で奄美市の宇宿小学校では「昭和20年5月応召」という時期にも驚きだ。二宮尊徳が活動した栃木県芳賀郡二宮町（現真岡市）と大日本報徳社本社のある静岡県掛川市ではすべての小学校に像がある。行政が力を入れたためだろうが、100%というのもかえって落ち着かない気分である。

尊徳の故郷の神奈川県小田原市も当然多いが、腰掛けて本を読む姿、わらじを村人に差し出す姿、筆を持って書き物をする姿、両手を合わせて祈る姿など古い形にとらわれない像があって面白い。最初に小学校に建てられた愛知県豊橋市の前芝小学校の像は背中に魚籠《びく》を担いでいるが、滋賀県の米原小学校の旧校地に建てられた像も魚籠を持っていた。少年が右手に何か筒状のものを、左手に魚籠を持って立っている姿である。台座に「報徳」の文字があるので金次郎像だと思うが、この姿はどういう意味を持っているのだろうか。謎である。

腰掛けて本を読む姿
小田原市・豊川小学校

わらじを村人に差し出す姿
小田原市・報徳小学校

鍬をついて本を読む姿
愛知県春日井市・勝川小学校

筆を持って書き物をする姿
小田原市・報徳博物館

腰掛けて本を読む姿
小田原市・桜井小学校

一、二宮金次郎像を建てた人々
——奉安殿と比較して

金次郎像は誰がいつ建てたのか、という疑問から各学校にある金次郎像や記録を調べてきた。金次郎像に興味を持つ人の中にも、昭和初期に起こった集中的建立には報徳会、報徳社の関与や、文部省や県の指示があったのではないか、と考えている人がいる。しかし、文部省や県では、建立を「好ましい」という考えはあったが、上から建立への直接的な力は働いていなかった。一度、石像業者が文部大臣の鳩山一郎を担ぎ出してお上の権威を借りて金次郎像の建立運動を進める組織を作ったことがあるが、うまくいかなかった。金次郎像の建立が盛んになったのと同じころ、全国の学校では奉安殿の建設が進められた。こちらは国の強力な圧力で(形は申請手続きだが)小学校から大学まで、戦争中は占領中の海外の学校にまで建設された。またこのころ乃木大将像など忠君愛国思想を高揚させる像もかなり建てられた。由来の違うものが同じ学校に建ち、戦争中の皇国思想、軍国主義の教育に使われたため、金次郎像に混同や誤解を生むことになった。

奉安殿について

明治22年(1890)に教育勅語が出され、翌年に文部省は全国の小学校に紀元節や天長節などの祭日に御真影を掲げて最敬礼し、教育勅語を奉読する儀式を行うよう定めた。御真影は天皇の写真で天皇の分身でもあった。御真影と教育勅語を保管する場所として建物の中に設けられた場所が奉安庫、独立した建物を奉安殿と呼んだ。大正10年(1921)には長野県の尋常高等小学校の火災で御真影を守ろうとした校長が焼死した。奉読の儀式では校長が恭しく勅語を取り出し、生徒は上体を前に傾け、(むつかしい言葉のため内容はよくわからないが)ありがたい言葉を静粛に聞き、終わったら最敬礼することとされた。音をたてたり私語をすれば教師に厳しく叱責された。儀式によって、理解を超えたもの、天皇への絶対的服従が刷り込まれる教育だった。

昭和になると奉読儀式実施の徹底がすすみ、公立の学

京都府京丹後市の小学校で昭和15年（1940）に完成した奉安殿（朝日新聞 2017年6月28日より）

校から私学（キリスト教系の学校も含む）へ、幼稚園から旧制高校、大学まで広げられた。昭和10年（1935）に天皇機関説問題が起こると、岡田内閣は「国体明徴声明」を出し、以後日本を「神国」とする思想の徹底が図られた。昭和12年、文部省は「御真影奉戴状況」について担当者を派遣して全数調査に着手した。調査というが、これが圧力となった。それまで独自の立場をとってきた学校も、これまでのように「設備が整っていないので御真影を受け取るのは畏れ多い。」という言い訳がきかなくなった。文部省は神社様式でコンクリート製の奉安殿の設置を奨励し、昭和11年ごろから急速に普及した。豊田市の大蔵小学校では、建設を決めたものの日中戦争の開始で資材が不足し、完成が2年も遅れるという苦労をしている。

昭和15年に完成した京都府京丹後市の小学校の写真（朝日新聞 2017年6月28日紙面）を見ると、小さな社形の奉安殿に向かう道（参道）脇に二宮金次郎像と楠正成像が建てられている。左右の像は天皇の神殿を守る狛犬のようでもある。生徒は登下校の際に必ずここで最敬礼をし、きちんとしなければ教師に叱られた。学校は天皇神社の境内と化し、宗教教育の場となったのである。金次郎像はその一環に組み込まれて半ば神格化し、皇道思想を象徴する道具になった。

その後金属供出で当時学校にあった乃木大将や楠正成像と共に銅像の金次郎像は撤去された。ところが消えた金次郎の銅像の跡地には、すぐさま石や陶器の代替像が建てられたところが多い。（もちろんそのまま絶えたところもあれば、戦後再建されたところもある。）その理由は、金次郎像がお上からの働きかけで軍国主義高揚のために作ったものではなく、もともと地域の住民の自発的欲求から生まれたものだからと思われる。かつての小学校は単なる教育の場所ではなく、地域住民のコミュニティ・センターでもあった。村民総出の運動会や学芸会は学校行事であるが、村の行事でもあった。村の子供はよその家の子でも自分の子供の様に見守り、村の将来を託す子供は村民の希望でもあった。子供たちに、よく勉強してしっかり働き、やがて立派な大人になってほしいと願う気持ちは修身の授業で教えられなくても、村民の自然な気持であった。学校に建つ金次郎像は村人の気持ちの象徴であった。現在、過疎化が進んで子供の数が減り、学校が廃校になった村の人たちが深い喪失感や淋しさを感じるように、金次郎像が無くなるのは耐えられなかったのだろう。社会的に成功した人が母校に像を送るのは名誉心からでもあっただろうが、苦しい時に心の支えとなった金次郎の話や故郷への感謝の表れ。戦死したり、子供が亡くなったりした遺族が像を寄付したのも、お世話になった地域の人々や村への感謝と共に村の発展を願うふるさとへの愛情があったと考えられる。

誰が金次郎像を建てたか

金次郎像研究の先駆者高橋一司氏は愛知県の学校にある像の調査を行い、「愛知県教育100年史」（愛知県教育委員会発行「教育愛知」昭和46年2月号所収）の中で「石像寄付者の動機」をまとめている。

「戦後の新設校以外、ほとんどの小学校に建っている二宮像の、八〇％は個人または数人の有志の寄付したものである。その人物や動機などを大別すると、ア、校区出身者で若くからよく努力して成功し、経済的

にゆとりができたり、高い地位についている人
イ、その学校に長年勤続した先生で、校区民の絶大な信頼を受けたり、校区民の熱意の表れで破格の送別を受けた人
ウ、同級生などで比較的落伍者もなく、町村の中心人物になっているような仲間
エ、わが子の死亡により、その貯金などを主たる財源として、愛児の遺志を残そうとしたもの
オ、報徳会に関係した人々の推譲金(社会への寄付金)によって作られたもの
カ、同級生が卒業記念として寄付したもの
キ、前記の人々が岡崎の石屋と何らかの関係があるもの
ク、隣接校の建設に刺激されて建てたもの

これら石像建設のありさまをみると時の権力や上からの指導による予算化などが伴って建てられたものでないことがわかる。」(152ページ)

市町村により人数の割合の違いはあるが、アからカまでの寄付者分類は妥当である。キは石材産地のある愛知県ゆえの特徴である。クは背景として結構あったかもしれないが、ほとんど記録には残らない。岡崎市の夏山小学校の開校百年誌に、他村の学校に早くから建っていた二宮像がようやくできた喜びを書いた当時の生徒の作文が載っている。

岐阜県の実例

岐阜市歴史博物館が調査した岐阜市と周辺の3市15町村にある金次郎像の分類は次のようになる。(研究紀要16 2003年)

調査した111校で65校(66体)に像があり、その内寄付者が判明したものは36体ある。

1、卒業生　63.9%(全体の3分の2)
同窓会が主体のものではなく、一人から数人の同志によるものがほとんど。

その内、
校区内居住者　38.9%
校区外居住者　25.0%(居住地は東京、大阪、神戸、北海道、朝鮮)

これらの人は経済的に恵まれ、多額の寄付ができた人

で短期間で像建立を可能にした。
2、卒業生一同、同窓会などの会　11.1％
前者は卒業時に保護者が出費。戦後の再建ブームに多い。後者は卒業後何年かして記念品として寄付。事例として後者の方が多い。
3、地域団体（婦人会、青年団）　8.3％
4、村役人、議員　5.6％
5、教育活動の一環として地域、学校が主体となり設立　2.8％
6、その他（故人の遺志・供養、移転によるもの）　8.3％
研究紀要が「中には複数の項目にまたがるものもある。」と書いているように分類は厳密にはできず、項目3や4の中には同窓生がたくさんいるはずだ。

同書は建立費用について3校の例を挙げている。それによると昭和10年ころの銅像は1基120円から160円。庭園整備や除幕式の費用を加えれば「少なくとも200円〜400円の金額が必要であったようだ。」としている。

次に岡崎市と豊橋市の様子を見よう。

岡崎市
昭和61年に岡崎市の石材組合が発行した「石都岡崎　石と共に生きる」には岡崎の石材業者と金次郎像のことが書かれている。昭和6年に建立された市内の小学校で最古の金次郎像の寄付者が市内の有力者で、像一基300円、庭園と設置に400円寄付。という記事がある。また「石像寄付の動機について岡崎市内の学校について調べると次のようである。」として
1、校区出身者で成功された方で個人で寄付されたのが一番多い。市内で一応分かっているだけで15校ある。（60％）
2、同級生が卒業記念として寄付、同窓会の寄付によるもの6校。（24％）
3、校医の寄付したもの2校。（8％）
4、学区民全体の寄付によるもの2校。（8％）
（注・％は判明25校中比率）
※今は動機不明になったもの8校。
となっている。残念ながらこの本では学校名や寄付者について具体的なことが分からないので確かめようがなかった。

私は平成20年（2008）ころ、しばらく西三河地方の金次

郎像の調査をした。そこで手元にある岡崎市の資料を元に金次郎像の寄付者のことをチェックしてみた。現在市内の小学校48校（愛知教育大学付属を含む）中で、像があるのは36校（37基）。廃校2校と県立盲学校の像を加えた40基の像の内、寄付者名の判明しているのは23基。これに現在は失われているが、記録の残る3基を加えて26件として分類した。

1、個人名の寄付（卒業生として分類）　19件・73.1％
その内
ア、一人、家族の名によるもの　14件・53.8％
イ、個人だが、肩書のあるもの　5件・19.2％
（村長2、石屋2、先生1）
2、卒業記念、同窓会の寄付　3件・11.5％
3、団体の寄付　4件・15.4％
（地区民1、父母会1、婦人会1、子供会1）

注・根石小学校は2基の像があり、常盤東は記録があるが像は行方不明。ほかに金属供出や破損で現在無くなってしまったものも寄付者がわかっているものはカウントしたので、学校数と像の数は一致しない。この調査データはほとんど石像に彫ってある文字と図書館で調べられる学校史や周年誌に依っているので「石都岡崎」とずれたものになり、内容を深めることはできなかったが、学校名、寄付者名の裏付けができている（一章記事）ので一つの指標になると思う。

豊橋市

市内の小学校52校のうち、金次郎像があるのが31校。これに廃校1校の像を加え32基。現在ある像は再建されたもの（2代目）という学校があり、金属供出や破損で無くなった初代の像についても寄付者がわかっているものは初代、2代ともカウントした。総数40基。ここでは戦前のものと戦後のものを分けてみた。

	戦前（25件）	戦後（15件）	合計（40）
1、個人の寄付			
ア、個人（卒業生）	14	4	18（45％）
イ、事情のある個人	3	2	5（12.5％）
（子供の死1、戦死2）		（PTA会長、理事）	
2、卒業記念、同窓会	5	7	12（30％）

3、地域団体　　　　　　　3　　2　　5(12.5%)

(青年団、校区民、報徳社)(PTA、報徳社)

＊寄付者は卒業生でない人がいるかもしれないが、すべて学校の濃厚関係者である。

奉安殿が政府の指示によって全国の小学校に建てられたのとほぼ同じ時期に金次郎像も全国的に建てられ、いずれも国家主義的思想教育に使われたので、金次郎像も国家主導の産物だと誤解した人が多かったものと思われる。もし公的な建設なら必ず指示や建設に関する公文書があるはずだ。形式的には奉安殿も学校から県への建設申請の形をとっているがそこに個人の姿はない。これまで見てきたように各地の金次郎像にはそれぞれ寄付者の姿(名前)が見え、個人的意思でなされたことがわかる。もちろん時代の風潮や、教育の影響があったことは無視できないが、教科書で手本として教えられた偉人は多かったのに、金次郎のみが日本全国で像となったのはやはりその生き方に国民が最も共感したためだろう。

三、津田小学校と二宮金次郎

豊橋市の二宮像を調査した際、津田小学校で見せていただいた「学校沿革誌」には金次郎に関する記述がたくさんあり、当時の学校の様子も細かくわかって非常に参考になった。地方の農村部における一小学校の例であるが、戦前の学校教育における二宮金次郎の関わりを知るのに良い資料なので紹介する。

津田小学校の沿革について

明治5年(1872)の学制に従い明治6年10月、鹿菅学校が瓜郷村満光寺を校舎として開校。8年に横須賀村歓喜寺に移り横須賀学校と改称。9年に村の合併で津田村となり津田小学校と改称。20年小学校令により尋常小学津田学校と改称。一時期鹿菅尋常小学校と名称を戻した時期もあるが、また津田尋常小学校の名に帰り、42年に義務教育延長で6学年となる。昭和7年(1932)、宝飯郡下五井村は豊橋市と合併し校名が豊橋市津田尋常小学校となる。16年国民学校令により豊橋市津田国民学校。22年、学校教育法施行で校名が豊橋市立津田小学校となり現在に至る。

津田小学校沿革誌に見る二宮金次郎

沿革誌の昭和8年度の内容を見ると最初の項目である「校地　校舎　並　設備」に

一、遭難児童供養碑完成(筆者注　台風で校舎が倒壊し多数の児童が死亡した大事件)

二、二宮尊徳翁銅像建設、とあり、尊徳像について

「経過　昭和八年十一月五日着工、仝十一月九日完成除幕式。　構造　青銅製　高(高さは未記入)経費　金参百五拾圓　鹿菅報徳社寄贈」となっている。

五番目の項目の「重要記録」には

「四月一日　入学式　始業式　(中略)　十一月九日　鹿菅報徳社寄贈尊徳翁銅像除幕式」

とある。

沿革誌には以後昭和9年から昭和20年まで10月20日をめどに二宮金次郎をたたえる尊徳祭が学校行事として実施されている。当初は「報徳社主催　尊徳祭ニ参列」

となっているが13年からは「報徳社主催」の文字がなく、「校庭ニテ報徳祭執行」となっている。これは学校が主催者に変わったのかもしれない。

後日の調査で知ったことだが、豊橋近くの蒲郡では「明治44年蒲郡町4校は、同一の校訓と模範とすべき人物を掲げている。」（昭和49年4月1日発行の旧「蒲郡市史」976ページ）校訓は高等科、尋常科ともに五項目あり、尋常科では、「一、ショウジキニセヨ　二、レイギタダシクセヨ　三、キマリヨクセヨ　四、カラダヲジョウブニセヨ　五、ベンキョウセヨ」となっており、「校訓ニ該当スル模範人物及其頌徳式日」として五人の人物が挙げてある。一、菅原道真公　二、中江藤樹先生　三、東郷大将　四、貝原益軒先生　五、二宮尊徳翁　とされていて、二宮尊徳の頌徳式日は十月二十日となっている。ちなみに高等科の校訓は表現が違っているが趣旨は尋常科と同じである。ただし五番目は「勤労ヲ尚ビ忍耐ノ習慣ヲ養成スベシ。」となっていて文言が違っているが、二宮尊徳の持つ二つの徳目を子供の理解力に応じてそれぞれ示したということができる。

その他では昭和12年の「本年度寄贈ヲ受ケタル主ナル備品　二宮尊徳翁全集　壹部（六冊）　金　拾六圓八拾銭　大林俊次氏寄贈」の記事がある。

沿革誌の記述だけでは当時の状況が十分わからないので少し補足する。

昭和12年は、5月31日、文部省が国体明徴の目的で「国体の本義」を刊行配布。7月7日、日華事変。8月24日、国民精神総動員運動開始。というように日本が本格的戦争に踏み込んだ年である。学校も否応なく戦時体制に組み込まれていく。「百二十年花田小学校誌」（1993年11月7日発行、編集豊橋市立花田小学校）によれば、同じ豊橋市内の花田小学校は13年に東京文理科大学の加藤仁平氏による報徳講習会を開催している。加藤氏は豊川市出身の教育者で、二宮尊徳の研究者としても有名であり、戦時中は皇道主義を唱えていた。加藤仁平氏は16年にも来校した。「百二十年花田小学校誌」の53ページは「経済不況の進行と教育・報徳教育の徹底」となっていて「〝報徳会〟の時間を設定し講堂を会場としてある時は東京文理科大学の加藤仁平先生の講話を聴き、またある時は児童相互で自主的な話し合いをする等長期に亘って活発に行われていた。また毎月の善行投票、善行者の表彰等も行なわれていた。」と書いてある。11月23日付の「新朝報」紙に載った5年生の児童の「我が学校」という作文には「この御教を守り二宮尊徳先生の人格の一端にでもあやかりたいと、報恩感謝善行にいそしんでゐます。」となっている。この16年は4月に国民学校と改変され、学校は戦争に立ち向かう小国民養成所となり、12月には太平洋戦争に突入した年である。

ところで津田小学校の昭和十七年度沿革誌の重要記録に

「十月二十日　報徳祭執行

（中略）

三月十八日　二宮先生銅像供出に付告別式挙行」（これは昭和18年の3月18日）とあり、金次郎像が金属供出で献納されてしまう。（道徳教育の柱として重視されていたシンボルを失うことの教育面での影響を考え、同じような事態になった各校では金次郎も戦争に行くのだとして、告別式を行って送り出している。）そのためか昭和十八年度には「報徳祭」の記事がない。しかし「本年度寄付ヲ受ケタル主ナ備品」の欄に

「ミシン　一台　弐百四拾五圓　瓜郷町出身　大森忠男氏

二宮金次郎像　一個　百弐拾五圓　仝人

攀登棒　一組　百弐拾圓　仝人」の記事がある。

昭和十九年度の「本年度寄付ヲ受ケタル主ナル備品」のなかにも

ピアノ、ミシン、レコード、木刀　とともに「尊徳翁石像　一基　大森忠男氏」とあり、前年度の寄付金をもとに石像が出来上がったため記事が重複したものと思われる。

重要記録には

「五月十六日　瓜郷町出身大森忠男氏寄贈ニヨルピアノ搬入サル

五月十七日　右仝人寄贈ニヨル二宮金次郎石像建テラルル

八月十八日　後援會主催二宮金次郎石像除幕式並寄附者感謝状贈呈式

十月二十日　午後二時報徳祭挙行」

という記述がある。戦争が激化してからは報徳祭だけでなく、生徒は出征兵士の見送りや神社への必勝祈願などに動員されている。そして

「十二月七日　時局緊迫ニ付十日マデ臨時休業、午後一時四十分強震旧校舎壁土殆ド賑落屋根瓦相当浮キ上リ二宮金次郎石像倒ル」

これは翌1月7日に起こった三河地震の1か月前に起こった東南海地震の記事である。金属回収でなくなった金次郎の銅像に代わって建てられた石像も傷ついたのである。

昭和20年度の沿革誌の重要記録では

「八月十四日　十時十分ヨリ終日警報発令　空襲警報三回　ポツダム宣言受諾

八月十五日　正午右ニ関スル放送アリ

八月十六日　午後二回警戒警報発令　短縮授業始ム

（中略）

十月二十日　報徳祭例祭日ナルモ石像破損ノタメ中止シ朝會ニテ学校長報徳ニ関スル訓話ヲ行フ」

となっていて、これ以後、学校活動としての二宮尊徳に関する記事はなくなる。

最後の記録は昭和28年度沿革誌で

「二月二日　二宮金次郎石像建立工事（年度記録なので昭和29年1月2日）

一月十二日　二宮金次郎石像除幕式」となっている。

二宮金次郎の社会学

一、二宮金次郎とはどういう人か

1 大人の金次郎

現在二宮尊徳について関心を持っている人は少ないだろう。若い人では名前を聞いただけでは誰だかわからないという人が多いが、二宮金次郎と言い換えれば名前くらいは知っているという人はたくさんいる。その知識は戦前から続く古い小学校の多くに建てられている彼の像によるものだろう。薪を背負って歩きながら本を読む姿である。「貧しい暮らしの中で親を助けてよく働き、時間を惜しんで学習に励み、後には立派な人になった。」その程度の知識である。しかしそれだけなら現在わざわざ彼に注目する人がいないのも不思議はない。多くの小学校では特に注目されることもなく批判されることもなく二宮金次郎の像が風景の一つとして残っている。

しかし戦前には二宮尊徳(二宮金次郎)を高く評価し、それに学べ、とされた。二宮尊徳は「修身(道徳)」の教科書に取り上げられ、日本人の模範として扱われ、日本国民で知らない人は無い存在だった。今ではそうではない。半ば忘れ去られた英雄といった状況にある。なぜだろうか。二宮尊徳は江戸時代末期、領主の過酷な支配と商品経済に巻き込まれて疲弊した農村、農民を助け、生活を再建させた立派な指導者とされる。彼の働きにより、600余りの経済破綻した村が再建されたということは大きな功績だ。戦前は全国で二宮尊徳の思想を学び、それに基づいて農業改善と農民の生活改善を進める「報徳社」という団体が各地に作られて活動した。しかし今ではその名前を聞くことはない。かつて金次郎も報徳社も、日々夜なべ仕事に励み、倹約を積み重ねて貧困克服と村の経営を進めたのだが、時代が大きく変わってしまった。戦前の農民困窮の一因は地主小作制にあったが、戦後農地改革が行われ、政府の大規模農業改善事業や補助金などの農業政策があり農業基盤が大きく変化した。農家の経済収入も向上した。高度経済成長後の日本では機械化や流通革命、農産物の貿易自由化などが進み、二宮方式では現代の農業環境に対応できなくなったために誰も関心を持たなくなったのではないだろうか。

ところが平成になっても二宮金次郎の本がいろいろ出版されている。いったいどのような人が読むのだろうか。二宮金次郎の本はビジネス書のコーナーで見かけることがある。平成に入って以来、バブル経済崩壊、リーマンショックなどで長い不況が続き、緊縮やリストラという並の不況対策だけでは対応できない状況が起こった。会社経営に行き詰まった経

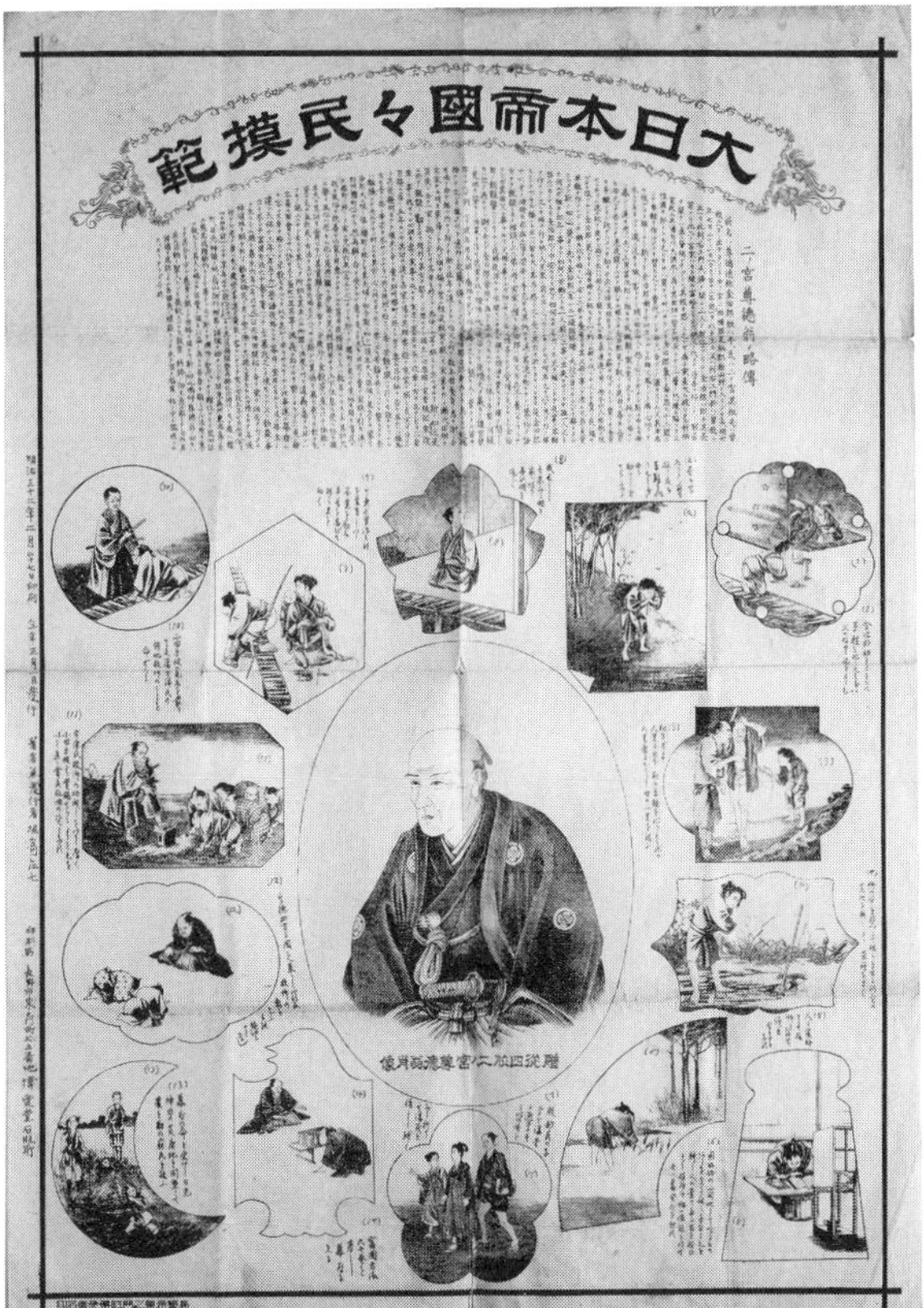

大日本帝国国民模範　明治32年

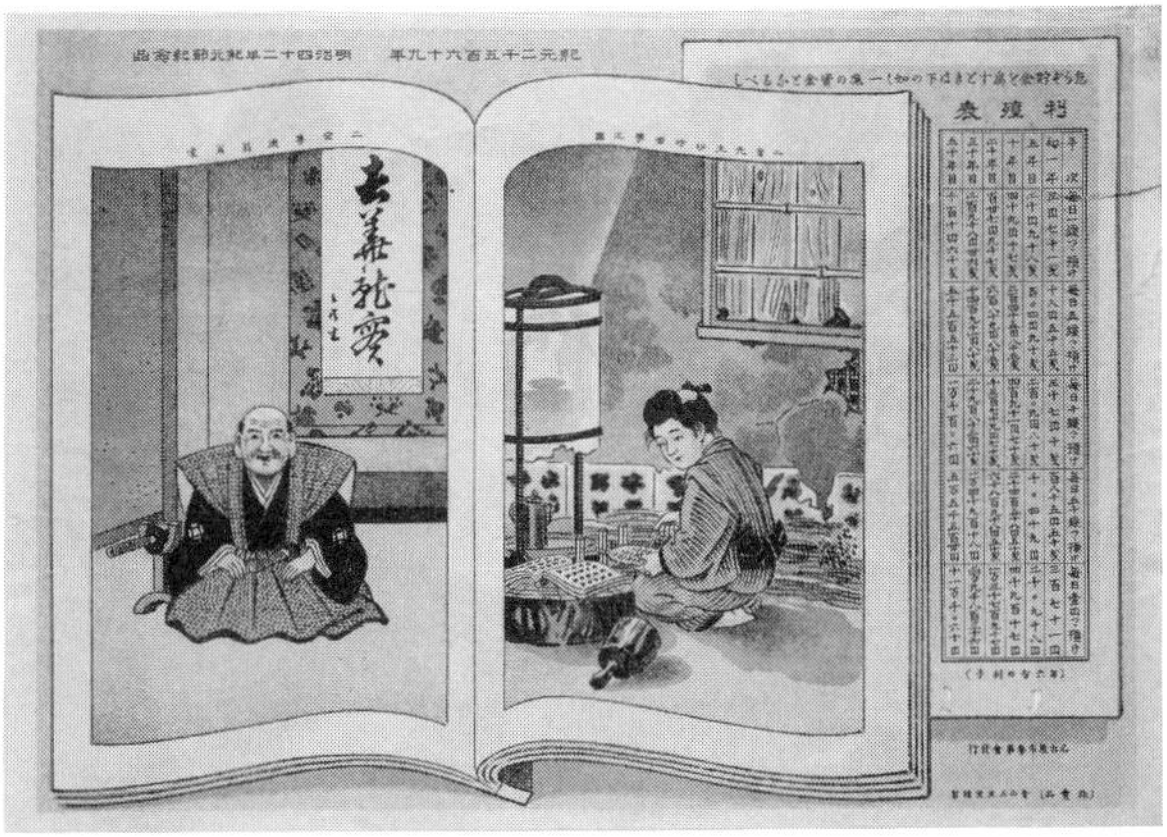

貯金をすれば利子で資金となることを告げる引き札　明治42年

営者やビジネスマンが、絶望的状況にあった幕末の農村復興に成功した二宮尊徳から経営再建のヒントを得ようとしているのかもしれない。

私も遅ればせながら改めて彼の伝記を読んで知ったのだが、よく知られている道徳的人物像の向こうに大実業家としての二宮尊徳が存在していたのである。一般には少年時代の二宮金次郎のイメージが強いが、評価される業績はもちろん成人してからのものである。彼の農村復興の仕事は篤農家の努力といったよくある話ではなく、破産企業に送り込まれた豪腕の再建請負人の風がある。彼が指導した農家の家計回復の方法は、少年金次郎が小さな倹約をこつこつと積み上げていったのと同じ堅実な方法だったが、農村復興プロジェクトは全く様相が違う。必要な所には一気に大量の資金を投入して村の農業基盤を整備し、壊れてしまった生産機能の再起動を成功させたところにある。その何百両、千両というインフラ再建の資金は彼の私財であり、その大金を自力で作ったところが彼のすごい所でもある。薪を背負った貧しい少年の面影はない。その結果たとえ少しでも目の前で村の変化が起これば希望とやる気が起こる。二宮尊徳の思想は欲望を悪としなかった。働く意欲すらわかないほど疲弊した当時の村の農民に、眠っていた生活向上の欲望を目覚めさせたのである。やる気が起これば指導しなくても人は動く。尊徳はなかなかの心理学者である。

彼の変化は青年時代に起こる。尊徳を崇拝する人はあまり触れないが、あえて言うと若い時彼は私的金融業者(金貸し)であった。小口の貸金の利子がまた利子を生み、やがて大きな金融資本(二宮ファンド)になるのである。もちろん彼は倹約生活をし、人一倍農作業をし、柴を売り(注)、他家の奉公人(下男)として働いて給金を稼いでいた。それをしっかり蓄えても大した金額ではない。その金を使って彼は奉公先で借金に苦しむ仲間の使用人に低利で金を貸し、高利貸からの切り替えをさせた。それが評判となりまた顧客を増やした。労働と金融の二重の収益があったればこそ20歳で親の失った田畑を買い戻し、さらに土地を買い足して30歳には村一番の大地主となったのである。幕末に社会は自給自足の農業社会から商品経済、貨幣経済に移行していったが新しい社会の仕組みを理解できた人はほとんどいなかった。師はなくとも金次郎は柴を売りながら経済の仕組みを学び身につけたのである。初期の金次郎の金融面の活動は、後に各地で結成された報徳社の報徳金の運用方法や明治になって最初にできた信用金庫

(掛川信用組合)組織の起源ともいわれる五常講の結成である。26歳で家老服部家に奉公に入ったとき、奉公人たちに倹約と貯蓄を勧め、作った資金をまとめて運用することを教えた。一種の頼母子講であるが講の目指す協力と相互扶助の精神を儒教の徳目である仁・義・礼・智・信の五常の名で示した。経済活動と社会道徳を一体のものとする尊徳思想がもうこの時に出来上がっていた。一方単なる儒教主義者ではない。儒教道徳には他に忠・孝・悌もあるがこれらは身分の上下関係が前提にある。しかも身分の低いものが上のものに一方的に尽くす道徳である。封建制度には疑問を持たなかった金次郎、尊徳だったが、経済活動は対等な人間関係だと考えていたことがわかる。

(注)猪瀬直樹氏によると、当時の小田原の町に住む武家や町家での家計簿を見ると薪炭などの燃料費率は14.2%で現在の光熱費の6.6%よりはるかに高く、燃料は有利な換金商品だった。子供時代は入会地の柴を売ったが大人になると雑木林を二束三文(2分2朱)で買い薪を売って利を上げた。とある。(文春文庫「二宮金次郎はなぜ薪を背負っているのか?」32~34ページ)

金次郎は若いころ金貸しであった。そしてその金でどんどん土地を買い集めて大地主となった。ところが土地を手に入れても彼はほとんど耕作はしなかった。不在地主として田畑は小作に出し小作料を取ったのである。これも予想外れ。なぜか。自分で農業をしても田畑の収穫の多くは年貢に取られてしまう。洪水にあった中田、下田の収穫は金額にして1両程度。彼が奉公で得た金は1年半で3両。才能を働かせれば畑仕事より他家への奉公や商売をした方が多くの収入が得られるのである。江戸時代には農業以外の給与収入や商売収益には税金はかからなかった。金貸しや不在地主という言葉を聞くと、時代劇で見る農民に寄生する大悪人というイメージがわくが、彼は単なる私利私欲の追求者ではなかった。それまではつぶれる寸前だった二宮家の復興のために金儲けに努力した。今は金もある。土地もある。目的が果たされた時に彼はその後の生き方を考えただろう。それまでも彼は困窮者の援助や村の問題の解決にある程度働いていた。武家の家政問題(借金)の解決を頼まれて成果を上げた。世間に彼の経済手腕が知られるようになり、遂に藩主が藩の財政難解決のために彼を呼び出すことになる。

彼はただの金貸し、大地主で終わらなかった。貯めた財産を寄付するのでは無く、それを有効に使い、また資金を増やしながら前例のないプランを実行するのである。貧困に苦しむ個人や村の復興事業に無利子で貸し付け経済復興を果たすと共に、返済時の礼金（利子ではない）でさらに資金を増大させたのである。

藩の命令で農村復興事業に取り組むため任地の桜町に赴く際、それまで持っていた自分の田畑はすべて処分して旅立った。売った金は復興資金にした。農業従事者を卒業したのだ。今まで我々が何となく持っていた農民二宮金次郎のイメージとは全く違う人物が登場する。多くの人は金次郎の一部の姿しか知らなかったのだ。

2 二宮尊徳の農村復興事業の特色

二宮尊徳は没落した自家を再興した手腕をかわれて借金に苦しむ小田原藩の重役の家政再建に働いた。またその成功の評判を聞きつけた藩主に頼まれて分家の領地の荒廃を立て直すことになった。それに成功すると今度は近隣の領主や他藩からも藩の財政建て直し、すなわち疲弊した農村の再建を頼まれるようになった。過重な年貢取立てや天災によって江戸後期の東日本では人口減少まで起こり年貢の徴収高も江戸前期の半分にまでに低下した藩がたくさんあった。尊徳は晩年には幕府から武士に取り立てられ、荒廃した日光領の復興を命じられた。厳しい身分制社会だったにもかかわらず、その能力により異例の出世をしたのである。

二宮尊徳は著しく頑固なところが有る。貧窮に苦しむ村から救済の依頼があってもなかなか引き受けない。村民が彼に頼るうちは動かない。生易しいことではないのだから村人が本気になって自ら取り組む気にならねば成功しないからだ。領主からの依頼も同様である。お上からの依頼であれば誰もが名誉に思い、またお上の命令が断れる時代ではない。しかし彼は重役がわざわざ頼みに来ても引き受けない。殿様が自ら頼む段階になって承諾する。しかしそれにも条件を付けた。小田原藩や相馬藩の藩主はもののわかった人物だったので彼の条件を認めて依頼した。誰にやらせても成功しなかったこと、彼にしかできないことを頼むのだから。幕末には殿様が一介の農民に頭を下げざるを得ないほどに藩の財政は行き詰っていたのである。尊徳は嫌がらせや尊大な気持でこんなことをしたのではない。中途半端な対策では失敗することが明白だからである。殿様が事の重大さを理解し、改革反対派を抑えてくれなければ彼一人の力では改革が進まないからである。過酷な収奪で人口（労働力）が減り、田畑が荒地になって生産力が縮小した農村を再建するためには、年貢を軽減して農民の経済生活を保障し、生み出した余力を使って廃地を再建し、荒地を開拓して生産力を上げなければならない。彼は年貢の限度額を算定するために極秘である藩の経済資料を要求し、何十年にわたるデータを調べた。この点で彼を優れた統計学者、会計士と評価する人もいる。ところが藩はすでに膨大な借金を抱え、何度も武士の俸給を切り下げている。尊徳の改革で年貢を切り下げれば、現状でも借金に苦しんでいる武士階級の生活はさらに厳しい状況に追い込まれる。当然藩内には「なぜ百姓のために武士がこんな目にあわねばならないのか」という強い抵抗があった。

尊徳が最初に復興に取り組んだ小田原藩主の分家の領地・桜山では十年の約束の期間のうち、最初の七年間は彼の上司である役人に妨害され、労働強化を恐れた農民までが加わって抵抗したため成果を挙げることができなかった。最後には農民の理解を得て成功したのだが、武士層はその後もことあるごとに抵抗した。改革が成果を挙げたにもかかわらず、支援してくれた藩主が死ぬと、小田原藩は領内の改革を廃止し、尊徳が小田原領内へ入ることすら禁止した。永久国外追放となったのである。こうした動きは尊徳が最後に働いた幕府においても同様だった。相馬藩だけは例外だった。ここでは藩主の強い支持を受け二人の家老は断固たる決意で百八十年分の藩の貢租の資料をすべて尊徳に提出して藩財政の再建指導を頼んだ。また相馬藩出身で尊徳の高弟の富田高慶が帰国して現地で腕を振るったために大きな成果が上がった。東北の貧乏藩であった相馬藩は年々豊かになり廃藩置県の時には全武士が、生活できるだけの土地を与えられて帰農した。

尊徳の農村復興方法は当時の税制の裏をつくという（荒田再開発や開墾新田にはしばらく年貢がかからない）巧妙な面もあったが、根本は封建社会に虐げられて働く意欲すら失った農民の意識を変え、その力を発揮させて成果を上げたのである。しかし支配層の意識を変えることはできなかった。尊徳は改革が進まず何度も苦悩することがあったが、不思議に身分制度に対しては疑問を持たず、一切の政治批判をしなかった。幕末の政治、社会情勢は大きく動揺したが、それに対する関心も薄く、困窮した農民の一揆も否定した。かれの改革は家臣が勝手に行うものではなくあくまで藩や幕府という権力者が認める範囲内で、その命令によって行われるものだった。これが彼の限界だった。したがって幕府や藩が倒れれば改革は終了する。成果が上がっていた相馬藩でも廃藩置県で事業は終了した。

二、二宮尊徳の評価の変遷

尊徳はペリーが来航した3年後の安政3年(1856)に死に、息子が受け継いだ日光領の改革事業もまもなく幕府が倒れて中止となった。政権交代の混乱も落ち着いて明治政府が本格的に動き出した明治5年(1872)、尊徳の女婿でもある富田高慶は東京に出て松方や西郷など政府の要人に会い、幕府にかわって新政府が農村改革を進めて欲しいと頼んだ。しかし政府にその気は無く、お上の命令で農村復興事業を実行してきた尊徳方式は破綻した。お上の支持支援が無い以上、復興事業は農民自身の意思と団結に基づく自主的な下からの運動でやるしかない。その自力更生運動の組織として明治10年に富田を社長、尊徳の孫を副社長とする興復社が結成され、相馬地方の開発や北海道の開拓事業を始めた。

これとは別に幕末期に静岡県では庄屋層を中心に尊徳の教えに学び、自力で農村復興を進める動きがあった。尊徳が農村更生のために組織した農民信用組合とも言うべき組織を報徳社というが、報徳社を名乗る組織が県内各地に次々と生まれていった。尊徳は非課税の荒地を開墾して米、麦の生産量を増やしていく方法しか考えなかったが、静岡の報徳社では茶や桑(養蚕)などの新しい商品作物の栽培や新しい耕作技術の導入などを積極的に行った。精神は受け継ぎながら、方法では質的転換が起こっていたのである。のちに報徳社組織は全国におよび国民的運動を展開することになるのである。二宮尊徳の思想、業績を評価するときには彼自身の業績と明治以降にシステム転換を果たした報徳社の事業を区別することが必要である。

1 明治政府の尊徳評価

尊徳の行った「お上主導の農村改革事業」に関心を示さなかった明治政府も相馬や静岡で進められた自主的な農村更生事業が成果を上げたことについては関心を示した。一方明治9年には地租改正に反対する農民一揆が各地で起こった。西南戦争後はインフレ解消と政府の正貨保有増加のために増税が行われ、さらに明治13年には松方デフレ政策が実施された。その結果、米、繭の価格が暴落し猛烈な不況が起こった。明治16年から19年の4年間に困窮による税金の未納の結果、土地の公売処分を受けたものだけでも21万人に及んだ。土地を失い小作人に転落した者の数知れず、貧窮化の中で自由民権運動は激化し、秩父の困民党の一揆には軍隊が出動するまでになった。農民対策として二宮尊徳を担ぎ出したのはまさにこの時である。二宮尊徳はお上からの資金援助無しに農民の自力更生を実施して農村の経済困難を救った。彼はお上を批判せず、一揆を否定した。まさに政府の救世主的人物である。

明治13年富田高慶が書いた尊徳の伝記である「報徳記」が元相馬藩主により明治天皇に提出された。これを読んで感動した天皇は、翌年東北巡幸の際には富田高慶を引見した。「報徳記」は明治16年、宮内省により勅版として刊行され全国の県令(知事)以上に配布された。明治18年には農商務省、23年には大日本農会から刊行された。大日本農会のものは一般にも販売された。明治22年には尊徳に従四位を追贈している。

2 国民への影響拡大――努力の少年二宮金次郎

報徳記は漢語調で全8巻あり、あまり一般向けではなかった。明治24年、博文館から少年文学の一冊として幸田露伴の「二宮尊徳翁」が口語体で出版されると、ようやく尊徳が国民一般に知られるようになった。露伴は青少年に勤労とともに学ぶことの大切さを伝えたかったという。この本の巻頭には色刷りの版画が2枚付いており、1枚目は温厚な姿の晩年の尊徳。もう1枚が薪を背負い書物を読みながら歩く少年時代の姿である。この絵が二宮金次郎のイメージを作ったらしい。二宮神社にある尊徳の面影を良く伝えるという肖像画はあごひげの濃いいかにも意志の強そうな容貌だが、まずこのイメージを持つ人は少ないだろう。身長6尺体重25貫(180センチ、90キログラム)の当時としては巨大なこの大男は時には家老も叱責したという。教科書に載せるには従順で素直そうな少年の姿が良いとされたのだろう。明治の20年代に教科書に登場し、明治37年の国定教科書「尋常小学修身」からは孝行、勤勉、学問、自営の四つの徳目を代表する人物として描かれることになった。明治35年には幼年唱歌に、44年には尋常小学唱歌(別の歌詞)になった。

3 産業界の新たな評価――農民モデルから産業界のモデルへ

資本主義の発展とともに産業の諸分野にあらたな企業が誕生した。二宮尊徳の事業と思想は新たな産業の創業者たちの経営方法や企業倫理に大きな影響を与えた。

御木本幸吉は世界初の真珠養殖に成功し世界に輸出する産業とした実業家である。彼は安政5年三重県で生まれ、海産物商となった。二十歳の時、旅先の日光で二宮尊徳の農村復興の事績を知り感銘を受け、自ら「海の尊徳になる」と決意して真珠養殖に取り組んだ。明治29年、半円真珠の特許、大正5年(1916)真円真珠の特許を取得。

事業に成功すると、郷里に道路やトンネルを作って寄付した。また尊徳の生誕地が人手にわたって荒れ果てているのを知りその土地を購入して中央報徳会に寄附した。

豊田佐吉は慶応3年(1867)、静岡県の大工の子として生まれた。静岡県は早くから尊徳の思想に基づく報徳社が最も多く組織された土地である。父の伊吉は二宮尊徳の信奉者で報徳社に高額の寄付をしている。佐吉は大工修行後、織機の改良を目指し、明治23年豊田式木製人力織機を発明。その後も改良発明を続けて次々と特許を取り、明治30年、工場経営を開始。この発明は日本の繊維工業の機械化と発展に非常な貢献をした。昭和5年(1930)に英国の特許を取るとこれを売った金で自動車の特許を買い、息子喜一郎に自動車事業を任せた。これが今のトヨタ自動車となる。トヨタ自動車には昭和10年に発表された「豊田綱領」がある。「佐吉の5回目の命日35年(昭和10年)10月30日に喜一郎らが佐吉の教えを整理し発表した。そこには至誠、産業報国、質実剛健、報恩感謝といった報徳思想につながる言葉が盛り込まれた。」(朝日新聞 2005年5月21日夕刊「やらまいか をたどって・8」の記事より)

同様に尊徳の影響を受けた松下幸之助は家電製品製造で世界的な松下電器(現在パナソニック)の創業者。「経営の神様」と称された。明治27年和歌山県生まれ。父が破産し9歳で丁稚奉公に出る。16歳で大阪電灯に入社。大正6年退職し電気ソケットの製造販売を開始。大正7年松下電気器具製作所と称す。昭和7年創業記念式で、水道の水のように「良い品を低価格で大量に作って供給し、人々を幸福にする」という「水道哲学」を社員に訓示。戦後はPHP研究所を設立して倫理観の譲成に取り組み、また松下政経塾を設立して政治に貢献しようとした。二宮尊徳の思想は戦後の日本経済の発展にまで影響を与えたといえる。

一方別の側面もある。明治38年に経済面で大きな転機が訪れる。資本主義の発展は、新しい、しかも貧しい労働者という階層を作り出した。日露戦争の勝利に沸くこの年は、一方ではポーツマス条約に不満な民衆が日比谷焼き討ち事件を起こすなど、必ずしも安泰ではなかった。この年はまた二宮尊徳没後50年の年でもあった。これを記念して政府、教育界、実業界からなる半官半民の「報徳会」が設立された。発起人には三井の理事早川千吉郎などの財閥も並んでいた。当時日本の産業革命もようやく進み、一方では労働争議も起きていた。資本家たちは「勤倹力行」による「農村復興」の根源となった二宮尊徳の思想を工場労働者の「公共精神」による「労使協調」に拡大して利用しようとしたのである。住友が40年の労働争議の際に作った「自彊社」は尊徳の報徳思想をモデルにした組織だった。三菱の「家族経営主義」にも報徳思想が取り入れられた。

注・労働者管理への思想の利用については見城悌治氏の「近代日本の勤労倫理と報徳思想」を参考とした。

4 新しい市民層の求めた尊徳——市民モデルへ

明治の終わり頃から尊徳の思想や改革政策、経済分析などに関する本格的な研究が出てくる。時代は教育の普及や都市化が進み、給与生活者も増大して新しい市民層が形成されつつあった。明治44年の「二宮尊徳の新研究」で田中玉堂は尊徳をヒューマニストととらえた。国民的影響から見ると昭和5年に講談社から出た武者小路実篤の「二宮尊徳」の影響の方が大きいだろう(私の手元の本は昭和10年発行で80版とある)。実篤は大正デモクラシーや自由教育運動が起きていた中で白樺派の一員として活躍した人物である。彼はその本の中で、尊徳をワシントン、リンコルン(リンカーン)に匹敵する人物と評し、尊徳のことを知らない人があったら日本人の恥だ、とまで言っている。トルストイが彼のことを知ったら感心しただろう、とも言っている。実篤は芸術と農業に根ざした「新しい村」を建設しようとしていたから、その理想モデルとして尊徳に注目したのだろう。但しこの本は実篤が尊徳に心酔しきっていてヒューマニストとしての評価を述べたというより尊徳主義の宣伝書になってしまっている。

5 再度の政府の注目——困難に耐える国家主義者へ

昭和初期は激動の時代だった。大正時代の終わりから続く不況で失業者は増大し、労働争議や小作争議が頻発した。武者小路実篤の「二宮尊徳」が出た昭和5年には労農党が結成されたが、すでに共産党への弾圧は繰り返されていた。前年には世界恐慌が起こっていたし翌年には農業恐慌と満州事変が起こっている。昭和7年には青年団と産業組合を拠点に農山漁村更生運動が起こされる。農業分野以外にも産業組合を拡大し、自力更生、勤倹力行、をスローガンに不況の克服を図ったのである。しかし思うような成果は上がらず、軍部、官僚、財界は中国への侵略で問題を解決しようとし、日中戦争から太平洋戦争まで国民はどんどん戦争に引き込まれていった。政府は戦意高揚と勤労動員の手段の一つとして再び二宮尊徳を担ぎ出した。

　多くの学者や文士が非常時局と尊徳を結びつけた論文や本を次々と出した。尊徳のすべてと皇道が結びつけられた。全国の小学校に二宮金次郎の像が建てられるというブームが起こったのはこの時である。貧しい農民も、もっと貧しくて生活のため満州に移住した農民も、軍需工場に動員された市民も、その家族たちも尊徳亜流の「政治に不満を言わず、貧しさに耐え、勤労と倹約に励む生き方」が求められた。政府にとってこんな都合のいい思想はない。

　もし政府が本当に尊徳思想を理解し採用したならなら全く方向違いだ。尊徳はよそからの利益を当てにしないから植民地をほしがらないはずだ。どんなに困窮しても一揆は認めないから武力で侵略したりしないだろう。収入に合った支出を行うから膨大な軍事費は削ることになる。国民の負担を減らして生活を保障し、勤労意欲を高めて生産を上げ、経済の回復を図るだろう。

6　社会主義からの尊徳批判——日本の近代化を阻止する思想

二宮尊徳が国家主義、軍国主義に利用される状況に対し社会学者から反論が出された。組合運動の研究家である奥谷松治が昭和10年の「経済評論・9月号」に「二宮尊徳の批判的研究」を発表した。その中で、尊徳の改革には一定の農民救済の効果があり、支配者が倹約政策しか持てなかったのに対し、生産拡大を目指して農民の生活安定に努めるなど評価する点もあるが、「農村再興政策は封建末期における最後の弥縫策にしてその根底は身分的支配制度の上に打ち立てられたものである。」またその道徳主義的思想も「封建末期の階級闘争に対し、それを隠蔽し瞞着するため、支配階級の道徳と変わらず。」と批判した。「尊徳の仕法は封建末期の社会の諸状況に照応して樹立されたものであったため、資本主義が高度に発展した現在に於いては適応されるべき余地はない。」と定義しながらも「農奴的半封建的土壌の上に成立した現在の日本資本主義社会に於ける支配階級の諸政策は、その様式に於いては近代化されているが、その本質に於いては多分に(農奴的半封建的なものと)共通したものがある。」と分析して、だからこそ労働者の基本権も認めない地主小作制度の支配的な日本において、二宮尊徳の封建的思想が「欺瞞的農村経済更生運動の最高偶像」として政府によって称揚されているのだ。と述べている。昭和11年にも「二宮尊徳と報徳社運動」の中で報徳社運動を反動的役割を果たしていると指摘し、尊徳の思想を封建的と批判した。

また昭和16年、言語学者、文学者であり、農民運動ともかかわった高倉テルは尊徳批判の意図をもって「評伝大原幽学」を著した。戦後に書かれた「わたしが大原幽学を取り上げた目的」(人物叢書 付録第104号 吉川弘文館発行)によると「その頃政府が農民の太陽にしていた者は二宮尊徳で、報徳教は、農業恐慌がおこるたびに、必ず持ちだして、耐乏生活をしい、それを農民の反抗をおさえる道具に使っていました。――尊徳は幕末の資本主義の発達で、ほとんど破産しかけていた領主や幕府の財政を立てなおすために、農民に一層の労働と負担を負わせました。――すべて農民の犠牲をもとにしたものでした。――どうしてもこの事実を暴露する必要があるが当時それは骨の折れる仕事でした。尊徳とは反対に、農民の立場に立って農業とその経営の改革を真剣にやった人はいなかろうか、それを通じて尊徳批判をやる方法はあるまいかと探しました。その結果大原幽学を取り上げることにしたのです。」とある。大原幽学は二宮尊徳と同じころ同じ関東の農村で農民教化を通じて世界初の協同組合を作り、新農法の導入や耕地整理、共有地の運営などを行って農民の生活向上に成果を上げた人物だが、それがもたらす体制変化を警戒した幕府によって弾圧を受け、切腹して果てた人物である。「尊徳は反動的な報徳思想だけは残したが、その仕法は小田原にも、日光にも、相馬にも、さっぱり残っておりません。その仕法をやめて、農民が助かった証拠です。幽学の場合は千葉県長部村を中心に、その仕法が今もそのまま残っており、ほとんどそのまま続いています。これは、幽学の仕法によって、農民が大きな利益を得たからです。」これが高倉氏の主張である。しかし、治安維持法が強化されるなど極端な思想弾圧の行われた昭和16年という時節柄、著書では尊徳を否定する文言は直接的には書かれていない。

7 戦後の評価――民主主義者となった二宮尊徳

GHQの占領政策の第一は日本の軍国主義と封建主義の一掃だった。国民はこれらの思想の重圧から開放されてホッとしたことだろう。勤倹力行の名の下に極端な耐乏生活を長らく強いられてきた人々は尊徳の思想も倹約生活も軍国主義と一体のものだった。学校に建てられた二宮金次郎の像は学習と勤労の象徴だけではなく軍国主義、皇国思想の象徴としても教育に使われていた。学校では占領軍が来るというので金次郎像を壊したり隠したりしたところもあった。ところが尊徳の思想を調査したGHQはその中に軍国主義的思想を発見できなかった。二宮尊徳の思想はＧＨＱによって禁止されたという誤解があるが、そんなことは無い。ＧＨＱは誤解を解くために声明を出したほどである。昭和21年に出された新１円札のデザインには二宮尊徳の肖像が採用されている。（事前にＧＨＱの許可を受けている。）焼け跡のゼロからスタートせねばならなかった日本経済の復興にはまだまだ貧しさに耐えて働く「勤倹力行」の尊徳思想が必要だった。

昭和25年、寺島文夫は「二宮尊徳」で尊徳を現代にどう生かすかという観点で論じ、尊徳を「偉大な民主主義者」と評価した。尊徳が西洋型の民主主義思想を持っていたとは思えないが、著者によれば、支配者の重税政策を制限し、民衆の生活と幸福を図ることを第一とした彼の考え方や行動が民主的という評価である。

8 植民地からの視点

国家が二宮金次郎を教育の中でどのように利用したかを考えるのに良い資料がある。植民地時代の台湾における修身教科書である。政府の意図は一般日本国民に対するよりも露骨に表れている。陳淑瑩氏の論文「日治時期臺灣原住民児童之道徳教育――以道徳教科書中之人物階層中心――」によれば台湾には日本人の尋常小学校とは別に台湾人と高砂族のための公学校があり、そこでは台湾総督府が作成した教科書が使われた。その修身の教科書で一番たくさん登場するのが二宮尊徳である。同じように登場する金次郎だが、日本人の使う国定教科書では「遅くまで働いた後でも勉強し、夜の勉強のため油を作るなどの工夫をし、努力して偉大な人になった」とされている。公学校の方は「労働に精を出し倹約に努めて立派な農家になった」という記述である。記述が少し違っている。負薪読書の金次郎の姿は「本を読んで社会の指導者になる」部分と、「柴を背負って働く勤勉な農民」の二つの部分を象徴している。ところが台湾人には「勤勉に働く人になれ。」というのみで、「本を読んで指導者になる。」ことは考えなくてもよろしい。ということになる。植民地の教育の恣意性がよくわかる。

陳氏の論文では植民地経営の一環として、教育においても台湾人が日本人に差別されていたことを指摘している。しかし振り返って「勤労報国」と書かれた金次郎像のことを考えると、一般の日本国民の状況も植民地の人への扱いと大して変わっていなかったことがわかる。昭和16年からの国民学校の修身教科書では、金次郎は主に米作りに励んだ人物として描かれているだけである。

おわりに

高度経済成長期になると多くの人は「貧困は克服された」と考え、二宮尊徳を忘れていった。ところが経済が行き詰まると誰かが二宮尊徳を思い出す。実に我々はご都合主義の動物だ。ただし困った時の神頼みでは進歩が無い。近頃の日本の財政赤字は江戸末期に似て深刻である。格差も拡大して様々な問題が起きている。政府や財界の景気回復策はそれなりの理屈がつけられているが、国民生活という視点が希薄だ。根本的な解決策を考えようとする時には、まだまだ尊徳の考え方を参考にする必要があると考える。しかし尊徳の思想を個人の生き方や単なる景気回復の処方箋という狭い部分のみで捉えるのは間違いだ。尊徳の思想は正面切った政治批判や政治論を持っていないが国民生活のためには政治はどうあるべきか、政治家は何をなすべきか、という政治哲学として意味を持っている。

人物の評価は時代の状況、要請によって変わる。二宮尊徳については、これほど時々の状況によって多様な評価をされてきた人物はいないのではないか。努力家の少年。農村復興への貢献。貧困から異例の出世を果たした成功者。封建制や地主小作制に疑問を持たず、保守勢力に利用された。等々いろいろな側面があり、都合のいい部分を取り出して政治的に利用しやすい対象でもあった。彼を今も高く評価する人々があるが、かつてのような観点だけで彼を持ち上げるのなら彼は過去の人にしか過ぎない。しかし現代の課題を考える時には、今も学ぶことの多い人だろう。

二、修身教育と二宮金次郎

はじめに

戦前から続いている小学校にはたいてい二宮金次郎の像がある。考えてみればすごいことである。一人の像がこんなにたくさんあるのは世界中のどこにも例がない。日本全国にはいくつの金次郎像があるのだろうか。ところが自分の経験では小学校でこの像について習った記憶がない。存在するのに全く無視されている。これまでずっと疑問に思うこともなく過ごしてきた。十年ほど前その不思議に気づいた。以来、金次郎像がいつごろ、どんな背景で作られたのだろうかと、少しずつ小学校を廻って金次郎像を見学し、各市の図書館で学校史の本を探して調べてきた。本稿では調査のきっかけとなった疑問点の「学校と金次郎の関係」、具体的には「戦前の修身教育がどのような意図と経過を経て成立し、そこで二宮金次郎がどのように扱われたか」を明らかにしようとするものである。記述は高校生が授業の合間に読んで、より日本史の理解が深まるように心がけた。出典等については「注」を設けず重要なもののみ本文中に入れた。

明治の教育思想と修身

王政復古により明治政府は神祇官を置き、明治3年(1870)には大教宣布の詔を発して皇道思想に基づく国民教化の政策を進めた。しかし皇道主義を唱える国学者たちの進めた運動は十分な成果を上げられず、明治4年から5年にかけて神祇官は神祇省にさらに式部省に格下げされた。政府は復古ではなく文明開化の政策をとるようになり、西洋の近代的諸制度を急速に取り入れるようになった。しかし皇道主義が途絶えたわけではなく、やがて天皇制国家主義を支える思想として大きく復活してくる。明治4年に文部省が設置され、5年に学制が発布された。学制は全国民が教育を受けることと小学校を設置することを指示した。これにより近代学校教育がスタートした。学制の前文にあたる「仰せ出だされ書」にある教育理念は福沢諭吉が著した「学問のすすめ」にある「立身・治産」という功利主義的思想をそのまま表している。全国に、人口600人ごとに1校の小学校を作る計画は画一的で地方の事情を無視したものであったが、短期間に全国で多くの学校が設立されたことは画期的であった。一方学校建設費や教師の給与を含む運営費等は住民負担であったため増税と変わらない結果となり大規模な学制反対一揆がおこった。明治6年北条県(岡山県の一部)では暴動で管下46の小学校の大部分が破壊された。明治9年に三重県から岐阜県、愛知県西部に広がった地租改正反対一揆では役所、警察とともに多くの学校が破壊された。

明治5年学制に次いで小学校教則が出された。翌年の改正教則によれば第8級(現在の1年生の前期にあたる。初等小学校は4年間を半期ずつ8級から1級まで試験を受けて進級して卒業する。)の授業は、綴方、習字、単語読方、算術、修身口授、国体口授、単語暗唱となっている。口授とは教科書を「教師口ツカラ縷々之ヲ説諭ス」という授業である。実際は教訓的お話の時間だったようである。当時の教科書の多くが欧米の倫理書の翻訳で、児童には難解なものだった。他の教科でもレベルが高いものが多く、世間では学校は実用の役に立たない学問を教えている、という批判があった。

明治12年、政府は学制に替えて教育令を公布した。これはアメリカの教育制度を導入したもので、中央集権的、画一的学制を廃止し、地方の民力に応じて学校を運営するようにした。教育の権限を大幅に地方にゆだね、学校の設立は町村を基礎とし、住民が選挙で選んだ学務委員が事務を管理することにした。また就学期間を短縮し、就学義務を緩和した。この時期自由民権運動が高まっており、これと結びつけて自由教育令と通称するようになった。しかし翌13年には条文の一部を修正した(改正教育令)。形は修正であるが中身は大きな方向転換があった。教育令のもとでは学制の強制がなくなったため就学率が低下し、経費節減のため学校を廃止するところが出て教育の後退がおこり、教育令への強い批判がおこったのである。改正教育令では文部卿と府知事・県令の監督権限が強化され教育の中央集権化が図られた。また学校設置、就学の義務規定が強化され、最低就学期間を教育令の16か月から3年に延ばした。「修身」を小学校の学科の冒頭に置いたこと、元々わずかだった学校への国庫補助金が廃止されたことも重要な変更である。自由教育論に統制教育論が勝利して、学制期に地域によって不揃いであった教育(寺子屋と大差のない学校も多かった)は文部省、府県の管理により統一的に整備され、教育内容も向上した。

しかし2つの問題が残っていた。1つは議論のもとになった就学率の低下である。盛んな就学督促にも関わらず就学率は伸び悩み、明治10年代後期から20年代初めは低下して50%を下回った。増税、松方財政によるデフレ政策、米繭の価格暴落などが続き国民は教育費の捻出が困難だったのである。保守派は「自由教育は自由民権の元凶」と批判してきたのだが、この時期に民権運動は各地で激化(福島事件、秩父事件)していった。明治18年、教育令は再度改正され、地方の実情に応じて簡易な教育を行なえるようにした。学科の規定を廃止し、授業は午前でも午後でも夜間でも良いとし、教育費の負担軽減をはかった。結局、就学率が徐々に向上したのは20年代後半の日清戦争後の経済発展期からである。明治33年の小学校令改正で授業料の廃止を実施したことも大きい。これにより男子に比べて大きく低かった女子の就学率が急速に向上し、35年には男女平均90%、37年には女子の就学率も90%を超えたのである。

もう1つの問題は改正教育令で筆頭科目となった修身の中身である。教育令では学校教育を政府統制にするか、地方に任せるかという点が争点となったが、同時に政府内では教育思想の理念をどこに置くかという激しい論争がおこっていた。欧米の近代合理思想か儒教による忠孝思想か、という争いである。明治12年、明治天皇は侍補元田永孚《ながざね》に起草させた「教学聖旨」を参議伊藤博文、寺島宗則(文部卿兼任)に示した。「知識偏重の教育や文明開化は日本の品行・風俗を破る弊害である。孔子の仁義忠孝の道こそ教育の根本である。」という内容であった。文部省は天皇の意志を受け、これ以後儒教主義、徳育主義の教育方針をとるようになる。しかし伊藤は近代化に否定的な保守的儒学者の元田が執筆者であると知ると強く反発した。彼は「風俗の乱れは欧米化によるのではなく急激な社会変化による。」として欧米の新知識導入の必要性を述べる「教育議」を天皇に提出して元田と対立した。12年の自由教育令では伊藤の主張どおり修身の扱いに変化はなかったが翌13年の改正教育令では前述の通り修身を教科の筆頭に改めた。反儒教派の伊藤も天皇の意志に逆らうことはできず、また自由民権運動に対抗するために保守派と妥協して修身の扱いを認めた。しかし儒教派と開化派の対立(徳育論争)はその後も続いた。

文部省は修身教科書の翻訳書の使用を禁止し、15年には儒学者に新しい教科書を作らせた。14年には小学校教則綱領を出して修身の授業数を拡大し、同年の小学校教員心得では「教師は知識を教え込むのではなく道徳性を持たせるべきである。」とされた。15年の「小学修身編纂方大意」では、儒教が日本の道徳に深く関係しており、西洋倫理は日本に合わない旨がかかれており、以後教科書から西洋の格言などが姿を消していく。これとは別に宮内省でも天皇の命をうけて元田永孚が編纂した児童向け教訓書「幼学綱要」を製作し、全国の小学校などへ4万5千部を頒布した。内容は、孝行、忠節などの徳目を上げ、中国・日本の歴史事例を述べて解説する絵入りの本である。これは勅撰の修身書であり、その後の修身教科書のモデルとなった。

儒教思想の徳目注入教育を批判したのは伊藤博文だけではない。福沢諭吉は「徳育如何」の中で儒教主義教育の信仰や服従の精神を批判し、初代文相となった森有礼は道徳教育に「自発性」を求め、忠孝道徳の暗記主義を批判した。また彼は「倫理書」の中で自他並立の助け合いの生き方をのべている。

明治18年、太政官は内閣制度に改められ、初代伊藤博文内閣の文部大臣となった森有礼は小学校令、中学校令、帝国大学令など一連の学校令を制定した。これにより体系的な学校教育制度が確立された。森は反儒教派で修身の授業時間を減らしたが、それは彼が道徳を修身科によって言葉で教え込むより体育のように体で覚えさせる教科によって行われるべきだという考えだったからである。森は国語のローマ字化を考えるなど極端な欧化主義者であった一方、自分を国権主義者と称していた。開化派が進めた富国強兵などの近代化政策の根底には、植民地化を狙う列強の侵略から日本を守ろうとする、危機感から来る国家主義思想があった。一方、明治15年、17年の朝鮮における壬午事件、甲申事変で朝鮮での外交的緊張が高まると民権論者にも国権論が広がり、政府の内外を問わず国家主義の思想が主流となった。明治22年、天皇絶対制を定めた憲法が発布され、また国粋主義者によって森有礼が暗殺されると、彼が進めた儒教抑制政策に政府内からも不満が噴出し、翌年には天皇制を支える思想指針として教育勅語が発せられた。ここにおいて教育論争は終結した。

以後修身教育は教育勅語の精神と一体となって教育の中心として役割を果たすことになる。しかし単純に開化派(欧化派)が敗れて儒教派が勝ったというわけではない。「忠義孝行」の儒教道徳の根本は親子の間の愛情にあたる「孝」の精神である。この精神を社会、国家に広げた時、君臣間に生まれる精神が「忠」である。したがって孝行と忠義は同心円上にあり、忠の根本は孝であり、孝を拡大すれば忠となり二つの本質は一体であるとされた。子が親に孝行する家族は円満で、同様に家臣が君に忠義をつくす国は平和である。王(天皇)を大きな親とみる疑似的家族国家論はシンプルではあるが本質の違うものを同一と錯覚させたに過ぎない。同一でないから矛盾がおこる。後白河法皇と父清盛の対立の中で、平重盛が「忠ならんとすれば孝ならず。孝ならんとすれば忠ならず。」と悩むことになる。国家秩序と家族道徳の矛盾は儒教を説いた孔子ですらわかっていたはずだ。「子路」篇の中で、父が羊を盗んだと役人に証言した子供に対し「父は子のために隠し、子は父のためにかくす。」と述べている。孟子も「梁恵王・上篇」で国の法と家族のどちらを優先するかという問題で家族を上げている。儒教ではあらゆる道徳の根本は家族の「孝」であるという思想である。「孝」と「忠」とは同様に大切だが二者択一となれば「孝」が優先される。しかしこれでは明治政府は困る。そこで修身の道徳では儒教の孝を根本としながら天皇への忠を最終目標として実践させる道徳体系に改造されたのである。

教育勅語は山形有朋内閣のもとで検討された。まず道徳教育の基本指針を作るように命じられた文相・榎本武揚は作成に消極的だったため更迭された。曲折後、明治憲法の起草者の一人であった内閣法制局長官井上毅と儒学者元田永孚により起草された。天皇が直接国民に語りかける形式をとり、その内容は儒教の伝統的な道徳観を基礎にして天皇崇拝を中核にする国家主義思想になっている。

以後昭和20年(1945)の敗戦まで修身、また教育の根本規範とされた。学校では祝祭日に校長がこれを奉読することが定められた。発布後、勅語の礼拝を拒否する内村鑑三の不敬事件が起こり、文部省はその取扱いを強化した。

日清戦争後、極端な国粋主義の高まる当時の風潮に西園寺公望文相は教育勅語の弊害を感じ、今後の国際社会の中で生きるために必要な国民の資質や上下身分の倫理ではない横のつながりからなる新たな社会の倫理が必要だと考えた。そのために教育の刷新を目指して第二教育勅語をつくろうとした。天皇の許可を得て、「善隣外交による平和をめざし、学術と産業を発展させることが国家富強の道である」という趣旨の案を作成したが、諸事情で実現しなかった。

昭和になると教育勅語は国民教育の基礎として神聖化され、御真影(天皇の写真)とともに奉安殿を作って保管された。昭和13年に国家総動員法が制定されると、それを正当化するために利用され、本来の趣旨から離れ軍国主義の経典として利用された。第2次大戦後、教育勅語は国会の両院で排除・失効が決議された。

二宮金次郎の登場

二宮尊徳は幕末期に疲弊した農村の復興に尽力した。彼によって救済された多くの村ではその名を知らぬ人はなかっただろうが、それは関東地方の限られた人々だった。晩年には幕府に登用されて日光領の復興に従事したがその途中で彼は死に、間もなく幕府が滅んで復興事業も停止された。明治新政府の中枢は西国出身者が占め、彼を知る人は少なかった。尊徳の弟子で、女婿でもあった相馬藩出身の富田高慶は新政府に二宮尊徳の方法による農村振興策を訴えたが、取り上げられなかった。第1国立銀行の設立など明治の実業界を指導した渋沢栄一の著書「論語と算盤」（角川文庫198～200ページ）に、当時大蔵大丞として財政改革に取り組んでいた彼の自宅を訪ねた西郷隆盛が、二宮尊徳の仕法を政府が採用してほしいと頼みに来た。という記述がある。明治12年、二宮尊徳の復興事業で救われた旧相馬藩藩主から富田高慶が書いた「報徳記」（尊徳の伝記）が明治天皇に献上され、これを読んだ天皇は感動して翌年の東北巡幸の際には富田を引見している。報徳記は明治16年には宮内省勅版として印刷、18年には農商務省から印刷され全国の官吏に配られた。22年に二宮尊徳に従四位が追贈された。23年には報徳記が大日本農会から出版されて一般の人がこれを読めるようになった。その漢語調の書を誰もが読める伝記としたのが幸田露伴である。彼は「二宮尊徳翁」（明治24年博文館出版）の中で、小学校すらまともに卒業できない者が多かったこの時代の働く若者に、学ぶことの必要性を教えようとしたとされる。二宮尊徳は、働く役人、大人の生き方の模範として、また少年に学問の大切さを教える見本として、明治時代に生き返ったのである。

学制が出された明治5年以降、多くの教科書が作られたが二宮尊徳、もしくは少年時代の金次郎が教科書に登場するのは上記の事情で20年代以降になる。当初の教科書は自由発行、自由採用であったから（一部文部省の製作した本はあった）全貌はつかめない。政府批判の自由民権の本を使ったところもあったという。修身科の内容がまだ定まっていない明治5年の「小学教則」に挙げられている修身の教科書例を見ると、8級、7級の修身口授は「民家童蒙解」「童蒙教草」福沢諭吉、6級は「勧善訓蒙」箕作麟詳訳、5級は「性法略」神田孟格訳、と翻訳本ばかりである。そもそも「修身」とは福沢らが米国書の「モラル　サイエンス」を「修身論」と訳して慶応義塾の講義で使用したのが始まりとされる。明治10年代になると保守派の巻き返しで欧米型翻訳本への批判が強まり、12年には使用禁止となった。かわりに「教学聖旨」に基づいて仁義忠孝を基とする教科書が作られた。明治16年には自由発行だった教科書は許可制に改められ、19年には検定制に変わった。

手元に「尋常小学修身口授教案 巻三」という明治21年3月発

行の和綴じの教師用の本がある。管見ながら二宮尊徳が授業に取り上げられた最も初期のものと思われる。内容は「格言・事実」という形式になっている。第94章には題目として「効あれば己れ顕さざるも人之を顕はす」、訓話として「二宮先生と老ひたる人足の話」、「目的」として「何々…と諭す」となっている。二宮尊徳が、役立たずと評されていた老人が実は陰日向なく働くことを見抜いたというエピソードが載っていて、その後ろに6つの「問詞」がある。教師の質問に児童が答ながら自然に徳目を理解するようにできている。

子ども時代の金次郎が出る教科書としては明治26年の「小学修身経入門」が最古。有名な負薪読書で山道を下る図がついている。薪を背負って本を読みながら山道を歩く姿は幸田露伴の「二宮尊徳翁」に初出したが、この本の図では両手で本を持っている。27年の「尋常小学読書教本 巻六(3年後期用)」(普及舎発行)には灯油を使って読書することにいい顔をしない親戚のことが載っている。金次郎のエピソードで挿絵によく出るのは、柴を背負って読書するものと、この本で扱った夜なべ後に灯油で読書する姿である。話の最後の部分に、後に出世したことが少し付け加えられている。明治33年の「新編修身教典 尋常小学校用 巻二」(普及舎)には「だい六　にのみやせんせいは、まいばん、よなべをしまったあとで、ほんをよまれました」とあり、背負子を背負って歩く姿の挿絵があるが、ここでは手に本を持たず鎌を持っている。翌明治34年の「修訂小学読本 尋常科 巻八」(金港堂)では5ページの本文中最後の4行が成人後の記述である。戦前の読本は歴史や科学のことも扱う幅広い読み物の科目であったので尊徳の社会的功績も載ったのである。

このように修身、読本の教科書にいくつか登場していた金次郎は明治36年、教科書が国定制に切り替わると、少年時代の姿のみが修身の教科書に取り上げられることになった。読本や歴史の教科書には全く載っていない。昭和の時代になっても小学校にしか行けなかった者が多かったため、成人した金次郎(二宮尊徳)が多くの農村を復興した農政家であったという知識は国民一般のものとはならなかった。

国定教科書の金次郎像

日露戦争がおこった明治37年教科書が国定性となり、まず修身、読本、歴史の教科書ができた。以後全国民が国定教科書で学ぶことになった。それから昭和20年の終戦まで何度も教科書の改訂があったが常に二宮金次郎は修身の教科書に登場し、誰もが知る人になった。

第1期国定教科書　明治37年から42年

尋常小学修身書　第2～4学年

義務教育は明治33年から4年間、明治40年から6年間となる。尋常小学校の3年の修身の教科書に登場した金次郎は「孝行、学問、勤勉、自営」の4つの徳目で扱われた。この時期は必ずしも儒教万能の方針ではなく、高等小学校の修身教科書ではナイチンゲールやリンカーンなどが登場し自由、平等、博愛などの徳目もあった。全体に市民倫理が多く、保守派はこれを攻撃した。

〈時代背景〉　この時期は重工業化に向けた発展期であり、西洋文化を取り入れて日本の近代化を進めなければならない、という国家要請があり、それが教科書に反映している。しかし日露戦争の勝利によって国家主義、軍国主義の思想がさらに強まり、日本は西園寺が懸念した方向に進んだ。

第2期国定教科書　明治43年から大正6年　巻一～巻六

尋常小学修身書二巻の金次郎は「親の恩、孝行、学問、兄弟なかよくせよ、勤倹、仕事にはげめ、親類」の7つの徳目を行った人物として出ている。第2期の教科書では儒教的倫理が強調され軍国的教義も出ている。教育勅語の全文が巻4から載っている。1期国定教科書に「勇敢」の話で出た木口小平が2期では忠君愛国と義勇を結びつけるものになって詳しく書かれている。高等科の教科書の外人は13人から5人に減っている。

〈時代背景〉　日露戦争後、資本主義の急速な発展がみられ、それとともに労働者が増えた。増税と戦後不況のもとで労働争議が多発し社会主義運動も高まった。窮乏した国家財政の再建と危険思想の対策として政府は思想統制を強化した。桂内閣のもとで出された明治41年の戊申詔書（教育勅語と並ぶ二大詔勅で、皇室を尊重し勤倹に努めよと国民に求めた。）や社会主義者を弾圧した明治43年の大逆事件はその一環である。大正6年に設置された内閣直属の「臨時教育会議」は高等教育の充実と国体維持のため国民道徳教育の徹底を答申した。

第3期国定教科書　大正7年から昭和8年　巻一～巻六

巻三に「孝行、学問、仕事に励め」の3つの項目の見本としてでている。分量は減っているが要点を整理したともいえる。第3期の特徴は、封建的家族国家観があり、また一方では大正デモクラシーの影響で国際協調の項目もある。

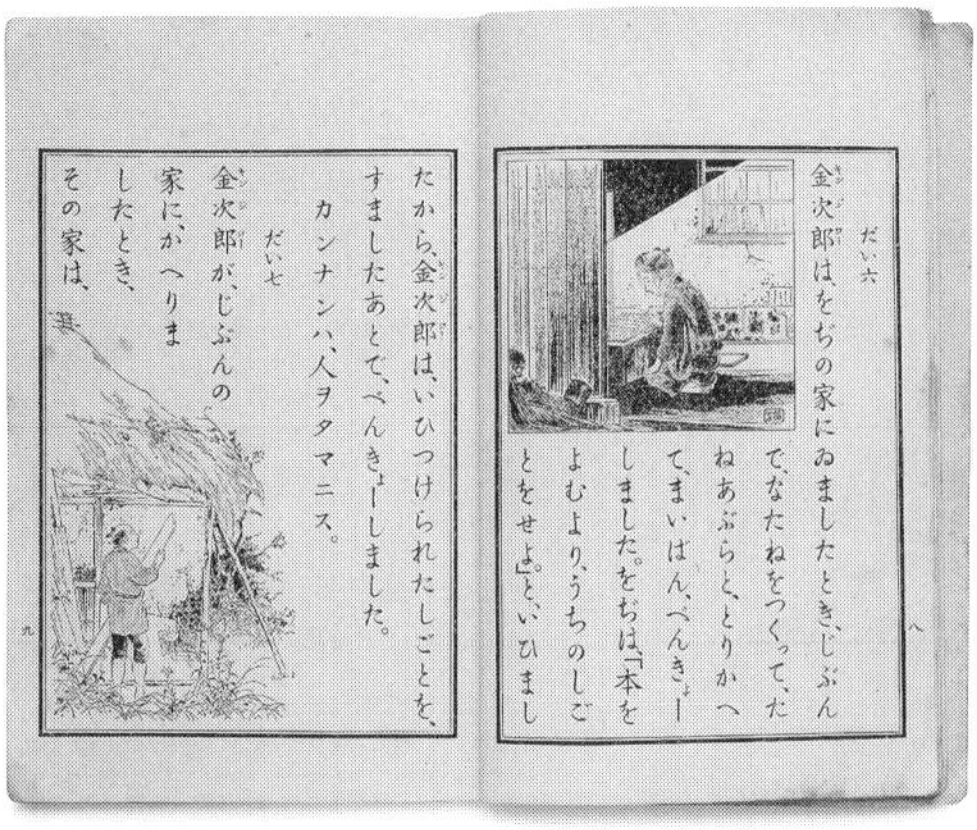

だい六
金次郎は、をぢの家にゐましたとき、じぶんで、なたねをつくって、たねあぶらと、とりかへて、まいばん、べんきょーしました。をぢは、「本をよむより、うちのしごとをせよ。」と、いひました
から、金次郎は、いひつけられたしごとを、すましたあとで、べんきょーしました。
カンナンハ、人ヲタマニス。
だい七
金次郎が、じぶんの家に、かへりましたとき、その家は、

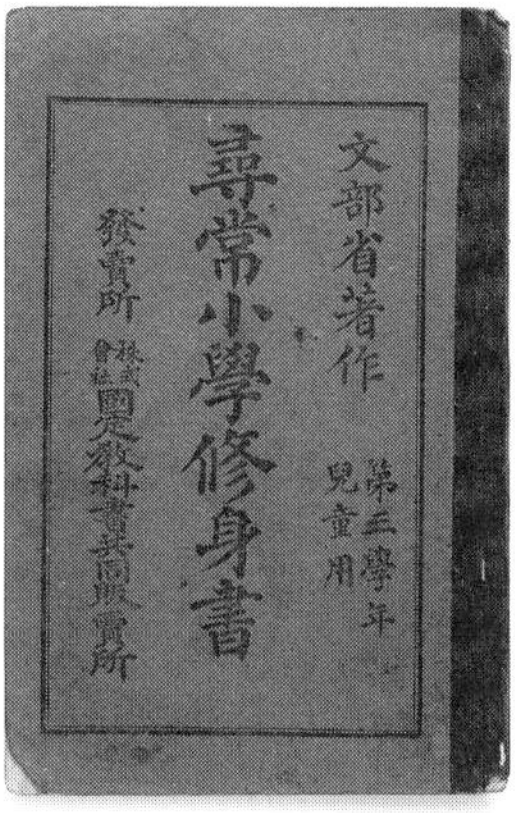

文部省著作
第三學年 兒童用
尋常小學修身書
發賣所 株式會社 國定教科書共同販賣所

尋常小学修身書 第1期 明治36年

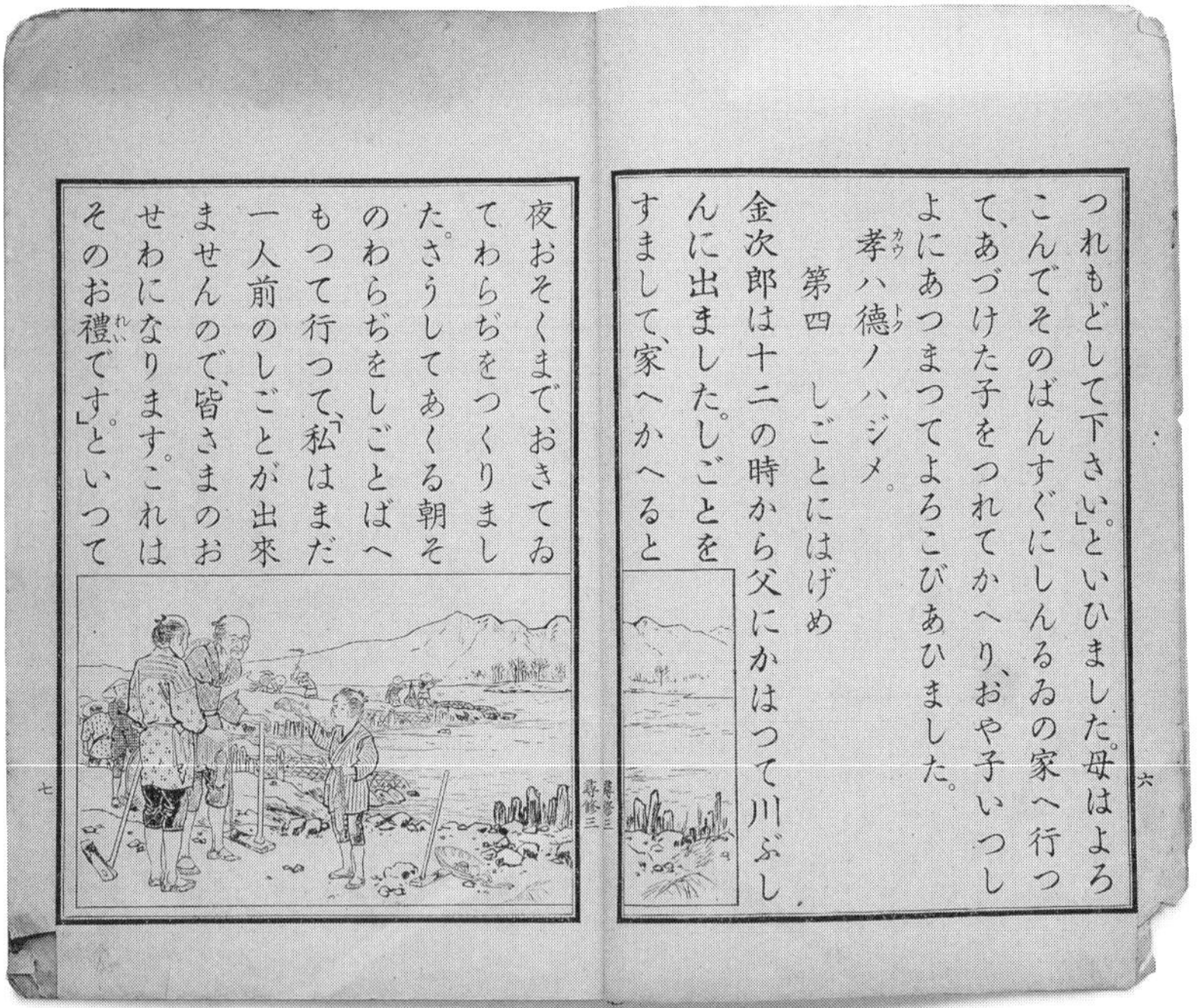

つれもどして下さい。」といひました。母はよろこんでそのばんすぐにしんるゐの家へ行つて、あづけた子をつれてかへり、おや子いつしよにあつまつてよろこびあひました。
孝《カウ》ハ徳《トク》ノハジメ。
第四　しごとにはげめ
金次郎は十二の時から父にかはつて川ぶしんに出ました。しごとをすまして、家へかへると夜おそくまでおきてゐてわらぢをつくりました。さうしてあくる朝そのわらぢをしごとばへもつて行つて、「私はまだ一人前のしごとが出來ませんので、皆さまのおせわになります。これはそのお禮《れい》です。」といつて

尋常小学修身書 第3期 昭和2年

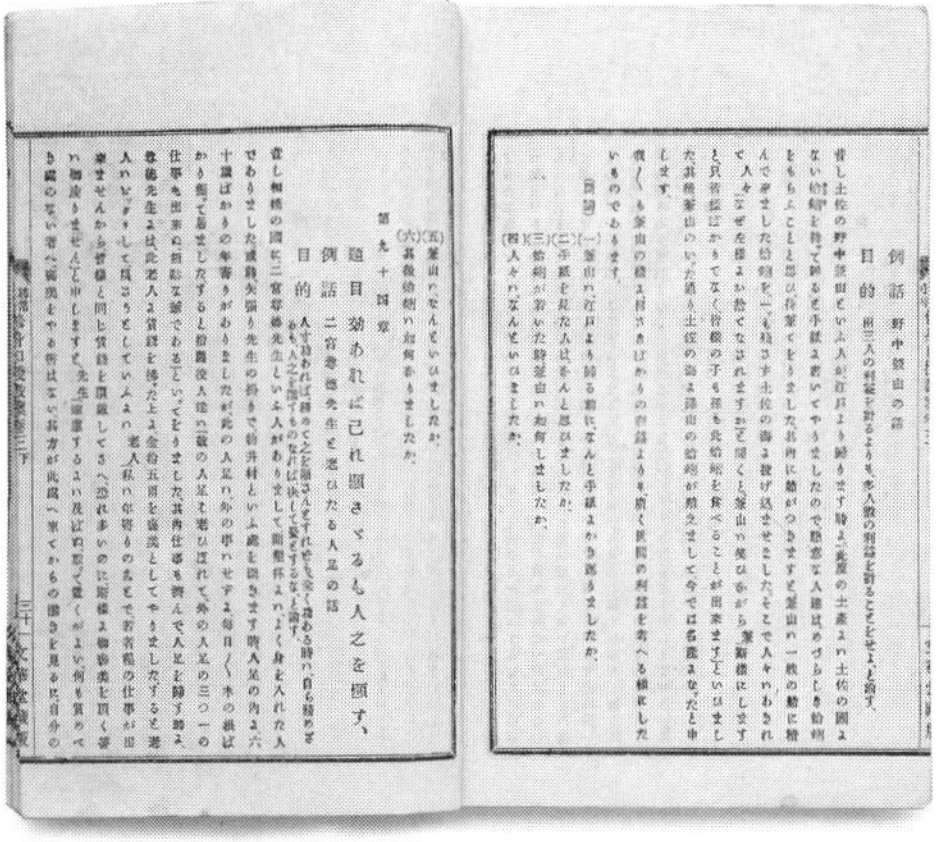

尋常小学修身口授教案 明治21年

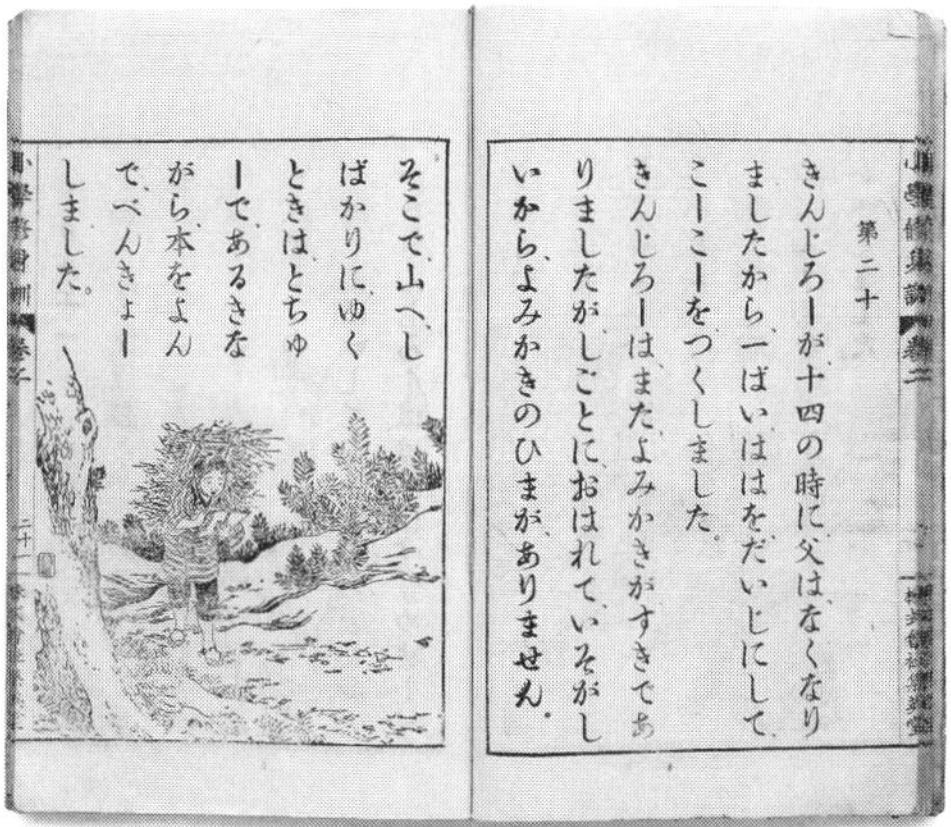

小学修身訓 明治33年

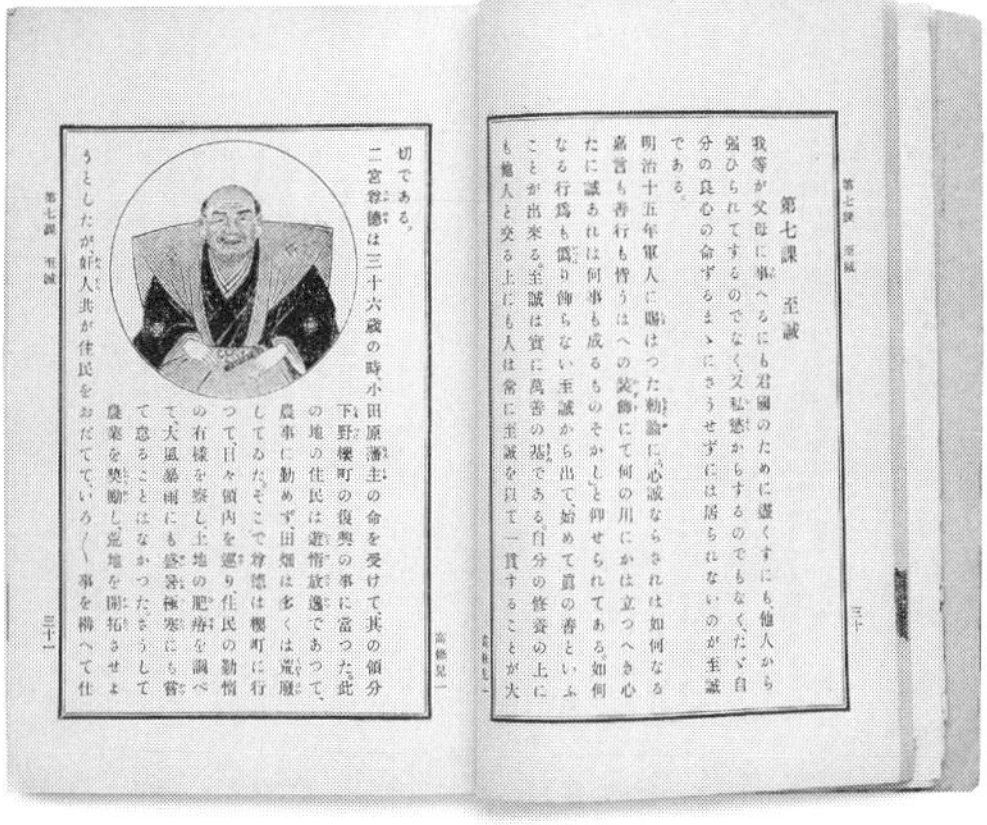

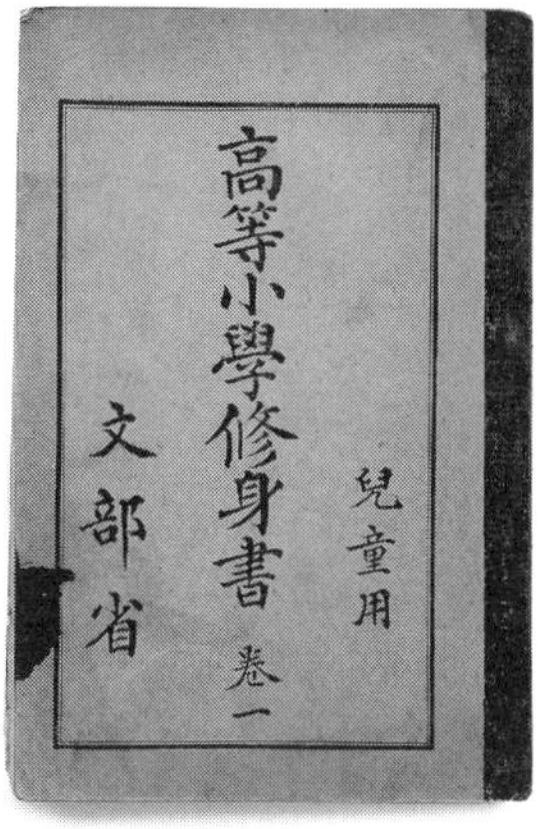

高等小学修身書 大正2年

〈時代背景〉　大正2年に起こった第1次護憲運動から13年の第2次護憲運動まで大正時代は明治憲法下での民主化（政党内閣、普通選挙）が一定の成果を上げた時期である。また第1次世界大戦を機に起こったロシア革命や欧米の民主化の影響で自由主義、社会主義の思想が大きく広がった。それは教育においても明治以来の画一的、注入的教育に代わり児童の個性、自発性などを重視する自由主義教育として現れた。新しい取り組みは民間の学校や教育者が中心だったため教科書にはあまり反映していない。また第1次世界大戦は異例の好景気をもたらし日本の工業生産額は農業生産額を越え、成金を生むと同時に工業労働者は100万人を超えた。大正元年に結成された友愛会は10年には日本労働総同盟に成長し、大正11年には日本農民組合が結成された。

大正末から昭和初期にはワシントン軍縮条約や協調外交、普通選挙の実施など政治では進歩的な動きがあったが、一方で大正12年の関東大震災とその後の震災不況、昭和2年の金融恐慌、昭和4年から5年に起こった世界恐慌と、経済面では大きな不況が次々と襲った時期でもあった。高まる労働争議と社会不安の要因として社会主義者は検挙され、打開策の示せない政府は信用を失い、不況下の国民の不満と軍部の不満はテロやクーデタとなって政党政治を終わらせてしまった。

第4期国定教科書　昭和9年から15年　巻一～巻六
金次郎の扱われる項目は同じであるが、この時期の修身科目は満州事変後の情勢を受けて、「忠良なる臣民としての道徳」を目指している。

〈時代背景〉　昭和6年の満州事変と7年の五・一五事件を契機に軍部が政治の主導権を握り、中国への進出によって危機を打開しようとする政策がすすめられた。文部省は学生の「思想善導」のための部局を設け、「国体（神聖天皇国家）理論」の構築を進め、日中戦争が始まった昭和12年に「国体の本義」を発刊した。中国との戦争が長期化する中で戦争遂行のため13年、国家総動員法が制定された。学校では天皇を神として敬わせ、国家主義、軍国主義の教育が行われた。この時期は小学校に二宮金次郎の像が各地で建てられた時期と重なる。この時期に「金次郎ブーム」ともいえる現象が起こっている。2点まとめると

①　学校への金次郎像の設置
学校に二宮金次郎の像が建ったのは明治時代からだと思っている人が結構いる。日本で最初に「小学校に建てられた金次郎像」

は大正13年に豊橋市の前芝小学校に建てられたものである。

豊橋市を含む愛知県東部は神奈川、静岡と並ぶ報徳社(二宮尊徳の思想に基づき農村の改善運動に取り組む団体。経済的互助組織でもあった。)の活動が盛んなところで、像を寄付した加藤氏は隣村津田村の鹿菅報徳社の活動に深く共感していた。鹿菅報徳社も昭和8年に津田小学校に金次郎像を寄付している。少し細かいことを書いたが学校に立つ金次郎像のほとんどがこのような寄付によるものである。昭和3年に転機が訪れる。大阪の実業家の夫人が長年貯めた金で金次郎の銅像を作らせ、小田原の二宮神社と関西中心に23の小学校に寄付したのである。これは大ニュースとして全国に流れ人々の関心を高めた。これとは別に三大石工品産地の一つの岡崎市では、石工の長坂順治と成瀬大吉は芸術的な石の金次郎像を製作しようとした。昭和3年に開かれた昭和天皇の「御大典奉祝名古屋博覧会」で長坂の出品した金次郎像が入選すると評判を呼んだ。これを機に各地の博覧会に出品して宣伝に務め、また積極的に学校を訪問して勧誘した。以後注文が全国各地から来るようになり、岡崎の金次郎像は全国、遠くは朝鮮台湾からも注文を受けた。この成功の原因は、当時「不況を二宮尊徳の精神で乗り切ろう」という社会の動きがあったことも大きかった。

② 当時の風潮「自力更生運動」

長い不況に苦しむ国民は中国への強硬策を支持し満州事変に歓喜した。五・一五事件で犬養首相が倒され、海軍大将の斉藤実内閣が誕生した。経済は金の再輸出禁止による円安で輸出が拡大し、赤字国債の発行による軍事費を中心とする財政支出で産業は活気づいた。一方農産物の価格下落、昭和6年の大凶作などによる農業恐慌に対して斉藤内閣は、公共土木事業で農民に現金収入の途を開き、農山漁村経済更生運動を始めた。しかしこれらの予算は軍事費に押されてわずかであり救済は焼け石に水だった。そこで「勤倹節約」「自力更生」をスローガンに産業組合を拡充して農民自身で農村復興を進める方式が採られた。これは二宮尊徳が疲弊した農村を立て直した方法をモデルにしたものである。

これより少し前の大正13年に各地の報徳社が合同して大日本報徳社が結成され、報徳社の活動は全国的規模を持つようになった。昭和2年から尊徳全集が刊行されはじめ、昭和10年は尊徳没後80年ということで、全国で二宮尊徳の精神を学ぼうという動きが高まった。

農山漁村経済更生運動は二宮尊徳の思想を柱に倹約と労

働強化に頼り、生産と生活の合理化と共同化をすすめることによって負債を減らして経済を回復させるというものである。この経済更生計画の要点は二宮尊徳の思想を学べ、という精神主義で、具体策の「1産業組合の拡大、2勤倹力行、3隣保補助の精神」も言い換えれば「1は労働強化、2は生活引下げ、3は連帯責任を養う」というものでしかないという批判がある。政治や経済の仕組みを改めず、予算の支援も少なく、倹約と労働強化に頼る計画では効果は期待できない。江戸時代と違って資本主義的商品経済が支配する社会では、労働強化で生産を増やすだけでは商品、供給が増えて市場価格は下がり収入は増えない。節約によって消費が減れば市場の購買力・需要が下がって商品の価格はますます下がるというデフレ・スパイラルに陥ってしまう。結局5か年計画は4年で行き詰ってしまった。

第5期国定教科書　昭和16年から事実上20年の敗戦まで1・2年「ヨイコドモ」上・下　3〜6年「初等科修身」1〜4

日中戦争が泥沼化し、日米開戦の起こるこの年に出た修身は超国家主義の思想のもとで皇国民としての道徳を目指した。国民学校「初等科修身1」の金次郎の登場箇所は「一つぶの米」の1か所だけである。内容は「勤勉」に相当する。

〈時代背景〉　文部省に設置された「教育審議会」が13年にまとめた「国民学校に関する要綱」に基づき16年に「国民学校令」が公布され、尋常小学校は国民学校となった。学校は「国民の基礎的錬成をなすを以て目的とす」とされ、教育目標は「皇運扶翼」であって、それまでの教育目標であった「自我の実現」「人格の完成」は個人的なものとして排撃された。教科科目は学問の内容ではなく、聖戦勝利という皇国の目的に奉仕するために再編され、教科は五つにまとめられた。例えば最も重要な修身、国語、国史、地理の4科目は国民科という教科にまとめられた。知識と行動は一体とされ、「行動が知識を示す」としてこれまで別別に評価された知育と徳育はまとめて評価され全教科が徳育化された。(しかしたまたま見た当時のある成績表では、国民科としてではなく、旧来通り修身、国語などの個々の科目別に優、良、可の3段階の評価がついていた。)要約すると、国民学校の教育は聖戦を勝利させるための臣民形成の手段、ということである。昭和20年5月22日に勅令として出された「戦時教育令」は、食糧増産、軍需生産に励め。という内容で、まったく「教育」の名に値しないものであった。

最後に、第5期国定教科書で大きく変わった金次郎の位置づけを考察する。

総力戦という時代には金次郎が代弁した「孝行」、「学問」という徳目は重要性がなくなったのだろう。親の世話より国のために死ぬこと、学校より軍需工場へ行くこと、が優先された。どちらもできない小学生は「一粒の米」でも食糧増産に努めよ、という道徳(?・)である。昭和16年8月、政府は金属回収令を公布し、その一環として全国の学校に立っていた金次郎の銅像が日本中から(小田原の二宮神社の一体を除いて)撤去された。金次郎も学校から出征し、溶かされて兵器になって戦場へ行くのだ、という教育がなされた。政府の手で金次郎は台座から引きずり降ろされた。それまで金次郎像の建立運動を進めてきた大日本報徳社でも、戦争が終わるまで(戦争に勝利するまで)金次郎像は作らないように通知を出した。しかし多くの学校では自発的に石像やセメント像、陶器像で代わりの像を再建する動きがあった。政府が二宮金次郎を見限っても、国民はその像を守ろうとしたのである。苦難に立ち向かった金次郎と戦争に苦しむ自分たちをだぶらせて心の支えとしたかったのだろう。

戦争が終わった時、二宮金次郎は元の学校に、その精神も国民の心に戻ってこなかった。誤解の無いように付け加えると、占領軍総司令部は日本の軍国主義の排除と民主化を方針として修身科目を禁止したが、二宮尊徳そのものは否定されていない。GHQの見解は「二宮尊徳はリンカーンと並ぶ民主主義者である」という見解であった。学校の校庭にあった軍人の像は排除されたが、誤って金次郎の像まで撤去したところが各地にある。金次郎像は戦争中軍国主義教育に利用されたが、日本人の方が金次郎の本質を分かっていなかったともいえる。戦争中「二宮尊徳の思想は皇道主義である」と言って天皇制ファシズムの推進活動をしておきながら、戦後は一転して「二宮尊徳は平和主義者で民主主義者である」と反省もなく活動を続けた人がいる。しかし、これらの動きはほとんど国民の心には届かなかった。児童にとっても「困難に負けずに頑張った人」、というイメージしかない金次郎と民主主義とは結びつかず、学校に残っていた金次郎像は民主主義教育の理想を示さない無用のものになってしまった。勤勉や向学心という徳目は現在でも必要なものだが、生活環境があまりに変わってしまった現代では、金次郎の子供時代の生活の苦労や叱られないように夜中にこっそり勉強した努力を話すだけでは子供たちには実感も共感も湧かないだろう。

おわりに

以上で二宮金次郎が「修身」の中でどのような役割を果たしたかという歴史を明らかにできたと思う。蛇足ながら歴史とは過去の懐古ではない。修身という教科がどのように生まれ、どのような教育がなされたかを知ればそれで終わりではない。学校教育における道徳教育の教科化やその評価をどうするかという現在の問題とおのずとかかわるものである。今も紛争の続く世界で人々は平和で安心できる社会を求めている。互いの価値観を尊重し、思いやりと助け合いのある社会である。そこには人道とかヒューマニズと呼ぶ人間らしい生き方(道徳)があるはずだ。しかし、現在は多様な価値観が混在しており、家族のあり方に係わる裁判の判例すら変わりつつある。未来の道筋が見えない時には、これまで人類が積み上げてきた歴史から学ぶことが大切である。それは単なる復古ではない。今後人類が持つ倫理・道徳は世界に普遍のものでなくてはならない。国家や民族にとらわれた偏狭な価値観で、しかも押し付けでは困る。「過去はすべて美しい」という歴史観では未来を生み出さないばかりか未来を失うのである。

二宮金次郎像の姿を現代に投影すれば、我々もまた、重い課題を背負って学びながら進む必要を示しているともいえる。

四、報徳社の歴史と愛知県

報徳社の誕生

二宮金次郎像の普及には報徳社の影響が大きい。愛知県の小学校に金次郎像の第1号が建てられた背景を少し探ってみよう。

報徳社の歴史を知るには「報徳運動100年の歩み」(八木繁樹著 龍敬溪書舎発行 昭和55年)という大部な本がある。基本文献、写真・図なども網羅した大変立派な本ではあるが大部すぎては読むのが大変である。同一事項や人物があちこちの章、節に分けて書かれていて、重複もあり、年号や統計などに時に誤植があり、時代経過を正しく理解するには前のページに戻ったり、年表を見たりで手間がかかる。類書はなく、またこれ以上の内容の本は無いので、今はこれに従い、他の資料を加えて報徳社の歴史を略述する。

二宮尊徳は江戸時代末期に600もの困窮した農村の復興を行ったとされる。それは個々の村に対応したのではなく、大名旗本の荒廃した領地を領主に頼まれて復興させたのである。その事業主体は領主であるから官営事業、行政型復興と言っていい。最初に取り組んだ小さな桜町領(3か村)の取り組みが成功すると、評判を聞いてあちこちの村から指導を求められたが初期には尊徳は村からの復興依頼には応じず、また入門を希望する者もあったが固く断った。この態度の原因は、農村復興事業は領主の権限で行う事業であるという彼の考え方から来るのだろう。また当時の封建社会では、改革事業は領主の強力な権力の支持がなければ実現が困難だったからでもある。彼の仕法(復興の方法・作業)では、疲弊しきった農村が再び元の生産力を回復するまでには一定期間の年貢の減免が必要である。年貢を減らせば(それまでも財政難から扶持を減らされていた上に)復興が完成するまでさらに収入を減らされる武士層の反発が大きい。一方農民たちも改革にはそれまで以上の労働強化が求められたので反発が大きかった。一役人ではこれを抑えることは不可能である。領主という絶対権力の不退転の指示があって初めて成功できるのである。風当たりの強い改革を担当する者も、改革で救われる藩と農民も、一定期間困難に耐える強い覚悟が求められた。だから尊徳は藩主からの依頼も簡単には引き受けない。頑固に辞退した。藩主が一介の農民に全権を任し、事業をやり抜く覚悟を持った時に尊徳は仕法を引き受けたのである。のちに尊徳は小田原藩の本領でも仕法を実施するが、彼を抜擢した殿様が死ぬと、不満な家老たちは幼君の名で領内の事業を廃止し、尊徳を領内から永久追放したのである。

　尊徳の農村復興事業について「封建社会の延命策」でしかなかった、という厳しい評価もあるが、尊徳の思想的限界というより当時の状況では余儀ない選択だったろう。同じ1830年代に活動した大原幽学は尊徳と同じく、社会の行き詰まりで希望を失った農民に勤労思想を教育し、共済的農民組織を作って生活改善を図ったが、さらに一歩進んで耕地整理から共有地の運営まで行った。このため、幕府に「封建領主の土地と人民の支配権を犯す危険な行為」と判断されて弾圧を受けた。大原幽学は切腹し、村の組織は解散、施設も破壊された。尊徳も大原幽学も、ともに封建社会そのものには疑問を持っていなかった。尊徳には時代を切り開く先進性(危険性)がなかったことが逆に彼を救い活かしたともいえる。

　安政3年(1856)二宮尊徳が死に、間もなく江戸幕府が倒れた。廃藩置県で藩も廃止になって尊徳が始めた行政請負型の事業は中断された。一番弟子で尊徳から相馬中村藩の復興事業を任された富田高慶は明治政府へ事業継承を求めたが認められなかった。相馬での事業が終了した後、彼は北海道の開拓事業に方向転換した。一方で彼が明治天皇に献上した尊徳の伝記「報徳記」により、二宮尊徳は明治政府に高く評価されることになる。

　尊徳が活動したのは主に関東北部だったが、明治時代にその精神を受け継ぎ、事業を大きく発展させたのは遠く離れた遠江国(静岡県西部)の人たちだった。尊徳の晩年に安居院庄七という弟子ともいえぬ不思議な人物が静岡県西部で尊徳の話を広めたのがきっかけである。彼は大山の修験者の次男で、養子先で商売に失敗した時、無利子で再建資金を貸してくれる男がいるという話を聞いて小田原からはるばる下野(栃木県)桜町の陣屋に尊徳を訪ねた。当然拒絶されたが、それでもなんとか風呂焚きの仕事を得た。そこで働くうちに尊徳の考えを知るようになり、復興した村の様子を見聞して尊徳の仕法(改革の方法)の要点を理解してしまったようである。その後尊徳と一度も会うこともないまま故郷に帰り、離縁して大阪に行き、伊勢神宮などの三社参拝万人講の宗教活動で各地を回った。彼は村の有力者を訪ねて勧誘活動をするとともに、様々な情報や知識を話した。安居院庄七が見聞した関西地方の先進的農業技術や二宮尊徳の難村復興の話に深い関心を持ったのが下石田村(現浜松市)の庄屋神谷与平治と倉真村(現掛川市)の庄屋岡田佐平治である。いずれも、自分の村でも実行したいから指導してくれ、と頼みこんだ。こうして二宮尊徳の知らないところで、弘化4年(1847)に下石田村、嘉永元年(1848)に倉真村に、農民が自ら組織した結社・報徳社が誕生した。それ以前に二宮尊徳が指導して生まれた結社は天保14年(1843)にできた下館信友講と小田原仕法組合(のち小田原報徳社)があった。しかし前者は武士だけの、後者は商人だけの金融貸付組織に過ぎなかった。安居院と2人の庄屋は周辺の村に宣伝勧誘を行った。安居院は、貧乏救済の道、難村復興の方法、新しい農業技術、新しい農家経営方をわかりやすく説き、嘉永5年(1852)には結社が32か村に増大した。遠江(遠州)地方の動きはやがて尊徳の耳に達し、話をしたいと招かれた。嘉永6年、遠州の代表7人は安居院庄七とともに日光で仕法中の尊徳を訪ねて面会し、活動の公認と激励を受けた。岡田佐平治はその翌年息子の良一郎を尊徳に入門させている。尊徳は2年後に死亡するが、良一郎は尊徳の子弥太郎(尊行)のもとでさらに2年学んで帰郷した。

報徳社の発展

尊徳公認の団体とはなったが、遠州の報徳社は新しい性格を持った組織である。尊徳の「難村救済・家政改革」に「新農業技術・新経営技術」を融合させたこと。これは安居院の功績である。この「報徳社」は尊徳の「行政方式」ではなく「結社方式」の組織である。農民が主体となった農民のための組織である。お上の指示を受けず、逆になんの後ろ盾もない農民たちが自ら規約を結んで作った組織である。規約は、毎日縄ないわらじ作りで金を貯め、それを出し合って基金とし、それを社員の相談で必要とする社員や村の事業に使うこととした。月に1度は集まって尊徳思想や農業技術の学習をする。また月に1度半日村の道普請などの仕事をした。これらの活動の根本にあるのが尊徳の思想である。また岡田良一郎が村内に生糸工場を作ったように殖産興業に結び付く発展性が明治の報徳運動の特徴である。

文久3年(1863)有能な組織者安居院が死に、各社の動きが停滞したため、新たな指導者を求める声が上がった。尊徳四大弟子の一人福住正兄が依頼を受けて推薦したのが福山滝助である。彼は小田原報徳社の創立者の一人で、藩の弾圧で一時衰退したのを再建した人物である。彼は慶応3年(1867)岡田佐平治を訪ねが、佐平治はこの人選に不満があったようで、森町の新村里三郎を紹介した。新村里三郎は安居院の指導で嘉永5年に森町報徳社を創立した人物である。その後、福山滝助は遠州西部を中心に活動し、結社が増えたため明治4年

(1871)には報徳遠譲社(本社)を組織した。

明治時代に入って各地の報徳社の数が増えると、地域ごとに各社をまとめる動きが起こった。明治8年には各社の連絡、指導、統括をする連合上部機関として遠江国報徳社が結成された。社長にはこれまで運動の中心になって働いてきた岡田佐平治がなり、翌年岡田良一郎に代わった。しかし福山滝助と岡田佐平治との間に尊徳思想の解釈や実施方法についての意見対立が起こり、明治12年報徳遠譲社は脱退した。その後良一郎の計画した勧業資金の貸し付け事業(のちの掛川信用組合の元になった)の利子方式について、「無利子貸し付けこそ尊徳思想の本質である」として反対派の森町報徳社などが明治28年に脱退し、報徳報本社を設立して独自の動きを取ることになった。地域的まとまり、思想的まとまり、指導者の個性などで、いくつかの分派が生まれ、そのもとで報徳社活動が進められた。

以下は明治23年の内務省調査による全国の分派の様子である。

遠江国報徳社	162社	報徳遠譲社	92社
駿河国西報徳社	31社	駿河東報徳社	28社
多田報徳社	1社	相模報徳社	35社
三河国報徳社	34社	伊勢国報徳社	9社
甲斐国報徳社	2社	合計	394社

明治38年には報徳社の合計数が629社に増え、明治末には遠江国報徳社が700社、全国で約1000社になった。

時代背景の補足・自作農の没落

明治時代になって農民はそれまでと違う資本主義経済の波に翻弄された。地租改正は実質的に増税であったし、明治10年代後半の、松方大蔵卿による緊縮財政とデフレ政策で米・繭などの物価の下落は著しく、多くの自作農が土地を失い小作人に転落した。

愛知県の報徳社①

静岡県の報徳運動の影響が愛知県の東三河地方に及んだのは明治10年代半ばである。

① 報徳遠譲社系　明治14年愛知県八名郡山吉田村の田中伊平次ら青年有志は報徳社設立のため福山滝助を招いた。福山滝助の指導で15年には上吉田に本社、分社5社、社員160名余の三河国報徳社が結成された。その動きは新城など南設楽郡にも広がっていき、明治25年までに15社が生まれた。明治25年に山吉田から福山滝助に出張依頼があり、彼は高齢にもかかわらず喜んで出張した。各地を巡回中の翌26年、旅先で死

亡。77（満75）歳だった。「八名郡誌」では明治末には本社分社21社、社員424人、とある。

② 遠江国報徳社系　明治17年に遠江国報徳社に指導を仰いで八名郡西郷村（現豊橋市）に萩平報徳社（鈴木平五郎）、同じく賀茂村に加茂報徳社（竹尾彦九郎）が結成された。遠江国報徳社系の報徳社は八名郡南部（豊橋）から宝飯郡（豊川）を中心に広がった。明治35年宝飯郡鹿菅村（現豊橋市）に鹿菅報徳社が結成された。社長の渡邊平内治は熱心に報徳社の拡大に働いた人である。近くの前芝村で村長、衆議院議員を務めた資産家の加藤六蔵もその影響を受け、熱心な尊徳主義者になった。彼が地元の小学校に、初の金次郎像を寄附したのである。

③ 前記2派に属さない中立系の社もたくさんあった。その1つが渥美郡（現田原市）に広がった三遠農学社系の報徳社である。（農学社とは明治11年、遠江国報徳社が農事の改良、商工業の振起、道徳の高揚、風俗の改良により人民の福利を増進しようとする目的で報徳社の別動隊として「掛川農学社」を設立したのが最初である。活動は、出版、農産品評会、試験田、災害被害の村の援助などであったが、明治20年代以降は社会教育に重点を置いた。）明治12年、引佐郡伊平村の松島授三郎が伊平報徳社を結成すると同時に農学誠報社を創立した。産業経済の発展、社会教化を目指したが効果が社員にとどまり、広く社会に影響を及ぼせなかったので、明治15年に組織を改めて西遠農学社とした。以後遠州各地に巡回員を派遣して社員の内外を問わず広く農談会を開いた。17年からは毎年150回開催。19年には伊勢（三重県）にも活動を広げた。これにより社員が急増したため20年には組織を拡大し規則を改正して三遠農学社とした。農談会のほか、図書の貸し出し制度、米麦の試作田、麦・茶・養蚕の品評会などの活動を行った。

明治21年、愛知県渥美郡野田村の林又助、河合為次郎らは三遠農学社のことを聞き出張指導を申請した。彼らは農談会で報徳法の実例と種子の塩水選別法、稲の正条植などの新しい農法技術を知り三遠農学社に加盟した。22年には各村にも農談会が開かれ、遠州視察を行い、加盟する村が増えた。26年には19町村が加盟して三遠農学社渥美支社が設立された。28年には豊橋、宝飯郡からも加盟があり、35町村となり、東三支社と改名した。また思想影響で29年以降各地に報徳社が結成された。明治末には野田村が村長・河合為次郎の尽力で300余町の耕地整理を完成させ、内務省から「模範村」として第1回の表彰を受けた。このほかに愛知県農会を率いた明治の農政指導者古橋源六郎による北設楽郡報徳会（現豊田市稲武町）、産

明治19年に八名郡に創立され、何度も表彰を受けた勧農積徳社（現新城市）などの中立系報徳社がある。

明治36年に県から地方協同貯金の勧誘があり、報徳社に似た貯金団体が多数起こった。多くは報徳社を名乗り、社会活動に力を入れるところもあったが社団法人ではなかった。

注・野田村については「愛知報徳20年」（加藤仁平著 昭和47年・社団法人愛知県報徳会発行）、八名郡については「改訂版八名郡誌」（昭和47年・臨川書店発行）を参考とした。

報徳社と政治のかかわり

明治38年、「尊徳翁五十年記念会」が上野の音楽学校で開かれた。発起人は三井銀行統理の早川千吉郎。挨拶は前文部次官・岡田良平と農商務大臣兼内務大臣・清浦圭吾。岡田良平はこの回の会長で遠江国報徳社社長の良一郎の息子である。これまで報徳社は民間結社の自主的、自治的な運動だったが、これ以後、政府が戦後経営のため報徳運動を農村振興や地方改良運動に利用するようになった。五十年記念会の参加メンバーは翌39年、東京に「報徳会」を結成し、主義の宣伝、結社の拡大に努めた。これがのちには内務省内に事務所を置く「中央報徳会」になる。40年からは官制報徳運動が猛烈に展開し、各地で講演会、講習会が開かれた。この運動には当然報徳社も参加しており、結社も急速に増加した。州立遠江国報徳社（注）の全国にわたる支社は700社を超えるに至った。この状況の中で報徳社の責任は一層重くなったため、明治44年、州立遠江国報徳社は全国組織に定款を変更して「大日本報徳社」となった。

注・当初報徳社は主として神奈川、静岡両県を中心として発展をしてきたが、岡田良一郎は将来各州（地域）を単位に連合報徳社を作り、さらにこれを統制する全国単位の報徳社を作る必要があると考えた。その第1歩として明治18年、遠江国報徳社を遠州地域内の全報徳社の連絡指導団体とすべきであると考え、州立遠江国報徳社と改めた。

時代背景の補足・戦争と小作人の窮乏

日清戦争（明治27年）後、日本は繊維産業を中心として資本主義化が進んだが、農業は零細経営が中心で発展はにぶかった。日本の資本主義は先進国に対抗するため低賃金長時間労働という形で労働者の待遇にしわ寄せしたため、早くも明治30年ストライキが起こり労働組合が結成された。政府は33年に治安警察法を定めてこれを犯罪として労働者を取り締まった。農村では松方デフレ政策以降小作地比率が大正、昭和時代まで一貫して上昇を続けた。小作人は、現物納で60％という極端に重い小作料に苦しんだ。これが産業構造の近代化と生産性の向上を阻害した。

日露戦争後も政府は軍備拡張を中心とする戦後経営を進めるため各種の増税を行った。政府の保護のもと工業や貿易が発展したが、農業は地租や間接税の負担増で生産停滞や農民の困窮が社会問題となった。明治40年前後には各地で小作争議が頻発した。労働運動の高まり、小作争議の増大、そして明治39年にできた合法社会主義政党の日本社会党の出現は保守層、資本家、地主にとって脅威となった。これまでの国家主義思想だけでは国民をまとめきれなくなったと感じた支配層は、社会主義思想に対抗できる思想や運動が必要になったのである。明治41年、勤倹節約と皇室の尊重を国民に求める「戊申詔書」が発せられ、国民道徳の強化が進められた。

愛知県の報徳社②

大日本報徳社の加入社表を見ると愛知県では東三河の報徳社ばかりで、西三河、尾張地方の名がない。もっとも、各地の報徳社の創立に尽力した福山滝助は「その足跡は遠州を拠点に三河・尾張にまで及んだ。」（前掲「報徳運動100年のあゆみ」77ページ）ということなので、大日本報徳社系以外の報徳社はあるかもしれないが。静岡から東三河へ伝わった報徳社運動は順次、西三河、尾張へと広がっていきそうな気がするが、そうなっていない。これはなぜか。全国的に見ても、北海道、富山、鳥取など報徳社活動が盛んな県とそうでない県がある。その違いは何から来るのだろうか。愛知県における原因を少し考えてみた。

① 尾張、西三河、東三河の地域差

愛知県西部の尾張地方と東部の三河地方は歴史的違いがある。徳川御三家の尾張は単一藩で経済も文化も発展していた。三河はいくつかの大名領と多くの旗本領に細分化されていた。その三河地方でも東三河は山を挟んで浜松地方と交流があった。互いに県境を超えて秋葉神社、鳳来寺へ参詣する者は多かった。これに対し、西三河は平坦な道を大都市名古屋へ行く方が近くて、経済的利が大きかった。気風としては尾張、西三河は都会的、合理的で白黒の判断ははっきりしている。東三河は素朴で人情に篤く協調性を重視する。しかしこれは体感的なもので科学的ではない。社会構造的側面から明治初期の農業環境を見てみよう。

明治17年の農地の区分を見ると、愛知県の小作地率は42.3％で内訳は尾張地方が52.6％、三河地方が30.4％である。

尾張は江戸時代から商業が発展し、名古屋近郊の農村では商品経済が浸透していた。木曽川沿いの尾西地方は綿や藍の生産とそれに関する農村手工業が発達し、これらの原因で自作農の分解が進んでいた。これに対し明治初期の三河地方は農民分解がゆるやかで自作農が多かったことがわかる。しかし両地方ともその後は小作地率が急速に上昇していった。明治42年には全県で51.8%、尾張は60.7%、三河は41.7%である。

② 行政の農業政策の始まり

明治初期に政府は農民政策らしきものを持っていなかった。政府の勧農政策は西洋農法の導入であったが、これは失敗に終わった。農民は生産と収入の増大を求めたが、元手の資金がなく、新しい農業知識も技術もなかった。これに応えてくれたのが報徳社であった。政府は西洋農法導入に失敗した後、明治10年代後半から20年代にかけて、老農、篤農家を中心とする農事改善へ方針転換した。その後、明治26年に農事試験場を開設して稲などの品種改良を行った。明治32年には農会法を定め、次いで農業の改良・発達をはかる農会に補助金を交付することにした。明治33年には産業組合法を公布し農民の組織化で農家経営を維持しようとした。地主には酒屋や金貸しを営む者も多く、借金返済に苦しむ農民が多かった。産業組合は共済金融組織であり、農民に低利で農事改善の資金を回すことになる。それまで報徳会が私的に地域で行ってきた農民支援の仕事を国家が近代的な組織で取り組み始めたのである。

愛知県では長野県に接する最北の山村である稲橋村の村長、古橋源六郎が仲間と老農の話を聞いたり、農業技術の情報交換をする集まりを設けた。それが元で明治26年には県内に26の農談会ができていた。県はこれを支援・利用した。明治27年に愛知県農会が組織され、農談会の役割は農会に移行した。明治32年に農会法ができ、県農会の下に郡農会、町村農会が組織された。43年には全国組織の帝国農会が設立された。当時の農業改良の大きな仕事は、耕地整理、産業組合の設立、産米検査だったが他県では県庁の耕地整理課、産業組合課、農務課がやる仕事を愛知県では県農会に任せていた。それは県農会の副会長(会長は県知事)が農民の絶大な信頼を受けていた古橋源六郎であり、そのため困難な仕事もうまくいった。県内最初の耕地整理(明治32年耕地整理法発布)が行われたのは、明治34年の西春日井郡六ツ師村(尾張)、碧海郡六ツ美村(西三河)、海部郡市江村(尾張)である。産業組合(明治33年産業組合法発布)の結成は明治34年の知多郡(尾張)、35年の中島郡(尾張)、碧海郡(西三河)、渥美郡(東三河)から始まった。尾張地方は熱心な指導者が多く、取り組みが活発だった。三河では碧海郡がどちらも早かった。産業組合が東三河に広がるようになると報徳社の果たした金融面での役割は低下していった。

明治34年に西三河の碧海郡安城村に愛知県立農林学校が創立された。この地は矢作川右岸の台地で水利が悪く、明治までは広大な草刈り場だった。明治13年に明治用水ができて水田地帯に変わっていくが、当時はまだ幹線水路しかできておらず、畑に灌漑する跳ね釣瓶がたくさん見られたという。この時、29歳で初代校長として赴任したのが山崎延吉という特色ある人物である。彼は学校教育と社会教育の並行を方針として、人格教育以外の授業は他の教員に任せ、自分は県内の村という村を回って(のちには全国の村で)農村改善の指導に飛び回っていた。彼は村で農民(農夫だけでなく婦人、青年、僧侶、村の学校の先生と生徒という全村民)を集め農村自治の講演や懇談会を行った。また農科大学校や農事試験場の研究者、全国の篤農家などを村々に派遣して講演させた。彼は「農村自治の研究」(明治41年刊行)で、「致富」と「道徳」の両道を根本に、農村改良をすることを主張した。その要点は「致富」では営利的商品作物の導入。「道徳」は刻苦精励の労働精神である。活動指針として精勤と合理化、技術改良、組織化、多角経営、共同化を上げた。道徳と農業技術を2本の柱としたことは、二宮尊徳、報徳社の思想と共通する。山崎延吉は生前「農聖」とも「今尊徳」とも呼ばれた。

碧海郡の安城周辺の村では新しい農法を取り入れて一定の成果を上げ、大正末期から「日本のデンマーク」と呼ばれるようになり、昭和の農業恐慌でも打撃を少なく抑えることができた。その内容は、多角経営と言ってもデンマークのような酪農は行わず、基本的には米麦生産で、養鶏、養蚕、果樹、野菜を副業とした。地域によって大規模専業化もあり、また共同出荷も行われた。販売購買も産業組合の普及で共同化された。

明治20年から30年代にかけて県の農政はそれまで報徳社がしてきた活動をより高度にして全県に進めたため、報徳社が愛知県西部には広がらなかったのではないだろうか。

参考文献

「我農生活五十年」山崎延吉著　昭和26年7月20日　東海毎日新聞社発行
「愛知県の歴史」塚本学　新井喜久夫著　昭和45年5月1日　山川出版発行

＊地主小作制の問題について

農会は地主の利益団体の性格を持ち、農事改善も小作料の増加を狙う面があった。耕地整理では事業が完了すると、良い農地になったという理由で小作人は1反あたり1斗の小作料の増加を求められた。山崎延吉も地主と小作人の協調を説いており、地主の利益代表である議会も生産増加の障害である地主小作制の解決に取り組まなかった。ようやく国が動いたのは、長引く日中戦争で労働力や資材不足で食糧生産が致命的になったときである。生産奨励のため国家総動員法の下で昭和14年、地主の取り分を制限する「小作料統制令」が出された。幕末に、いよいよ年貢徴収ができなくなった領主が尊徳の分度を受け入れざるを得なくなった時と同じである。

大正時代の報徳社

明治43年　大逆事件起こる。社会主義の冬の時代となる。
明治44年　大日本報徳社、発足。
明治45年・大正元年　大日本報徳社の社長は岡田良一郎から良平に交代。

この年、東宮(のちの大正天皇)から報徳社活動が盛んな神奈川、静岡両県知事に令旨がくだる。内容は「報徳運動を推進し、産業の発展と民風の改善に努めよ」というものだった。これにより両県は報徳運動の支援と8分派の統合の働きかけを強めた。静岡県知事は明治44年から大正3年(1914)まで続けて奨励金を下付し、大正4年には天皇から下賜金があった。こうして政府(皇室)と報徳社との結びつきが強まった。報徳社統合の動きは報徳社の内部からも起こった。実は「時代に取り残される。」という危機感があった。農業改善の分野では政府の進める近代的科学、組織、施設などに太刀打ちできなくなり、農民意識にも変化があった。全戸加入だったものが有志の組織、有志の懇談会のようになり、青年の不加入、貯金組合程度の認識などである。これまでの研究不足、取り組み不足の反省もあったが、それより一致団結して再興をはかろう、ということになった。報徳社の理念は経済(農業改善)と道徳(報徳思想)の2本の柱からなるが、これ以後道徳(精神性)を中心とした活動に比重が移る。大正13年、大日本報徳社に他の7本社が合流するという形で統一が決まった。入社手続きのため規約変更が進められたが一部は遅れ、完了したのは報徳報本社が昭和5年、報徳遠譲社は昭和15年までかかった。

この間、大正3年第1次世界大戦(1914～1918)が起こるが、日本は戦禍をうけず、貿易が盛大となり、空前の好景気となった。工業生産が農業生産を上回り、労働者も増大した。物価、特に米価の上昇が激しく米騒動が全国に広がって内閣が倒れた。労働運動が急進化し、小作料減免を要求する小作争議も頻発した。大正9年には株価の暴落から戦後恐慌が発生した。*大正6年から13年にかけて起こった愛知県の激発的小作争議では、前半時期は尾張地方だけで発生し、後半には西三河に広がったが東三河ではほとんど起こらなかった。この争議で名古屋周辺の小作人組合は一部小作料の減免を勝ち取った。地域単位の小作人組合が同盟を結び長期間の大規模なストライキを実施。法廷闘争も行った。また小作人より収入のよい名古屋の都市労働者になるものが多く、農地面積に対し、小作人労働力が不足していたという有利な背景もあった。

大正12年関東大震災が起こり日本経済は大きな打撃を受けた。社会の動揺を鎮静化するため大正13年摂政の宮(のちの昭和天皇)から「国民精神作興に関する詔書」が出された。大日本報徳社は「中央教化団体連合会」に加盟し、民心の教化のため全社をあげて活動した。大正14年から4年連続で内務大臣から「教化事業助成金」を受けている。大日本報徳社の思想と活動は国が目指す国民への思想教育に合致し、その実行役を担ったのである。以後昭和になってからも恐慌や戦争の国民生活困難時には国策に沿った国民の思想・精神教育を担っていく。

時代背景の補足・昭和初期の恐慌

関東大震災後の不況は昭和2年(1927)に金融恐慌を引き起こし、貿易回復のために昭和5年に行った金解禁は前年アメリカに起こった世界恐慌に飲み込まれて空前の昭和恐慌を引き起こした。多くの失業者が帰農したが、農業も繭や米などの価格暴落を受け、昭和6年には東北では冷害も起こった。欠食児童や娘の身売りが社会問題となった。労働争議や小作争議が激増したが、財閥は円売りドル買いの保身に走り、財閥と癒着していた政党の無策ぶりに国民の怒りが向けられた。先の見えない不況と民主主義への不信が右翼のテロ、軍のクーデタを生み、それが強硬な対外進出の満州事変と以後の戦争が起きる原因となった。

戦争と報徳思想の変質

満州事変収拾を任された犬養首相はその外交に不満な軍によって5・15事件で殺害され、議会主義の政党内閣制度は終わり、以後軍が政治に介入することになる。次の内閣は海軍大将斎藤実が首相となった。農林大臣後藤文夫は農村問題の解決は経済だけでなく精神の更生(二宮尊徳的精神)が必要であるとする「農村経済更生計画」を打ち出し、政府も精神の振起を目指す「非常時国民更生計画」を出して不況克服に取り組んだが、どちらも形式的観念的色彩が強かった。精神主義的となった背景は、恐慌以来資本主義の欠点が明らかになり、政財界の不正、貧富差、階級対立の激化などから社会主義者だけでなく産業組合や農業団体中にも反資本主義の考えが広がっていたためと思われる。産業面では高橋蔵相が赤字国債を発行して軍需産業に大規模なテコ入れをしたため景気回復へと向かいつつあったが、農業復興へ回す予算は限られており、「精神を土台とし、経済合理化と自力更生により、自主独立の農村建設」を目指す方法しかなかったのだろう。

報徳社は内務省、文部省の進めた「国民更生運動」に協力。(昭和7年から12年)。農林省の「農山漁村経済自力更生運動」の活動は道府県に多数の選任指導員を動員し、道府県に道府県自力更生委員会、町村に町村自力更生委員会を設置。また全国に農民道場を開き中堅青年の鍛錬養成を行った。これも実際に現場で推進指導したのは農林省の委嘱を受けた大日本報徳社であった。「国民生活立て直し指導者養成講習会」(昭和8年〜13年)。

政府と一体化した国民教化の活動は日中戦争、太平洋戦争時にも行われた。国民精神総動員報徳式指導者講習会」(昭和13年・9回)、「新体制下自治新興市会指導者錬成講習会」(昭和15年〜20年・22回)などを行った。

国家の後押しで全国民に思想教育を行った大日本報徳社の活動は、農村現場で農民生活改善に取り組んだ二宮尊徳や初期の報徳社の活動と異質なものがある。5・15事件後の世情を反映して報徳思想の研究者や運動指導者に尊徳思想を時代に合わせて変えようという動きが起こった。

① 新興報徳運動

尊徳の時代は農業経済で活動範囲は農村に限定されたが、現在は政治、経済、社会、教育、国際などあらゆる条件が複雑化した社会である。それに合わせて報徳思想も現代化する必要がある。思想、政治の大混乱、大恐慌の中で報徳社のある町村は極めて着実、平安である。よって全国に強力な組織を展開しようという運動である。具体的には各県に新興報徳社を結成しこれを行政機関と結合して統制的系統的全国的組織を作った。県の下に県新興報徳社郡支社、その下に町村単位社、その下に部落社があり、順次上部社が指導統制し、全国統制は大日本報徳社に統合するというピラミッド形式になっている。

② 報徳経済研究会
西欧流営利主義経済は欠陥があり、弊害が大きい。利己主義を中心に生まれた西欧経済学は日本には当てはまらない。日本独自の経済学が必要で、尊徳の報徳経済学がその神髄であるという思想である。

③ 皇道報徳
皇道主義にのっとった二宮尊徳の位置づけ。これを主唱した加藤仁平は「尊徳思想の「開闢の大道」即ち天孫が天下って日本を開いた時には日本には何もなかった。自力で荒れ地を切り開いて豊かな日本ができたことを理解、実践せよ。高度国防国家体制、全国民的大政翼賛体制、国家第一主義の国民経済文化の確立はもとより、報徳精神と実践で聖戦勝利のために努めよ。」と説く。(「二宮尊徳と皇道報徳」弘文堂書房 昭和15年)

尊徳には当時求められた天皇制国家原理の思想が微弱であったのでこれを補強して、万世一系の天皇(皇道)への忠誠(臣道)を軸とする全体主義国を志向し、総動員体制を構築しようとした。

当時小学校には奉安殿があり、金次郎の像もそれに準ずる形で崇拝を強制された。軍国主義者でなかった金次郎が軍国主義を象徴するような存在になった。敗戦時に占領軍の眼に触れないように撤去されたり、穴に埋められた金次郎像があったのはこのためである。

戦後の動き

占領軍政府GHQにより報徳関係者の一部は戦争中の活動を軍国主義への協力として公職追放された。しかしGHQは日本人の早とちりと違い、二宮尊徳をリンカーン大統領のような人物ととらえ、否定しなかった。戦争中アメリカの飛行機がまいたビラには、民衆の立場に立った二宮尊徳に習って軍国主義に反対せよ、と書いてあった。戦後は大変な食糧難であったから食料増産が政治の第一課題であった。あらゆる物資の乏しい中で勤勉に働く金次郎精神はまだ必要であった。その動きに沿ってこれまで戦争遂行を説いた報徳運動の指導者は軍国主義とのかかわりについて深く検討、反省することもなく、戦後の運動を再開しようとした。突然、二宮尊徳を民主主義者だったとまで言い出した。反省とけじめをつけた再出発がなかったことが一般の人に報徳社は戦前の封建的で古臭い思想を引き継ぐものという印象を与えたため、二宮尊徳や金次郎も古臭いものとして忘れ去られたのかもしれない。

GHQは農地解放を指示し、地主小作制度が解消した。昭和18年に農会と産業組合を統一して国家統制の代行機関となっていた農業会が解散され、新たに自営農民の組織として農業協同組合が結成された。農村現場の指導機関としての報徳社の役割はすでに戦前から低下しており、中には有名無実というところも多かった。行政からの統制がなくなったため、多くの村の報徳社が解散した。一方で戦後復興の支柱になろうと新たな報徳運動が各地に起こった。大日本報徳社などの従来からある有力団体のほか、北海道報徳社(農協、漁協と一体化)、一円融合会(世界平和をめざす)など様々な団体が起こった。

あとがき

「金次郎像全調査」とは少し面はゆい。「日本にはどれくらい金次郎像があるのだろうか。」と思っても一人では調査できないから、サンプルとして一地域を徹底的に調べてやろうと考えました。三河地方にある像の場所、材質、大きさ、建立年、寄付者、エピソードなどについて調査しました。学校や公園など公的場所にある像の現状はほぼ網羅できましたが、建立年、寄付者については不明なものもかなりありました。（会社や個人宅にある像については、個人情報に配慮しつつ知りえた限りのものを参考品として載せました。）なんとか金次郎像についての基礎資料ができました。今後はこの本を読んでくれた人が地元の金次郎像に関心を持ち、より歴史が解明されるきっかけになったらいいなと思います

二宮尊徳に関する本は多いが、その死後彼が残したものはどうなったかということを書いた本はほとんど見ない。無用の長物然と小学校に建つ金次郎像を見て、戦前は政治、経済、文化の上で大きな影響を持った人物が（その表れが圧倒的な数の金次郎像。）戦後はなぜか霧のように消えてしまった。現れるにも消えるにも原因があるはずなのに、学校では誰も教えてくれなかった。仕方がないので金次郎像の調査をしながら自分で考えた。それがこの本の後半部。先人の文献を切り貼

りしたものだが、初の「後・尊徳史」になったのではないか。素人の考察なので誤りがあるかもしれない。ご批判を請います。

集めた資料をこのまま埋もれさせたくないが、世間に見向きもされないものかも。と不安半分で春夏秋冬叢書を訪ねた。代表の味岡さんは「本にする価値はありますよ。」と背中を押してくれました。編集の宮田さんは原稿の編集作業だけでなく内容を読み込んだ後には私の考えに無かった新しいアイデアを提供していただいた。掲載する400枚近くの写真をその数倍のデータから特定していく作業などもあり、本物の編集者のすごさを感じた。おかげで希望以上の立派な本ができて大感謝。もちろん突然取材に訪問した私に時間を割いて案内や資料をさがしていただいた学校の先生や土地の方々、各地の情報を送っていただいた金次郎像研究者の名古屋の杉山さん、福山の平井さんなど多くの人のおかげでこの本は出来上がっている。また愛知報徳会理事の古橋さんには貴重な助言を頂いた。直接お話を伺えなかったが故高橋一司氏のガリ版冊子「二宮像をさぐる」が私の研究の原点だった。高橋氏なしにこの本はできなかった。最後になったが、お世話になったすべての方に篤くお礼申し上げます。

参考文献

二宮尊徳の基本図書

二宮尊徳を知る根本資料として弟子が書き残した記録がある。尊徳の業績をまとめた富田高慶の「報徳記」と尊徳の言葉を記録した福住正兄の「二宮翁夜話」である。尊徳の人物研究はこの2冊が基になっている。

一般向けの本（推薦書）

「ノスタルジック・アイドル二宮金次郎」　井上章一・大木茂　新宿書房
「二宮金次郎の一生」　三戸岡道夫　栄光出版社
「二宮金次郎はなぜ薪を背負っているのか」　猪瀬直樹　文芸春秋

専門書

・二宮尊徳の思想を知るには
日本思想体系52　「二宮尊徳　大原幽学」　岩波書店
・全体像を知る入門書「二宮尊徳」　奈良本辰也　岩波新書
・古典的伝記「二宮尊徳伝」　佐々井信太郎

愛知県の学校教育と二宮金次郎像についての図書

・昭和46年（1971）「愛知県教育100年史　報徳精神と二宮尊徳像の建立」
高橋一司・中西光夫著（「教育愛知」1971年1月号、2月号に掲載）
・昭和50年（1975）「愛知県教育史　4巻」・4章「二宮金次郎像の建立」
・平成5年（1993）「新編岡崎市史　総集編」・「二宮金次郎像」の項
・平成10年（1998）「二宮尊徳像の建設とその背景」
島村博著（岡崎地方史研究会　研究紀要　第26号に掲載）

＊絶版のため図書館でなければ読めない本もあります。

春夏秋冬叢書

三河の金次郎像全調査

二〇二二年十月十日　第一版発行

著者　三浦茂

定価　二五〇〇円（税抜価格）
発行所　春夏秋冬叢書
愛知県豊橋市菰口町一—四三
〒四四一—八〇一一
電話　〇五三二—三三—〇〇八六
http://www.h-n-a-f.com
印刷所　株式会社シナノ
落丁本・乱丁本は、ご面倒ですが、小社宛にお送りください。
送料小社負担にてお取替えいたします。

ISBN978-4-901835-50-3 C0037